KB237582

한국정부개혁

10대 과제

신강순 지음

한국경제신문

1987년 6월 필자는, 지중해의 아름다운 섬 사이프러스에서 미처 경치를 감상할 여유도 없이 곤욕을 치르고 있었다.

유럽 각국 올림픽위원회(NOC)의 연례회의에 서울올림픽 준비 상황을 설명하러 온 우리 조직위 대표단은, 대다수 회원국들이 '지금 한국의 격렬한 데모나 계엄령 선포설로 볼 때 1년 후 올림픽 개최가 불가능할 듯하니, 더 늦기 전에 개최지 변경 권고안을 내자'는 움직임을 보이고 있어, 이를 설득·해명하느라고 진땀을 빼고 있었던 것이다.

당시 우리는 '저렇게 데모를 하는 사람들은 물론, 야당을 비롯해 서울올림픽의 성공적 개최를 원치 않는 국민은 한 명도 없다. 곧 정치문제가 해결되고 올림픽 준비에 매진할 수 있다'는 논리로 각국 대표들을 각개격파식으로 붙잡고 설득했으며, 당시 한국의 이미지나 인지도 때문에 적지 않은 어려움을 겪어야 했다.

간신히 '개최지 변경 권고안'을 무산시킨 뒤 귀로에 파리에서 6·29선언의 소식을 들었다.

그 때 느꼈던 감동과 안도감, 한편으로는 '이 선언이 며칠만 빨리 나왔어도 그런 곤욕스런 상황은 없었을 텐데…' 하는 남다른 감회에 젖었던 기억이 있다.

15년이 지난 2002년 6월, 서울을 비롯한 전국의 도시가 다시 인파로 뒤덮였다. 수백만의 국민들이 붉은 물결을 이루며 평화와 열정의 에너지로 월드컵 거리응원에 참여하는 '세계사상 보기 드문 퍼포먼스'가 벌어졌고 전세계가 놀라움과 찬탄을 금치 못했다.

이제 한국은 15년 전의 '믿을 수 없는 극동의 작은 나라'가 아니라, '세계문화에 기여할 독창성과 놀라운 활력을 가진 '더 이상 설명이 필요 없는 나라'로 인정받게 되었다. 외국언론들은 "지난날 한국에 대해 부정적으로 보던 측면도 '앞으로 잘 되기 위한 과정'으로 이해해야 한다"는 시각을 보여주기 시작했다.

이번 월드컵은 우리 국민들이 그간 선진국 수준을 흡수하려고 노력한 성과와 자신감을 바탕으로 우리 식의 창의력을 더한 새로운 모델을 선보인 것이 대성공을 거둔 것이다.

또한 〈뉴스 위크(News Week)〉지의 찬사처럼 "멋진 한국(Cool Korea)의 재발견"이다.

우리는 이번 성공을 계기로 대한민국을 전반적으로 업그레이드시킬 호기를 맞고 있다. ICT 혁명으로 국민들의 의식수준이 하루가 다르게 점점 높아지고 민간기업들도 세계화와 치열한 국제경쟁 속에서 발전하고 있다.

그러나 국민의 뜻을 확고히 인식하고 국가개혁에 앞장서야 할 정부가 오히려 "국가경쟁력 제고의 큰 걸림돌이 되고 있다"는 뼈아픈 지적을 받고 있는 현실이다.

이처럼 정부가 '아직도 구태의연한 사고방식에서 벗어나지 못하고', '경쟁이 없는 상태에서 기득권과 부처 이기주의에 연연하고 있는' 것으로 비치고 있는 것은, 말로는 '원칙론'을 내세우면서도 실제는 '온정주의'로 인해 합리성을 결여한 데서도 그 원인을 찾을 수 있을 것이다. 이제는 정부가 나서서 앞을 내다보는 확실한 개혁을 추진해야 할 시점이다.

물론 이제까지도 많은 정부개혁 노력이 있었고 부분적으로는 성과도 있었지만, 정부 내 각 부문에서 근본적인 혁신이 일어나지 못한 원인은 다음과 같다.

첫째, 그간 인사제도를 위시한 정부운영 시스템을 제대로 혁신하지 못한 채, 기존 틀 안에서 공평하게, 말썽없이 운영하는 식으로 해왔다.

둘째, 이렇게 시스템도 갖춰지지 않은 상태에서 성급하게 '개혁 아젠다' 만 내걸고 추진하다가, 전문성의 부족, 잦은 인원교체 등으로 인해 목표한 결과를 달성하지 못하고 책임도 못지는 일이 반복되었기 때문이라고 본다.

더 이상은 근본처방 없이 '일이 터질 때마다 늑장 대처를 반복' 하는 시행착오에서 벗어나야 하지 않겠는가.

발상의 전환을 통한 정부운영 시스템의 과감한 혁신이 필요하다.

정부운영에 대한 시스템 개혁을 제대로 하려면 첫째, 국제적 표준 (global standard)과 상식(common sense)에 어긋나는 '한국식 왜곡' 을 바로 잡아야 한다.

둘째, 선진 각국의 정부제도의 근본을 잘 연구하여 우리의 여건과 특성에 맞는 개혁방안을 도출해야 한다.

셋째, 여기에 우리에게 맞는 창의를 가미해야 한다.

이렇게 형성된 개혁 시스템이 성공적으로 운영될 수 있으면, 장차 세계 무대에 당당하게 내세울 수 있는 '한국식 정부모델' 이 될 수 있을 것이다.

　이러한 우리 식 정부모델에 대한 생각은, 필자가 지난 20여 년에 걸쳐 정부의 중앙관리부문에서 일하면서 그 필요성을 느끼고 모색해왔던 바이다.

　필자는 1980년대 초 미국 연수 중에 미국 정부의 제도와 운영에 대해 배웠다. '우리가 많이 받아들인 미국식이 합리적이긴 하지만, 그 기본관념에서는 어딘가 우리 실정에는 맞지 않는' 것을 느끼고, 우리나라와 역사·전통, 여건 등이 좀더 가까운 유럽의 정부제도에 대한 비교·연구도 필요하다는 생각을 했었다.

　그리고 1990년대 후반 국장급 연수 기회가 있어 파리국립정치재단에서 프랑스의 제도를 연구하면서 우리나라에 맞는 바람직한 정부제도를 찾는 데 노력했다.

　귀국 후 정부개혁실의 행정개혁단장에 임명되어 신공공관리(NPM)식 정부개혁의 일선에서 일하면서 한국적 모델의 필요성에 대한 신념은 더욱 확고해졌다.

　때마침 OECD의 공공행정위원회(PUMA) 부의장에 선출된 것을 계기로, 프랑스 파리로 자리를 옮겨 부의장 활동에 전념하면서 세계 선진국가들의 정부개혁에 대해 좀더 깊이 알아볼 수 있는 값진 기회를 가졌다.

아울러 중앙부처 중 처음으로 본격적 개혁을 추진하고 있는 외교통상부에서 개혁과 관련한 내부실정과 향후 개혁방향을 파악할 수 있는 기회가 주어진 것도 매우 의미 있는 일이라고 생각한다.

이 책은 크게 두 편으로 구성되어 있다.

제1편에서는 세계적으로 가장 보편적인 영국, 미국과 프랑스식 정부모델에 대해 그 발생 경과와 현재의 모습, 그리고 최근의 정부개혁의 순서로 살펴본 후, 우리 실정에 맞는 정부모델을 생각해보았다.

그리고 나서 OECD의 공공행정위원회(PUMA)에서 그간 회원국들이 추진해온 정부개혁 전반에 대해 실시한 비판을 소개했다.

제2편에서는 이러한 주요 모델과 OECD 회원국의 개혁방향에 대한 고찰을 토대로 우리나라가 가장 시급히 추진해야 한다고 판단되는 정부개혁 과제 10가지를 제시했다.

이들은 교육, 의·약 분업, 국민연금 등 개별정책부문에 관한 것이 아니라, 그 부문들을 제대로 개혁하기 위해 필요한 전제조건인 '운영의 기본틀을 개혁하는 과제들' 이다.

이러한 기본틀의 개혁이 뒷받침되어야 각 정책부문의 개혁들이 성공적으로 추진될 수 있다고 믿는다.

이 책은 필자가 정부운영 실무에 종사하면서 느낀 문제의식을 토대로 쓴 정책건의서와 같은 것으로서, 정부의 개혁에 대해 관심이 많은 독자들에게 그 뜻을 전달하고자 한 것이다. 딱딱한 주제이지만 독자의 입장에서 쉽게 접근할 수 있게 쓰려고 노력했다.

독자 여러분의 많은 지도편달과 고언(苦言)을 기대한다.

끝으로 이 책의 출간을 허락해주신 한경BP 여러분께 깊은 감사를 드린다.

2002년 11월

신 강 순

차

례

■ 그림 차례

■ 표 차례

■ **예화 차례**

1
서론

제1절 글머리에

과거에도 '행정개혁', '행정쇄신' 등의 이름으로 정부운영의 능률을 향상시키고 대국민 서비스를 개선하려는 노력이 계속 있어 왔으나, 지난 1997년 말 외환위기 및 뒤이은 신정부출범 이후 보다 근본적이고 항구적인 개혁이 요청되었다.

때마침 주요 선진국에서도 '정부개혁(Government Reform)'이 이미 성과를 거두면서 확고한 정책으로 정착되어 있었으므로 우리도 이러한 전세계적 대세에 동참해 많은 노력을 기울여왔다.

이번의 개혁은 영국 대처 수상(1979. 5~1990. 11)의 성공적 개혁으로 촉발된, 이른바 '영미식 개혁' 또는 '신공공관리(New Public Management)' 식 개혁에 입각한 것이었다.

이 개혁으로 단기간에 다방면에 걸쳐 많은 것을 바꾸기 위해 노력해
온 결과 성과도 많았으나, 한편으로는 일부 개혁성과가 나타나기 시작
하면서 초기의 급박했던 위기감이 사라짐에 따라, 그 추진력이 약화되
기 시작하고 개혁방향에 대한 이견과 저항이 나오고 있어서 앞으로 적
지 않은 난관이 예상되고 있다.

이제 다급한 상황은 우선 극복했으니 보다 긴 호흡을 가지고 기왕에
추진 중인 개혁방안과 앞으로 새로 도입해야 할 개혁방안에 대해 검토
하고 다지는 절차가 필요할 것이다.

앞으로의 확고하고 안정적인 정부개혁 추진을 위해서는 개혁의 방향
과 그 실천방안, 그리고 그에 필요한 인프라 등에 관해서 정책당국이 전
문가들과의 토론과 자문을 거쳐 국민적 컨센서스를 구해나가는 것이 필
요하리라고 생각된다.

최근 정부개혁의 교과서와 같이 된 영미(뉴질랜드, 호주, 캐나다)식
개혁의 내용에 대해서는 이미 많이 소개된 바 있으므로 필요한 만큼만
간략히 다루려고 한다.

그보다는 우리 정부 시스템의 선진화를 위해 고려해야 할 근본적 요소
로서 우선 영국과 미국의 정부모델, 그리고 유럽 국가 중에서도 가장 우
리와 여건이 비슷하고 독특한 대표성과 장점을 가진 프랑스의 정부모델
을 살펴보고, 다음으로 선진 각국의 집결체인 OECD 공공행정위원회
(PUMA)가 논의하고 있는 미래의 정부개혁 방향도 소개하려고 한다.

또, 이러한 영미식 정부개혁 방향과 프랑스 정부모델의 장점, 그리고
OECD에서 공통적으로 추출된 향후 개혁의 방향 등을 종합, 고려할 때
우리 정부를 어떤 방향으로 혁신해나가야 할지에 관한 필자의 제안을
개진하고자 한다.

일본의 정부모델을 고려하지 않은 이유

근래 우리 정부에 가장 큰 영향을 주고 있는 일본의 모델을 여기서 고려하지 않은 이유는 다음과 같다.

첫째, 그간 도입하기 편하다는 이유로 일본의 법령 · 제도를 베끼다시피한 결과 일본모델은 우리 정부에 이미 과도하게 반영되어 있다. 우리가 독립국가로서 자주적이고 균형잡힌 정부모델을 갖기 위해서는 오히려 이제부터 우리 실정에 안 맞는 일본적 요소를 배제하는 것이 더 시급하다.

둘째, 일본모델의 상당부분은 영 · 불 · 독일 · 미국의 방식을 흡수하여 일본에 맞게 적용한 것이다. 과거에는 선진제도 도입시 일본을 통할 수밖에 없었으나, 이제는 우리가 직접 비교하고, 필요하면 직수입하는 것이 낫다고 본다.

셋째, 일본과 한국은 국민 기질, 역사, 정부의 전통 면에서 같지 않다(일본이 영국에 더 유사한 반면 한국은 프랑스에 더 가깝다는 인상).

일본식도 우리나라에 들어와서 바람직하지 않게 운영되는 것이 많다. 예컨대, 일본식의 '늦은 승진'과 '기수별 인사'의 방식이 우리 정부에도 정착되었으나, 문제가 많다고 생각한다.

시험 기수와 나이를 주로 고려하는 현행 인사방식이 강제로나마 공평성을 확보한 장점도 있었으나, 젊은 엘리트의 활력을 박탈하고, 막상 상위직에 오르면 곧 용퇴하게 되어 우리 정부의 정책 리더십을 허약하게 만든 치명적인 약점이 있기 때문이다.

그렇지만 우리는 앞으로 계속 일본모델을 경제대국이자 이웃나라로서 예의 주시하고 참조해야 함은 물론이다.

제2절 우리의 정부제도 운영 전통

우리나라가 과거 한때 세계에 유례가 없을 정도로 훌륭한 정부제도와 관료제도를 가지고 있었다는 점을 자랑스럽게 생각한다. 조선왕조 전반에 꽃피운 우리의 정부제도와 운영은 그 당시 경제적으로는 벌써 우리보다 앞섰던 서양의 선진국보다 나았고, 제도의 원산지인 중국보다도 더 민주적이고 합리적인 운영을 보였다고 해도 될 것 같다(명나라 시대에는 황제의 독재전제정치와 황제가 힘을 실어준 환관층의 전횡으로 관료들이 올바른 정책을 펴기 어려웠음).

조선왕조에서는 왕권(王權)에 대한 신권(臣權)의 견제장치가 잘 갖춰져 있었다.

- 사관(史官)이 항시 왕의 측근에 입시(入侍)하여 기록을 담당
- 사헌부, 사간원, 홍문관 등 삼사(三司)의 왕에 대한 간주(諫奏) 제도화
- 지방유생들의 활발한 반대상소와 그에 대한 왕의 대답 의무화 등

또한 관료인사관리의 합리성을 보장하는 장치가 치밀하게 정비되어 있었다.

- 과거(科擧)제도를 통한 공직참여 기회의 보장
- 우수한 젊은 인재에게 정책연구와 건의(집현전, 홍문관, 경연), 정책의 집행(육조, 지방수령), 그리고 그 비판역할(사헌부, 사간원 등)의 세 가지 기능을 두루 역임케 해 역량 있는 인재로 양성
- 중하위직 인사의 공정성·독립성 보장
  (주요직위로 인정된 사헌부, 사간원 등 삼사의 청요직(淸要職)에 중

하위직을 임명할 때는 재상, 판서 등 고위직의 관여 없이, 동료 간의 평판에 의거, 이조전랑의 책임 하에 인사결정)

이러한 제도적 장치가 제대로 작동되는 동안은 국가발전과 국리민복을 위한 정책이 수립 집행되었으며, 그 시스템은 현재의 제도보다 오히려 더 나은 면도 많았다.

그런 좋은 제도와 전통이 후반기에 퇴보하면서 당쟁·부패·세도정치로 시스템이 망가져서 결국에는 제힘으로 근대화도 못하는 비극적 처지가 되었지만, 그래도 조선왕조가 500여 년이나 지속된 것도, 그리고 광복 후 이만큼 빠른 발전을 이룩해낸 것은 그러한 경험과 노하우가 축적되어 있었던 덕분이 아닌가 한다.

이런 견지에서 보면 사실 '한강의 기적' 이란 말은 우리의 자존심을 매우 손상시키는 표현인데도 '한 세대 내에 엄청난 발전을 이루었다' 라는 뜻으로 좋게만 받아들여 거부감 없이 쓰이고 있는 것은 문제가 있다.

'30년 만에 GNP 100달러 수준의 신생 저개발국에서 1만 달러 수준의 산업화·근대화를 이루었다' 라고도 표현하는데, 식민착취와 전쟁으로 피폐되어 1960년대 초 우리의 GNP가 100달러 수준이었다고 해서 우리의 역량이 당시 GNP 수백 달러대의 다른 국가보다 못했다고 할 수 있을 것인가?

그렇지 않다는 것은 지난 30년의 역사가 이를 잘 보여주고 있다. 또한 제2차 세계대전 종료 후 일본도 다 파괴되어 GNP가 매우 낮았지만 아무도 일본의 경제발전을 기적이라고는 하지 않는다.

국가나 민족의 능력은 GNP나 물려받은 부존자원, 자본축적 이상의 것이며, 우리가 정부나 사회제도와 그 운영에 관해서 겪어온 모든 경험과 노하우가 보이지 않는 자산이자 또한 제약요소로서 우리의 발전과정에 작용해왔고 앞으로도 작용할 것이라고 생각한다.

다만 지금까지의 발전과정에서는 이러한 정부·사회제도와 운영을 포함한 무형자산이 당연히 우리의 국가발전을 촉진하는 요소로 작용해 왔으나, 이제 중진국 선두그룹 수준에 들어선 지금부터는 계속 그러하리라는 보장이 없다.

오히려 우리의 정부제도와 운영의 수준을 높이지 않으면 향후 발전에 저해요인이 되지 않겠는가 하는 우려가 높아지고 있어서, 우리의 정부제도와 운영을 계속 혁신해나갈 방안을 찾아야 할 시점이다.

예화1 조선조 인사제도의 탄력성 —— 행수(行守)제도

1975년 초임공무원시절 지방수습을 위해 경기도 강화군청에 근무할 때의 일이다.

강화대교를 건너 강화섬에 들어서면 길가에 돌비석들이 약 1km 정도 도열해 있어 마치 손님을 마중 나온 듯했다. 그 석비는 조선조 때 이곳에 근무한 강화유수(종2품 : 현행 차관급)들의 송덕비였는데, 이상한 것은 어떤 비에는 '行留守… 아무개', 다른 데는 '留守… 아무개'라고 기록되어 있는 것이었다. 그 차이점이 무엇인지 군청 내에 여러 사람에게 물어봐도 아는 사람이 없어 궁금하던 차, 하루는 역사사전을 찾아보다가 중국의 당·송 시대, 그리고 우리 고려·조선시대에 '행수제도'라는 것이 있었음을 알게 되었다.

이 제도는 품계를 벗어나 적임자를 예외적으로 임용할 수 있게 해주는 제도로서, 예컨대 정2품직인 이조판서(장관)에 상위급인 종1품(부총리급) 인사가 임명되면 '행이조판서(行吏曹判書)'로, 그리고 하위급인 종2

품(차관급) 인사가 임명되면 '수이조판서(守吏曹判書)'로 호칭하는 것이었다.

이 제도를 통해 품계의 제한을 넘어 직위별로 적격자를 임용하는 탄력적인 인사를 시행해온 고인(古人)의 지혜를 보면서 오늘날 우리의 공직인사운영이 예전만 못한 점도 있다고 생각해보았다(요즘은 장관급 직위를 지낸 사람은 다음에 차관급 직위에는 못가는 것으로 알고 있고, 그렇게 임용할 적절한 방법도 없다).

강화유수의 직급이 경기도 관찰사와 같은 종2품인데다가 강화에 서 있는 석비의 대부분이 '행유수(行留守)'였던 것으로 보아, 조선시대에 강화지역을 대단히 중시했음도 알 수 있었다.

2

영·미 모델과 프랑스 모델

현재 이 세계에는 다양한 국가들이 있고, 그들은 자기나름의 정부제도와 운영모델을 가지고 있지만 크게 보아서 가장 두드러진 것은 영·미식 모델과 유럽식 모델(그 중 대표적인 것이 프랑스 모델)이라고 하겠다.

그것은 영국과 프랑스가 20세기 초반까지 강대국으로서 세계 각지에 많은 식민지를 가지고 자국 모델을 전파했었고, 특히 프랑스는 근세 유럽 대륙에서 정치·경제·사회·문화적으로 매우 큰 영향력을 가지고 진보와 발전을 주도해온 역사에 힘입어 많은 유럽 국가들의 정부제도의 기초가 되었기 때문이다.

또한 영국 모델에서 파생된 미국 모델은 이를 신대륙의 상황에 맞게 고치면서 이상적인 요소를 가미해 새로운 정부 제도를 만들어냈고, 현재 세계 최강대국으로서의 위상과 더불어 그 이상적 요소로 인해 매우 역동적이고 독특한 모델로서 존중되고 있다.

제1절 영·불 모델의 분기점

영국은 1066년 프랑스 내의 노르망디 공작(윌리엄 정복왕)에 의해 정복되어 당시 더 선진적이던 프랑스식의 통치제도를 이식받아 발전시키게 되었고, 상류층은 모두 프랑스어를 사용했다. 영국 왕들은 노르망디 등 프랑스 내에 많은 영지를 가지고 상호 통혼하고 왕래가 잦았기 때문에, 영국과 프랑스는 형식상 별개의 왕국이지만 동일한 문화권으로서 유사한 정부형태를 가지고 있었다.

그 후 약 4세기의 세월이 흐르면서 영국왕실이 프랑스 내 옛 영토를 점차 상실하게 되고 백년전쟁(1337~1453년)과 뒤이은 장미전쟁(1455~85년)을 거치는 과정에서 영국이 프랑스 내 옛 영토에 대한 미련을 완전히 포기하고 독자의 길을 갈 수밖에 없게 되면서, '영국·영국인'이라는 국가의식이 생겨나 영어(프랑스어와 앵글로색슨어가 융합된)를 사용하게 되고 영국의 상황에 맞는 정부제도가 정착하게 되었다.

즉 영국인들은 섬나라로서 대륙에서 떨어져 있는 안보상의 이점으로 인해 국왕에게 상비군을 포함한 강력한 통치권력을 주지 않고 지방대영주들이 국왕을 견제하고 자기 영지 내의 일을 자치적으로 처리하는 '제한군주제' 및 '지방분권'의 전통을 발전시켰다.

장미전쟁으로 귀족들이 대거 몰락하자 대신 지방향사(하급귀족: gentry)와 요우멘(yeomen), 그리고 상인이라는 신흥계급(상급 평민)이 대두하여 지방의 행정과 사법질서 유지를 담당하는 자치제도가 성장하게 되었다.

지방행정의 최소 단위인 각 교구(parish)에서 유랑민 체포, 태형집행,

싸움중재, 도박금지 등 질서유지 활동과 촌락경비, 범인수색을 담당한 것은 1년 임기로 선출되는 비직업적 경찰관(petty constable)이었고, 요우맨(Yeoman)들이 돌아가면서 이 어려운 임무를 맡았다.

이 임무를 맡은 사람은 체포한 범인을 자기 집에 감금하고, 유랑민 호송에 연대책임을 지며 혹시 유랑민이 다른사람에게 체포되면 임무태만으로 벌금형을 받는 등, 1년 동안 교구의 안전을 위해 매우 고생스러운 일을 도맡아야 했다. 치안판사는 교구에서 지도적 인물로 존경받고 있는 대지주인 향사 중에서 임명되어 1년에 4회 치안법정에서 사법과 행정관계의 사건을 재결했다.

이와 같이 중앙정부와 관계없이 주민 자신의 노력으로 법과 질서를 유지한다는 오랜 관습이 정착되어 있었던 것이다.

또한 빈민구호에 관한 업무나 재정부담도 지방이 책임진다는 원칙이 엄수되었고 중앙정부는 이러한 구호사업에 전혀 관여하지 않았다.

이 방식을 계승한 미국에서도 우리가 흔히 서부영화에서 보듯이, 주민이 선출하는 보안관과 치안판사가 자기 지방의 치안을 스스로 유지하는 제도를 채택해 발전시켜나온 것이다.

반면 프랑스인들은 백년전쟁 동안 영국군의 침입으로 인한 참화를 겪으면서 종전의 봉건영지 간의 대립감정을 초월한 '프랑스인'이라는 국민의식이 생겨났을 뿐 아니라, 앞으로 이러한 외적의 침입을 막기 위해 국왕을 중심으로 한 정부에 상비군을 확충하고 중앙정부의 권력을 강화하는 '중앙집권'의 방향으로 가게 된다.

이와 같은 프랑스식 중앙집권적 정부체제는 대단한 성공을 거두었으며 프랑스 대혁명과 공화정 도입, 나폴레옹의 제정, 19세기의 시민혁명과 민주주의 발전에 맞추어 계속 진화하면서 프랑스의 영광을 유럽 대

룩에 과시했다. 또한 대륙 각국도 각자의 여건에 맞게 이 방식을 수용해 왔다.

예컨대 독일과 이탈리아는 오랫동안 소왕국으로 분립되어 있다가 프랑스 모델의 성공에 자극받아 19세기 후반에야 통일을 이룬 나라로서, 아직도 지방자치단체의 힘이 강하고 중앙정부의 영향력이 프랑스만큼 크지 않다.

제2절 영국 정부모델

1. 연혁

입헌군주제와 내각책임제

영국은 제한군주제적인 전통을 이어 왔으나 기본적으로는 왕의 전제(專制)체제였다. 왕은 자신의 직속기구로 추밀원(Privy Council)이라는 자문위원회를 두고 국정운영에 대해 자문토록 해왔다.

이 추밀원의 유래는 노르만 왕조 때부터 있던 국왕을 위한 국정 평의(評議)기관이 15세기에 추밀원으로 발전한 것인데, 17세기 중엽 추밀원의 주요 구성원이 핵심체(inner circle)를 형성해 오늘날 내각의 전신(前身)이 되었다.

17세기 스튜어트 왕조(1603~1714년)의 군주들이 제한군주제의 전통에서 벗어나 자의적 지배를 하려고 하자 의회가 이에 맞서 싸웠는데, 이 투쟁이 1688년 명예혁명이며 의회의 승리로 끝나자, 국왕은 법률에 종속되고 의회의 우월성이 확립되었다. 이를 계기로 입헌군주제도(constitutional monarchy)가 수립되고 내각제도와 정당제도가 형성되기 시작했다.

특히 1714년 영어도 모르고 영국에 대해 관심도 없는 독일 왕자였던 하노버 왕조의 조지 1세가 즉위하면서, 책임내각제가 크게 발전하게 된다. 그리고 1780년경부터 국왕과 관리의 비정치성(非政治性) 원칙이 확립되기 시작하면서 관직의 항구성(permanence), 즉 '정권교체와 관계없이 관료는 계속 재직' 하는 관행이 필요하다는 점이 인식되었다. 대체로 1830년까지 정치와 행정의 완전한 분화가 이루어지며, 그에 따른 정부운영관행으로서 '장관책임주의(doctrine of ministerial responsibility)' 와 '관료의 익명성(anonymity) 원칙' 이 정착된다.

- 장관책임주의 : 국정에 관한 책임을 장관 · 각료(cabinet members)가 전적으로 지는 원칙. 근대민주주의가 요구하는 책임정치를 세습군주제와 조화시키기 위해 확립되었다. '사임하지 않는 한 정부의 정책을 각료가 반대할 수 없다' 는 것을 전제로 한 '연대책임의 원칙' 이 영국 내각제의 핵심으로 존중되고 있다.

- 관료의 익명성 원칙 : 내각책임제의 발전에 따라 행정의 계속성 유지를 위해서는 관료의 신분보장과 항구성(permanence)을 확립해야 할 필요가 생겼다. 이를 위해 관료는 특정정책과 연관되지 않도록 익명으로 활동함으로써 비판과 칭찬 모두로부터 차단되는 관례가 형성되었다.

공무원제도 개혁

그 후 산업혁명이 초래한 급격한 사회적 · 경제적 변동에 대처하는 과정에서 정부의 무능력과 비능률이 폭로되자 공무원제도 개혁이 제창되기 시작했다. 1854년 '공무원제도의 재조직'에 관한 '노스코트 트레벨리안 보고서(Northcote Trevelyan Report)'가 제출되고, 이에 의거해 1855년과 1870년 실적주의에 입각한 근대적인 공무원제도 개혁이 있었다.

그 개혁의 내용은 다음과 같다.

- 독립된 시험기관으로서 인사위원회를 설치
- 공무원의 임명은 원칙적으로 공개경쟁시험에 의거
- 지적인 사무와 단순 반복적 사무의 구분에 따라 계급을 분류(우리 나라에서는 이미 조선왕조 초기에 확립된 제도다)

영국 공무원 상층부 집단인 행정계급(administrative class)은 동일한 가치관·태도와 윤리의식으로 이루어진 강력한 전통을 존속시켜왔으며 일반행정가(generalist, general administrator) 또는 만능행정가(all-rounder)로서의 성격이 가장 큰 특징이었다.

즉 그들은 특정분야의 전문가라기보다는 정치인에 의해 결정되는 정책에 대해 자문하고 이를 행정적으로 집행하는 역할을 담당함으로써 정무관과의 공생적 협력관계를 발전시켰는 바, 각료는 물론 관료들도 전문가적 배경을 갖지 않고 있으며 고위관료들의 부처 간 인사이동은 상당히 빈번하게 이루어졌다. 이러한 영국의 공무원제도는 영국의 경찰제도와 함께 세계적으로 높게 평가되어왔다.

그러나 1950년대 초부터 이들의 극단적인 사회적 배타성, 폐쇄성, 신사(紳士)적 아마추어주의, 쇄신에 대한 소극성 등이 점차 문제로 부각되어 1966년 2월 이를 개선하기 위한 '풀턴 위원회(Fulton Committee)'가 설치되었다.

1968년 발표된 풀턴 위원회의 보고서는 다음과 같은 내용을 담고 있다.

- 계급구조(class)의 구별이 없는 공직구조의 확립
- 공무원들의 분야별 전문화 및 전문가의 상위직 등용 문호개방
- 공무원 전문훈련기관(Civil Service College) 설치
- 공직 내외의 인사교류 촉진
- 각 부처에 능률감사(efficiency audit) 담당기관과 장기 정책기획 담당기구의 설치 등을 건의

이에 따라 1968년 11월 공무원부(Civil Service Department)가, 그리고 1970년 공무원대학(Civil Service College)이 신설되고, 전통적 계급제(서기, 집행, 행정으로 구분)가 단일 수직구조인 행정직군(Administration Group)으로 통합되었으며, 국장급 이상의 상위직 공무원에 대해서는 1972년 1월 1일 단일수평구조(Open Structure)가 도입되었다(단일수평구조를 제외한 다른 개혁사항은 우리나라가 먼저 도입한 것이다. 우리도 고위직에 대한 단일수평구조를 빨리 도입해야 한다고 본다).

그리고 대처 수상의 과감한 정부개혁 이후 고위직의 '단일수평구조'는 한 단계 더 발전해, 1996년 4월 1일 미국과 유사한 '고위공무원단(Senior Civil Service: SCS)' 제도를 실시함으로써 전통적 계급제의 구속에서 벗어나 개인별로 근무계약하고 개인별 봉급결정방식이 적용되는 등, 매우 탄력적인 인사운영을 도모하는 데까지 진전하고 있다.

2. 현행 정부제도

1) 영국 통치기구의 특징

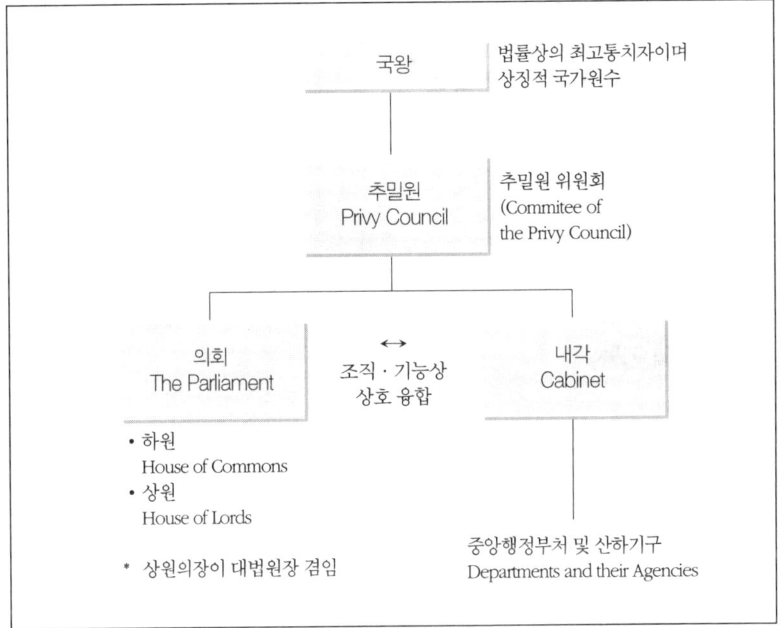

자료 : 박재희(1997), 「영국의 중앙정부조직」, 행정연구원, 8쪽

영국의 의원내각(책임)제는 입법부와 행정부의 기능을 의회에서 다수 의석을 차지하는 집권정당의 내각을 통해 융합함으로써 행정부의 정책이 입법부에서 강력한 지원을 받을 수 있는 제도적 특징을 가지고 있다(이는 엄격한 '삼권분립체제'에 기초한 대통령제를 가진 미국에서 행정부가 시도하는 정책들이 입법부에서 자주 견제 또는 좌절되는 것과는 대조적이다).

따라서 집권정당의 대표로서 내각의 조직권을 가진 수상은 의회와 내각의 지도적 위치에서 행정적 권한과 입법적 권한을 동시에 행사할 수 있어, 삼권분립체제의 미국 대통령보다 더 강력한 권한을 가지고 있다고 할 수 있다. 이런 점에서 영국의 정치제도는 엄격한 의미의 삼권분립제라고 보기 어렵다.

더욱이 제1차 세계대전 이후에는 점차 수상 중심의 내각운영체제로 바뀌어가는 경향이 있으며, 특히 각 부처에 분산되어 있던 공무원 임용관리 체계를 수상 직속으로 두어 고위직 공무원의 인사권을 실질적으로 장악하게 되자 수상에게 권한이 집중된 '수상중심 내각체제'라고도 불린다.

2) 의회의 기능

영국 하원은 전국의 650개 선거구에서 유권자들이 직접 선출한(단순다수득표제) 650명의 하원의원으로 구성된다. 그 임기는 5년이나 실제로는 임기 전에 총선이 행해지는 경우가 많다. 하원총선에서 다수의석을 차지한 당, 또는 새로 구성된 하원에서 대다수 의원의 지지를 받는 당의 지도자가 관례에 따라 군주의 요청으로 정부를 구성한다.

상원은 세습귀족(자손들에게 대대로 전해줄 수 있는 귀족칭호를 지닌 자 : 'Lord')과 일대(一代) 귀족(귀족작위를 받아 자신의 당대에만 작위를 지니는 뛰어난 공적을 지닌 시민 : 'Sir'), 그리고 영국국교회의 두 명의 대주교(Archbishop)와 24명의 원로주교(bishop)로 구성된다.

입법과정에서 하원이 강력히 주장할 경우 상원은 하원이 제안한 법령을 막을 수 없으며, 특히 과세나 세출에 대한 법령에 대해서는 거의 영향력을 발휘하지 못한다. 영국의 상원은 하원에 비해 극히 제한된 권한만을 행사하며 주로 하원의 입법안에 대한 수정, 보완을 가하는 역할을 수행한다. 이는 국민들에 의해 직선된 하원을 진정한 국민의 대의기관으로 보는 영국 의회민주주의의 관례를 반영한 것이라고 볼 수 있다.

모든 법률에는 군주의 공식적인 승인이 필요하지만 실제로는 1707년 이래로 국왕의 재가가 거절된 적이 없다.

영국 정부제도의 또 한 가지 특징은 상원이 대법원의 역할을 수행하는 점이다. 상원의장(Lord Chancellor)이 사법부의 수장으로서 제반 사법행정사무를 관장한다.

구체적으로 대법원은 대법원장인 상원의장과 9명의 대법관(Lord of Appeal in Ordinary)으로 구성되어 상고심을 관할한다. 대법원장은 정무직으로서 내각출범시 임명되고 정권과 운명을 같이 하지만, 대법관은 상원의원 중 15년 이상 변호사로 활동한 자 중에서 수상의 제청으로 국왕이 임명하며 종신직이다.

이론상으로는 모든 상원의원이 재판에 참여할 수 있으나 실제로는 관습에 따라 대법관들만이 재판업무를 맡고 있다.

3) 내각과 수상

입헌군주제 하의 내각책임제를 발달시킨 영국 정부제도의 핵심은 내각이다.

내각의 구성원에 대한 결정권은 수상이 자유로이 행사하며 주요 장관으로 구성되지만 추밀원의장(Lord President of the Council), 국새상서(Lord Privy Seal) 등의 전통적인 명예직도 포함되고 보통 20명 내외로 이루어진다.

내각의 주요 기능은 다음과 같다.

- 의회에 제출하는 정책의 최종적인 결정
- 의회가 정한 정책에 따라 국가의 행정기관에 대해 행하는 최고의 통제
- 각 부처의 활동에 대한 계속적인 조정과 권한의 획정

내각의 제1인자인 수상의 임명은 주권자인 국왕의 기능에 속하나 대개의 경우 자유로운 선택권은 허용되지 않으며, 국왕은 의회의 다수지지를 받는 지도자를 임명하지 않으면 안 된다. 다수당은 선거의 결과로 명확하게 드러나 있고 각 정당은 각각 승인된 당수를 가지고 있기 때문이다.

수상의 역할·지위에 대한 법률상의 근거는 없다. 관습적·정치적으로 인정되고 있는 수상의 역할은 다음과 같다.

- 행정부와 공무원 활동의 총괄기능, 특히 군의 통수권자와 제1재무장관 (First Lord of the Treasury)으로서 국방·외교와 경제적 안건에 관해 강력한 영향력을 행사함.
- 각료의 임면권을 행사하고 주요기관 인사의 임면에 있어 핵심적 역할을 함.
- 하원의 다수당 대표로서 하원 내의 다수당 활동을 통제할 수 있는 권한을 가짐.
- 의회해산권을 가짐. 이 경우 고위각료들과 협의절차를 거친 후 사전에 국왕의 승인을 받아야 함.

수상이 모든 정책의 기본방침을 결정하므로 각료의 모든 주요결정은 먼저 수상의 양해를 얻어야 한다.

4) 수상 보좌 기구

수상을 직접 보좌하는 기구로는 수상실(Prime Minister's Office)과 내각부(Cabinet Office)가 있다.

수상실(Prime Minister's Office)

수상실은 비서실과 정책 보좌관실, 공보담당관실, 정무담당관실, 특별보좌관실과 '키친 캐비닛'으로 구성되어 있으며, 소속인원은 약 100명 정도로써 이들 중 약 3분의 1은 고위직 공무원이다.

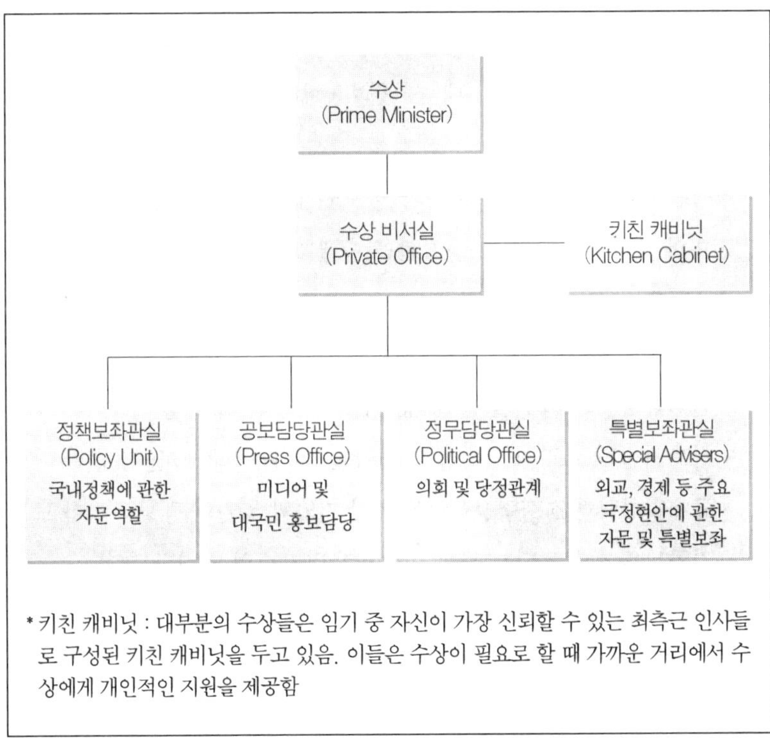

자료 : 박재희(1997), 「영국의 중앙정부조직」, 행정연구원, 25~27쪽

내각부(Cabinet Office)

내각부는 국가의 기본정책 수립과 예산편성의 기본방침을 결정하는 기능을 수행하며 관료에 대한 인사감사권을 행사한다.

내각부는 내각비서실(Cabinet Secretariat)과 행정관리처(Office of Public Service : OPS)의 두 부분으로 구성되어 있다.

내각비서실은 내각 소속장관들을 공동으로 보좌하는 역할을 수행하며, 비서실장 외에 각 부처에서 파견된 고위직 공무원 30여 명이 포함되어 있다.

내각비서실장(Secretary of the Cabinet)은 '공무원담당부(副)장관(Head of the Home Civil Service)'을 겸하며, 외교·국방, 정보, 의전, 경제·내무와 유럽연합 등의 전문분야로 나뉘어 각료를 보좌하고, 각료회의(Cabinet Meeting)와 내각위원회(Cabinet Committee)에 관한 사무를 담당한다.

행정관리처(OPS)는 정부조직과 공무원제도, 인사 등을 포함하는 국정 전반에 걸쳐 전체 중앙행정기관을 총괄하는 기능을 수행한다.

중요한 기능으로는 다음과 같다.

- 시민헌장 프로그램을 통한 대국민 서비스의 질 향상
- 정보기술의 효과적인 활용을 포함한 행정관리의 효율성 증진
- 규제완화팀과 경쟁력강화팀을 통한 기업과 국가의 경쟁력 강화 도모
- 전공무원에 적용되는 공통된 공직윤리기준의 마련과 유지
- 인사의 공정성과 기회균등원칙 준수 여부의 감시
- 공무원교육과 훈련 제공

행정관리처에는 계선조직으로 능률·성과국, 시민헌장팀, 경쟁력강

화 담당실, 규제완화 담당실 등을 포함한 15개 부서가 있으며, 소속기
관으로 조달청과 공무원대학 등 5개의 책임집행기관(Executive Agen-
cies)이 있다.

5) 중앙부처

영국에는 명문화된 정부조직법은 따로 없으며 내각구성과 각 중앙행
정부처의 소관업무를 정하는 일은 궁극적으로 수상의 권한에 속한다.
일반적으로 내각이 바뀌게 되면 부분적인 조직개편이 이루어지는 것이
관례로 되어왔다.

중앙부처의 수는 2002년 현재 17개이고, 그 명칭도 각기 달라서
'Department' 가 9개, 'Ministry' 가 1개, 'Office' 가 6개이며, 이 밖에 재
무부는 'The Treasury' 라고 부른다.

현행 내각의 부처구성은 다음과 같다(2001년 6월 총선거 승리로 출
범한 노동당정부 2기 내각).

정부 부처 내부조직

정치적 임명직으로서 장관(Secretary of State) 밑에 여러 명의 부(副)
장관(Minister of State)과 한두 명의 정무차관(Parliamentary Secretary)
또는 정무차관보(Parliamentary Under-Secretary)가 있다. 의회에서의
답변은 장관·부장관이나 정무차관이 행하며 사무차관 등 직업공무원
은 의회에서의 답변에 나서지 않는다('관료의 익명성' 원칙).

일반행정직은 장관·부장관 아래 사무차관(Permanent Secretary)을
정점으로 한 관료단이 위치한다. 과거에는 3~5명의 부차관(Deputy
Secretary : 우리의 차관보급), 10~20명 전후의 차관보(Under Secretary

: 국장급), 수십 명의 참사관(Assistant Secretary : 과장급)으로 구성되었으나, 1996년 4월부터 '고위공무원단(Senior Civil Service) 제도'가 실시되면서 계급구분이 흐려지고 부처별로 자율적으로 정한 직위명(Job Title)만 사용하게 되었다.

공무원제도를 담당하는 공공서비스부(Office of Public Service : OPS)에서 사용하는 직위명과 부서명은 다음과 같다.

새로운 직위명(1996. 4. 1~)	해당부서명	종전계급(1984~96. 3)
사무차관 (Permanent Secretary)		Grade 1 (Permanent Secretary)
국장(Director)	Group 또는 Unit	Grade 2 (차관보 Deputy Secretary) Grade 3 (국장 Under Secretary)
과장(Deputy Director)	Division	Grade 4 또는 5 (과장 Assistant Secretary)
계장(Assistant Director)		Grade 6 (계장 Senior Principal) Grade 7 (계장 Principal)

자료 : 행정자치부(1998), 「영국 공무원제도」, 33쪽

부 처 명	비 고(1기 내각과의 비교)
부수상실(Office of the Deputy Prime Minister)	신설
재무성(HM Treasury)	
법무성(Lord Chancellor's Department)	
외무성(Foreign and Commonwealth Affairs Office)	
내무성(Home Office)	
환경 · 식품 · 농촌성(Department for the Environment, Food and Rural Affairs)	농수산 · 식품성(Ministry of Agriculture, Foods and Fisheries) + 환경업무(추가)
국제개발성(Department for International Development)	
노동 · 연금성(Department for Works and Pensions)	사회보장성(Department of Social Security) + 고용 업무(추가)
교통 · 지방성(Department for Transport, Local Government and the Regions)	환경 · 교통 · 지방성(Department for the Environment, Transport and the Regions) − 환경 업무(삭제)
보건성(Department of Health)	
통상산업성(Department of Trade and Industry)	
교육 · 기술성(Department for Education and Skills)	교육고용성(Department for Education and Employment) − 고용업무(삭제)
국방성(Ministry of Defense)	
문화 · 언론 · 스포츠성(Department of Culture, Media and Sport)	
북아일랜드성(Northern Ireland Office)	
웨일스성(Wales Office)	
스코틀랜드성(Scotland Office)	

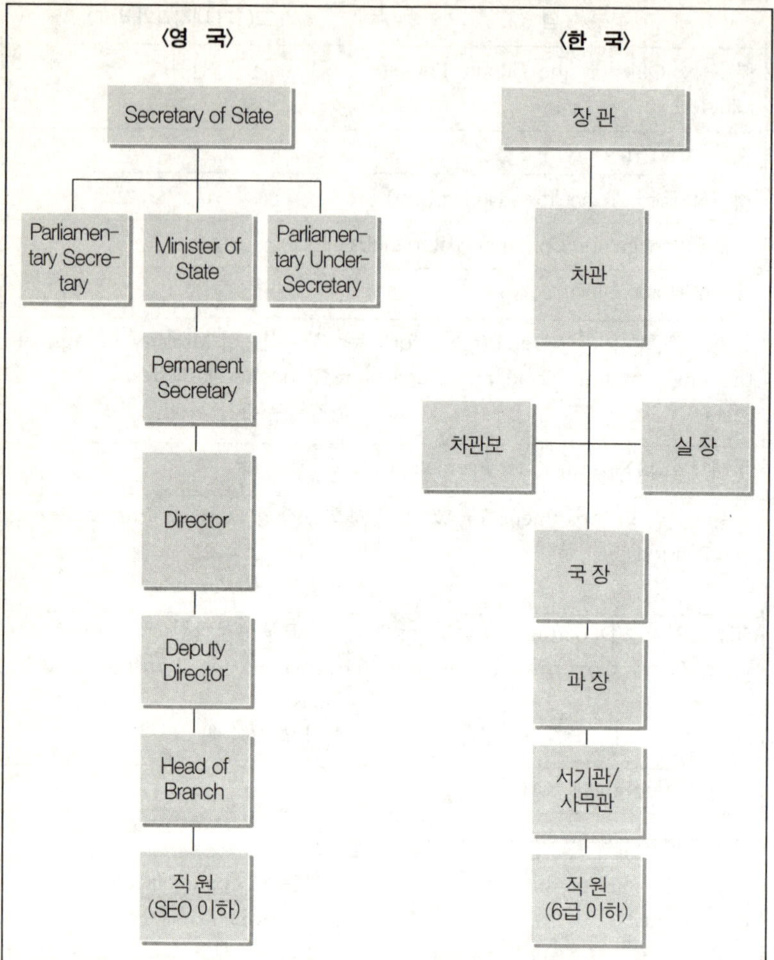

* Minister of State : 부(副)장관에 해당되며 부처 내에서 소관 업무분야별로 장관을 보좌함(부처에따라 1~4명)

* Parliamentary Secretary 또는 Parliamentary Under-Secretary : 정무차관 또는 정무차관보에 해당되며 흔히 'Junior Minister'로 불림. 특정분야의 업무 또는 의회관련업무에 대하여 장관을 보좌함(부처에 따라 1~4명)

* 장관, 부장관 및 정무차관(보)은 모두 의원이 겸직함

자료 : 행정자치부(1998), 「영국 공무원제도」, 35쪽

5) 공무원 제도

공무원 규모

영국에서는 500만 명 이상이 중앙정부, 국영기업체와 공공기관 등 다양한 형태의 공공부문에 종사하고 있다.

이 중 중앙정부공무원은 47만 5,000명 정도이다(2001년 기준).

경제활동인구 약 2,650만 명 가운데 공공분야 종사자가 19% 이상에 해당하며, 지방정부 공무원이 10% 정도, 공기업체 직원이 6% 정도, 중앙정부 공무원이 2% 미만, 기타 중앙정부 종사자가 2% 정도의 비율을 보이고 있다.

공무원의 종류

영국의 공무원은 다음의 4가지 기준에 따라 구분된다.

계급체계 개혁

1968년 풀턴 보고서는 당시 공무원 계급체계가 부처별로 지나치게 세분되어 부처할거주의(departmentalism)가 우려되는 등 문제가 있다고 보고 이에 대한 개선방안을 다음과 같이 제시했다.

- 가장 대표적인 일반행정분야의 경우 종전의 행정, 집행, 서기의 3개 계급구조를 통합해 단일 행정직군으로 만들었으며,
- 고위관리직의 경우에는 특정분야의 전문지식보다는 높은 수준의 관리책임이 중시되는 점을 고려해, 국장급(Under Secretary) 이상을 단일수평구조(Open Structure)로 통합함으로써, 직종에 관계없이 그 직위에 가장 적합한 자(전문가)가 임용될 수 있게 했다.

단일수평구조의 대상은 그 후 1984년, 1986년에 단계적으로 확대되어 계장급(Principal) 이상을 대상으로 하게 되었으며, 1984년부터는 'Under Secretary, Principal' 등 계급명(Grade Title)을 폐지하고 일련의 숫자로 표시하는 'Grade제'를 도입하게 되었다.

그 후 1996년 4월부터는 Grade 5(과장) 이상에 대해서 계급을 모두 폐지하고 통합관리하는 고위공무원단(Senior Civil Service : SCS)제도를 도입함으로써 해당직위에 가장 적합한 자를 계급이나 전문분야, 공직 내외에 관계없이 폭넓게 임용할 수 있도록 했다. 이로써 그 동안 강하게 유지되어오던 계급제의 전통은 상당히 약화되고 직위 분류제의 특성이 두드러지게 되었다.

6) 책임집행기관(Executive Agency)

1988년 이래 행정서비스의 효율화 등을 목적으로 많은 행정기관이 책임집행기관으로 전환되었다.

현재 131개 기관이 지정되어 운영 중이며 전체 국가공무원의 4분의 3 이상이 이곳에 근무한다.

이 기관들은 정책형성 이외의 부분, 즉 행정의 집행을 담당하며 그 기관장은 민간인 · 외국인까지 대상으로 하여 공개적으로 모집되고 소속장관이 임명한다(임기 3~5년).

소속 장관은 업무목적 · 목표, 업무내용, 재무관리기준, 급여 · 인사관리기준, 장관 · 의회에 대한 책임 등을 정한 당해 조직의 '기본운영계획서(Framework Document)'를 작성해 공개한다. 또한 예산의 총액도 장관이 결정한다.

책임집행기관은 기본운영계획 및 예산의 범위 내에서 대폭적인 재량과 자율성이 인정되지만, 업무의 달성상황, 재무상황 등을 공표해야 한다.

소속장관은 책임집행기관의 업무에 대해 의회에 대한 설명 책임을 지지만 일상적인 집행업무에는 관여하지 않는다.

7) 감사기능

능률성 감사(Efficiency Scrutiny)

수상실의 능률고문과 능률팀(Efficiency Unit)은 각 부처가 경비절감과 효율성 제고 노력의 일환으로 매년 자체적으로 정밀감사를 실시하도록 하고 있으며, 이 감사가 제대로 이루어지고 있는지 점검하고 필요한 경우 기술적 조언과 도움을 제공한다.

감사의 내용은 서비스의 질(quality of service), 조직·관리 기능의 효과성(managerial and organizational effectiveness), 그리고 지출경비의 효용성(value for money)에 관한 것으로, 연간 총 20~25회 감사가 실시되며 1억~2억 파운드의 예산절감 효과를 거두는 것으로 평가된다.

회계검사원 (National Audit Office :NAO)

1983년 종전 회계검사기구(Exchequer and Audit Department)의 역할을 승계해 설립된 하원 소속의 독립 외부감사기관으로서 중앙행정기관, 소속기관, 주요공공단체에 대한 회계 및 사업의 경제성과 효과성을 감사하는 가장 권위 있는 감사기관이다. 책임자인 원장은 'Comptroller and Audit General'이라고 불리며, 부원장을 비롯한 750명의 직원이 원장을 보좌한다.

8) 지방자치행정

(제8장 제1절 '지방자치 계층의 축소' 중 영국 부분 참조)

3. 최근의 정부개혁

1) 개혁의 배경 및 원동력

재정수지악화로 인한 공공부문 감축 압력

1970년대 두 번에 걸친 오일쇼크에 의한 오랜 경제불황과 높은 실업률에 시달려온 영국은, 1979년 보수당의 대처 수상 취임을 계기로 OECD 국가 중 제일 먼저 정부개혁을 시도했다.

당면한 경제 · 재정적 위기의 원인이 전후 노동당의 사회복지정책과 정부경영의 비효율성에 있다고 판단하고, 시장경제의 원리에 입각한 '작고 효율적인 정부'로 돌아가야 한다는 신보수주의 정치이념과 강력한 리더십을 바탕으로 대대적인 민영화정책과 과감한 정부혁신작업을 일관성 있게 추진했다.

정치가의 이념적 지도력

대처 수상은 정치가로서 확고한 이념적 지도력과 과단성을 갖추고 있었으므로 이러한 개혁을 창도하고, 또한 무수한 반대를 뚫고 개혁을 밀고 나갈 수 있었다.

대처 수상이 취임 후 인터뷰에서 "영국의 왕권제도 및 의회제도에 대해서는 크나큰 존경의 뜻을 가지고 있으나, 금융제도, 노동조합, 행정(공무원), 영국 국교회제도에 대해서는 혐오감을 갖고 있다"고 얘기한 것은 이를 잘 보여준다.

2) 구체적 개혁조치

능률성 감사(Scrutiny)

대처 수상은 취임 후 민간 전문경영인을 능률고문으로 임명하고 내각사무처 내에 민·관 혼합의 소수 인원(14명)으로 구성된 능률팀(Efficiency Unit)을 설치했다.

능률팀은 각 부처에 주요업무에 대한 능률성 감사(Efficiency Scrutiny)를 실시하도록 함으로써, 불필요한 직무의 폐지·축소·외부 이양, 절차 및 서식의 개선·간소화, 내부감사 강화, 공무원 정원관리 강화 등의 관리개선을 가져왔다.

재무관리개선 (Financial Management Initiative)

1982년 5월부터 관리개혁을 위한 다음 단계의 조치로 재무관리개혁(Financial Management Initiative : FMI)에 착수했다. FMI의 목적은 각 부처예산에 대한 강력한 중앙통제를 완화해 정원상한(staff ceiling) 및 총괄운영예산(total running costs)의 한도 내에서 자율적으로 운영해나가도록 재무관리 권한을 일선에 폭넓게 허용해주되, 모든 관리자가 자신의 업무목표를 설정하고 비용효과성을 평가함으로써 재원활용에 대한 책임을 지도록 한다는 것이었다.

그러나 관리자층의 재량권이 많이 부여되지 않았던 점 등으로 인해 그다지 진전이 없었던 것으로 평가되며, 오히려 후일 'Next Steps' 개혁으로 이어짐으로써 성과를 나타내게 되었다.

민영화

1979년에는 국영기업이 GDP의 거의 9%를 점하고 있었으나, 공공부문에 속해 있던 전력, 석유, 가스, 항공 등 주요 산업 중에서 1994년 말까지 3분의 2에 해당하는 48개의 기업이 민영화되어 이로 인한 주식매각 수입은 600억 파운드에 달했다.

Next Steps 개혁('Agency 화')

1988년 능률팀에서 작성한 'Next Steps 보고서'는 공무원제도와 정부조직을 개혁하는 데 가장 혁명적인 계기를 마련해준 것으로 평가되고 있다.

이 보고서의 내용은 종래의 행정조직이 정책입안 중심으로서 서비스 전달과 집행기능에 대한 관심이 부족했던 것을 고쳐서, 행정서비스의 질과 효율성 향상을 목표로 각각의 조직목적에 맞는 유연한 관리기법을 도입해야 한다는 것이었다. 이 Next Steps 개혁으로 중앙부처에서 담당하고 있던 집행 및 서비스 전달기능을 정책기능에서 분리해 책임집행기관(Executive Agencies)이라는 새로운 형태의 경영조직으로 전환시키는 작업이 시작되었다.

이 책임집행기관에 대해 주무부처 장관은 총괄적인 사업목표와 재원관리의 범위만 정해주고 관리운영상의 자율권을 대폭 허용한다. 그 기관장(Chief Executives)은 공직 내외에서 공개경쟁을 통한 계약제 방식으로 임용하며, 매년 목표 달성도에 대한 평가를 실시하고 그 결과를 공표함과 아울러 임용계약 파기, 재임용계약, 성과급 지급 등을 통해 개인적인 보상을 하는 체제를 확립한다는 것이다.

1988년 8월 차량검사국이 책임집행기관으로 전환된 이래 현재 131개 기관이 지정·운영되고 있고 전체 국가공무원의 4분의 3 이상인 37만 5,000명이 이곳에 근무하고 있다.

구 분	1979년	1995년	2001년
국가공무원	73만 2,000명	51만 7,000명	47만 5,000명
책임집행기관 직원	0	36만 6,000명 (국가공무원의 약 70%)	37만 5,000명 (국가공무원의 약 79%)
책임집행기관	0	109개 기관	131개 기관

시민헌장

1991년 존 메이저(John Major) 수상에 의해 주창된 시민헌장(Citizen's Charter) 제도는 행정서비스의 질적 향상을 목표로 하는 개혁 프로그램이다.

대처 수상이 추진해온 능률성 감사와 Next Steps 등의 개혁조치가 주로 경제성과 효율성 개념에 초점을 맞추었던 반면, 시민헌장제도는 열악한 상태의 대민 서비스 문제에 눈을 돌려 효과성 개념과 고객서비스의 질 향상에 중점을 둔 것이다.

이 시민헌장을 모토로 메이저 수상은 책임집행기관화 및 민영화를 재차 추진했으며, 이 제도 실시 후 행정서비스에 대한 영국국민들의 신뢰와 만족도가 크게 향상된 것으로 나타나, 1997년 집권한 노동당 정부도 이를 지속해나가고 있다.

시장성조사 (Market Testing)

1991년 11월 메이저 수상은 민영화가 곤란한 업무(청사관리, 컴퓨터 유지관리 등)에 대해서도 담당기관과 민간회사를 입찰로써 경쟁시켜 효율적인 쪽으로 업무를 하청을 줄 수 있다는 구상을 공표하고 추진한 결과, 1994년 9월까지 20억 파운드에 상당하는 업무가 테스트 대상이 되어 그중 11억 파운드 규모의 업무가 민간에 하청되었다.

공무원의 공모제 도입

과장급 이상의 국가공무원에 대해서도 내부 등용을 원칙으로 하면서, 적절하다고 판단하는 경우에는 외부인사도 포함한 공모에 의해 능력·적성에 기초해 임용할 수 있게 되었다.

회계제도의 변경

각 부처는 민간부문과 코스트 비교가 될 수 있는 형태로 예산을 편성하고, 목표와 성과를 나타낼 수 있는 형태로 회계보고를 행하는 동시에 1997년 4월까지 자산과 부채가 대비되도록 대차대조표를 작성하게 했다.

3) 영국 정부개혁의 특색

영국의 정부개혁은 그 추진방식에 있어서, 강력한 정치지도력을 바탕으로 독자적인 개혁추진조직을 설치하여 장기간에 걸쳐 지속적으로 실시했다는 점, 매스컴 등 외부압력을 적절하게 이용하면서 상당히 과격해보일 정도의 개혁을 상당한 시간을 투자하여 실시해왔다는 점, 행정개혁의 핵심이 되는 포스트에는 '개혁에 적극적인 인재'를 등용했다는 점에 특색이 있다고 평가되고 있다.

그리고 개혁내용 자체에 대해서는, 대처 수상 하의 1980년대 개혁은 경제·재정효과를 주목적으로 한 기술적인 색채가 강했으나, 메이저 수상의 개혁은 시민헌장 제창 이래 국민을 고객의 위치에 두고 행정서비스 전반을 '비용 대 효과' 면에서 다시 검토해가면서 '국민을 위한 행정서비스를 실현한다'는 것을 근본이념으로 한 점에 특징이 있다.

제3절 미국 정부모델

1. 연혁

미국은 식민본국이었던 영국과 전쟁을 통해 1783년 독립을 획득한 후, 1787년 필라델피아 주의사당에서 열린 연방회의에서 치열한 토의 끝에 합의된 연방헌법안에 따라 연방국가의 정부체제를 완성했다. 이미 반(半)독립적이었던 주(州)와 연방과의 관계, 3권분립, 양원제, 그리고 공화국의 행정수반인 대통령제를 규정한 새로운 정부제도가 탄생한 것이다.

1788년 6월 25일 연방헌법이 공식적으로 발효되고 1789년 4월 30일 조지 워싱턴이 초대 대통령으로 취임하여 활기찬 새 공화국이 출범했다.

미국의 초기 관료제는 영국의 직접적인 영향 아래 형성되었으나 그 후로는 대서양에 의해 사실상 격리되어 있었고 방대한 자원과 무한대의 개척지를 가지고 있었던 여건으로 인해서 20세기 중엽까지 세계에서 특이한 관료제를 지속, 발전시키게 되었다.

초기에는 부유한 귀족이나 대지주층이 정부 내 요직을 독점하고 있었으나, 이를 타파하기 위해서 1829년 잭슨 대통령 때부터 엽관주의 (spoils system)적 운영이 도입되어 신흥 정치세력(유럽에서 온 이민, 서부개척민)의 대표를 정부에 대거 영입하기 시작함으로써, 미국사회의 특징인 사회적 이동성(social mobility)과 개인주의적 · 평등주의적 · 분권적 경향을 반영, 촉진시켰다.

엽관주의란 공직의 임면(任免)을 능력이나 실적보다 당파성(partisan-ship), 영향력, 금력, 문벌, 의리(personal loyalty), 학벌, 지연 등을 기준으로 하여 행하는 것을 의미하는데, 1845년부터 1865년까지는 이 엽관제도가 철저하게 제도화된 전성시대로써 대통령선거는 '공직의 쟁탈'이라는 관점에서만 관심을 끌었을 정도였다. 특히 링컨 대통령은 취임 초부터 임박한 남북전쟁을 승리로 이끌기 위해 대대적인 공직 경질을 단행했으나, 한편으로는 "장차 남북전쟁보다 엽관제도가 더 위험한 문제가 될지 모른다"고 인식했기 때문에, 1865년 대통령에 재선되자 엽관배의 요구를 단호히 거절했으며 이 때부터 엽관주의는 쇠퇴하기 시작했다.

1881년 엽관운동 실패자에 의한 가필드 대통령 암살사건은 공무원제도 개혁의 시급성을 널리 인식시켜 인사개혁의 직접적인 계기가 되었으며, 당시 이루어진 영국의 공무원제도 개혁(1855년, 1870년)에 대한 '이튼(Eaton) 보고서(1880년)'도 광범위한 영향력을 미쳤다. 이에 따라 1882년 12월 '펜들턴법(Pendleton Act)'이 제정되어 미국 정부는 엽관제도를 청산하고 실적주의에 입각한 발전을 시작했다.

펜들턴법의 주요 내용은 다음과 같다.

- 공무원 임면에 관한 정치적 영향을 방지하기 위하여 초당적 · 독립적인 인사위원회(Civil Service Commission)의 설치
- 공개경쟁시험에 의한 공무원 임용
- 공무원의 정치적 중립
- 실적주의(merit system)의 적용을 받는 분류직(classified service)의 확대

1920년 '퇴직법(Retirement Act)', 1923년 '직위분류법(Classification Act)'의 제정으로 직업공무원제도와 인사행정의 합리적 운영이 정착되

었다.

한편 행정조직관리 면에서는, 1937년 브라운로위원회(Brownlow Committee)의 보고서로 인해 미국 대통령의 참모관리조직이 오늘날과 같이 발전하게 된다.

1936년 3월 루스벨트 대통령은 행정관리에 대한 개선방안을 연구·권고할 임무를 띤 '행정관리에 관한 대통령위원회(President's Committee on Administrative Management)'를 구성하고 루이스 브라운로(Louis Brownlow)를 위원장으로 임명했다.

이 위원회가 1937년 1월 대통령에게 제출한 보고서의 기조는, 대통령의 행정관리에 관한 권한을 확대하고 이를 실현하는 데 필요한 기구를 강화해야 한다는 것이었다.

그 이유는, "미국 대통령의 주요한 기능은 정치적 지도(political guidance), 국가적 상징(national symbol)과 행정관리(adminstrative management)라고 볼 수 있는데, 정치적 지도와 국가적 상징의 기능은 역대 대통령이 정도의 차이는 있으나, 그런 대로 수행해왔다. 그러나 행정관리기능은 이를 제대로 수행할 수 있도록 조건이 구비되어 있지 않았다"는 것이다.

이 보고서의 건의는 1939년 '기구개혁법(Reorganization Act)'에 의해 실현되고 대통령부(Executive Office of the President : EOP)의 설치를 보게 되었다.

대통령의 참모기관과 보조관리기관(central overhead agencies)의 강화로 대통령직은 '자연인'의 성격에서 '조직인'의 성격으로 변화되었고, 이는 '대통령직의 제도화(Institutionalization of the Presidency)'라고도 불린다.

당시 대통령부에 신설된 것은 백악관 사무국(The White House

Office)과 재무부에서 이전된 예산국(Bureau of the Budget) 정도였으나 그 후의 대통령들에 의해 계속 조직이 확대되어 대통령에 대한 보좌기능은 점점 더 충실해져왔다.

1978년 카터 대통령 때 고위공직에 대한 개혁으로 고위공무원단(Senior Executive Service : SES) 제도가 창설되어, 계급개념을 탈색시키고 직위보다 성과에 따라 보수가 결정되도록 하고 있으며 약 7,800명의 고위공직자(우리나라의 중앙부처 국장급 이상의 정책입안 및 관리감독 직위)가 이를 적용받고 있다.

2. 현행 정부제도

1) 총체적 개관

대통령제와 의원내각제

미국헌법은 대통령제(Presidential System)를 취하고 있다. 대통령(행정부)과 의회(입법부)의 관계는, 의원내각제(Parliamentary Cabinet System)에서처럼 상호의존이나 교류관계에 있는 것이 아니고, 원칙적으로 단절되어 있다.

영국의 의원내각제에서는, 행정부라고 할 수 있는 내각은 입법부인 의회의 구성원(하원의 다수당 소속 의원)에 의해 성립되고 따라서 행정부는 입법부에 의존하고 책임을 진다.

이에 반해서 미국의 대통령제는 엄격한 삼권분립제에 입각해, 대통령과 의회는 각각 별도의 선거로 선출되며 또한 사법부를 구성하는 대법관은 상원의 동의를 거쳐 대통령에 의해 종신 임명된다. 또한 대통령과 각료들은 의회에 의석을 보유할 수 없으므로 행정부는 입법부에 의존하지 않는다. 대통령은 4년의 임기 동안은 그 지위가 확고하게 보장되고, 의원내각제에 있어서의 불신임결의나 의회해산과 같은 제도는 존재하지 않는다.

이러한 미국식 대통령제는 내각책임제 하에서보다 의회의 역할을 강화시켜 입법부와 행정부 간의 갈등·대립이 항상 존재하게 되며 미국관료제에 다음과 같은 영향을 미치고 있다.

첫째, 연방정부의 주요 행정계획은 내각책임제 하에서는 불가능한 '상당한 정도의 행정적 자주성'을 확보하게 된다.

둘째, 의회와 대통령이 서로 연방행정기관의 운영에 대한 권한을 주장하고 있기 때문에 행정기관장은 쌍방에 대항할 수 있는 유리한 위치에 있으며, 이익집단의 활동이 이를 더욱 촉진하는 역할을 할 수 있다.

셋째, 예산이나 입법에 대한 관료의 영향력이 증대하게 된다. 의회의 핵심의원과 직업관료의 관계가 매우 긴밀하며, 관련업계 등 이익집단까지 이에 연결되면 대단히 큰 영향력을 행사하게 된다.

대통령의 역할·기능

대통령은 법률을 집행하고 행정전반을 지도하는 행정수반(Chief Executive)으로서의 역할 외에도 국가원수(Chief of State)로서의 의례적·상징적 기능을 수행하며, 또한 수석외교관(Chief Diplomat)과 군최고 사령관(Commander-in-Chief)으로서 외교와 국방에 대한 지배적 역할을 담당하고 있다.

또한 대통령은 교서(message)를 통해 자기가 원하는 법률안의 심의를 의회에 권고하고 의회입법에 대한 거부권(veto)을 행사할 수 있어, 입법과정에 큰 영향력을 행사하고 있다.

미국에 있어서 정당은 의회를 조직하고 그 활동을 지도하는 수단이라기보다는 대통령 후보를 지명하고 선거를 준비하는 장치로서의 성격이 농후하다. 따라서 당의 조직구속력이 약하고 당수(黨首)제도가 없는데, 대통령이 실질적인 당 지도자(Party Leader)로서의 역할을 수행하고 있다.

의회의 역할·기능

연방의회는 상원(Senate)과 하원(House of Representatives)의 양원으로 구성되어 있다. 상원은 100명의 의원으로 인구규모에 관계없이 각 주에서 2명씩 선출되며 임기는 6년이다. 하원은 435명으로 인구비례에 따라 각 주에 의석수가 할당되며 임기는 2년이다.

의회는 법률의 제정과 정책결정에 대한 광범위한 권한과 책임을 가진다.

연방의회의 주요임무는 다음과 같다.

- 연방법률의 제정
- 대통령, 부통령, 연방법관 및 고위공직자에 대한 탄핵
- 연방예산의 승인
- 외국과의 조약체결에 대한 비준
- 연방법원의 설치, 사법권제정 및 법관정원의 책정
- 주요공직자 임명에 대한 동의
- 대통령의 거부권 행사 부결

의회권한의 대부분은 상원과 하원이 공유하지만, 몇 개 분야에서 차이가 있다. 예컨대 모든 세입법안에 대한 심의와 대통령을 포함한 고위

공직자에 대한 탄핵절차는 하원에서 먼저 발의하도록 되어 있다. 반면에, 상원은 3분의 2 이상 찬성으로 탄핵을 결정하고 외국과의 조약이나 고위공직자 임명에 대한 동의권을 갖고 있다.

의회의 입법활동에서 가장 핵심적인 요소는 위원회와 소위원회다. 대부분의 입법활동이 여기에서 이루어질 뿐만 아니라, 위원회의 결정은 대부분 본회의에서 그대로 수용된다.

하원에는 22개의 상임위원회와 127개의 소위원회가 있는데 각 상임위원회에는 평균 35명 정도의 의원이 속해 있다. 따라서 하원의원 한 사람은 2개 정도의 상임위원회와 4~5개의 소위원회에 소속된다.

하원에는 17개의 상임위원회와 85개 이상의 소위원회가 있다. 각 상임위원회에는 16~29명의 상원의원이 배정되며, 상원의원 1인당 3~4개의 상임위원회와 7개 정도의 소위원회가 배당된다.

의원들의 입법활동을 지원하기 위해 의회에는 의회도서관(Library of Congress), 회계검사원(General Accounting Office : GAO)와 의회예산처(Congressional Buget Office : CBO) 등 총 9개의 부속기관이 설치되어 있다.

대통령과 의회의 관계

행정부와 입법부 간에는 다음 세 가지 유형의 관계가 있을 수 있다.

첫째, 원만한 관계가 유지되는 경우이다.

이를 위해 많이 사용되는 방법은 대통령과 의원들이 모여 협의하는 것이다. 중요한 안건이 의회에 회부되면, 대통령과 소속당 의원들이 미리 회합을 갖고 의회 통과전략을 논의한다.

때로는 반대당 의원까지 포함한 의회 주도계층 의원들에게 대통령이 전화·면담 등을 통해 안건통과를 협의·설득하는 방법도 사용된다.

둘째, 행정부가 입법부를 견제할 수 있다.

의회에서 제정한 법안에 대해 대통령이 거부권을 행사할 수 있다. 또한 대통령은 어떤 목적에 예정된 예산의 지출을 동결할 수 있는데, 이것은 어떤 의원의 지역구에서 공장이나 도로, 항만 등이 건설될 수 없음을 의미한다. 이와 같이 지방사업에 대한 연방보조금제도(federal grants)를 적절히 사용해 대통령은 의회에 제동을 걸 수 있다.

셋째, 입법부가 행정부를 견제하고 속박할 수 있다.

상·하원의원들이 대통령이 제안하는 의안을 연기하거나 처리를 거부할 수 있다. 또 관리예산처(OMB)가 제출한 예산안으로부터 지출항목을 삭감하거나 변경할 수 있다.

더욱이 행정부처에 대해 가장 엄격하고 상세한 요구사항들을 강요하기 위해서 지시(instruction)를 발할 수 있고 법령을 통과시킬 수 있다.

이 밖에도 의회는 각 상임위원회에서의 관계부처 공무원에 대한 질문권과 중요한 행정결정에 대한 의회거부권(congressional veto)을 통해 행정부를 견제할 수 있다.

2) 행정부

행정권은 대통령 개인에게

미국의 행정부는 대통령을 중심으로 운영된다.

미국헌법 제2조 1항에서 "행정권은 대통령에게 위임된다"고 선언하고 제2조 3항은 대통령에게 법이 성실하게 집행되는지의 여부를 감독할 것을 요구하고 있다.

이 헌법규정에 따라 대통령은 자신에게 부여된 권한과 책임을 효율적으로 수행하기 위해 부통령과 각계 전문가들로 구성된 참모집단(대통령부), 행정부처의 장관을 포함한 고위공직자들과 직업공무원을 통해 행정부를 관리·감독하고 있다.

내각

미국헌법이나 법령에는 내각(Cabinet)에 대해 아무런 규정도 두지 않고 있다. 워싱턴 대통령 시대부터 내각이 관습적으로 형성·발전되어 왔으나, 헌법이 "대통령이 행정부의 수장(首長)이며 이 직책을 대통령에게만 부여한다"는 뜻을 명시하고 있기 때문에 내각은 공식적 기관이 아니다.

따라서 내각은 각 부처의 장관들이 공식적으로 회합했을 때의 관습적인 명칭에 불과하며 상호간의 의견조정 및 대통령에 대한 자문역할을 하는 것뿐이다. 행정권은 대통령에게 속해 있으므로 내각은 연대책임을 지지 않으며, 각 장관은 대통령에 대해서 책임을 진다고 할 수 있다(우리나라에서는 내각책임제적 요소가 가미되어 국무회의와 국무위원이 공식적인 기관인 점에서 미국식과는 다르다).

대통령부

대통령을 직접 보좌하는 대통령부(Executive Office of the President : EOP)는 백악관 사무국, 국가안전보장회의 , 관리예산처, 미무역대표부를 포함해 서로 독립적인 자문기관과 정책결정기관으로 구성되어 있으며, 중요한 기관은 다음과 같다.

- 백악관 사무국(The White House Office : WHO)
- 부통령실(Office of the Vice President of the United States)
- 경제자문회의(Council of Economic Advisors : CEA)

- 환경위원회(Council on Environmental Quality)
- 국가안전보장회의(National Security Council : NSC)
- 행정관리실(Office of Administration)
- 관리예산처(Office of Management and Budget : OMB)
  - 장관급 기관장 임명
- 국립마약통제정책실(Office of National Drug Control Policy)
  - 장관급 기관장 임명
- 정책개발실(Office of Policy Development)
  - 국내정책위원회(Domestic Policy Council)
  - 국가경제위원회(National Economic Council)
- 과학기술정책실(Office of Science and Technology Policy)
- 미무역대표부(Office of the United States Trade Representative : USTR)
  - 장관급기관장 임명
- 국내안보처 (Office of Homeland Security)
  - 2001년 10월 8일 창설 : 장관급 기관장 임명
- 대통령 해외정보 자문단(President's Foreign Intelligence Advisory Board)
- 백악관 군사처(White House Military Office)

행정각부

연방정부 행정의 핵심체는 행정각부(Excutive Department)이다. 현재 중앙부처로는 다음과 같은 14개 부처가 있다(영국과 달리 부처의 이름은 'Department'로 통일되어 있다).

- 국무부(Department of State)

- 재무무(Department of the Treasury)

- 국방부(Department of Defense)

- 법무부(Department of Justice)

- 내무부(Department of the Interior)

- 농무부(Department of Agriculture)

- 상무부(Department of Commerce)

- 노동부(Department of Labor)

- 교육부(Department of Education)

- 보건복지부(Department of Health and Human Services)

- 주택도시개발부(Department of Housing and Urban Development)

- 교통부(Department of Transportation)

- 에너지부(Department of Energy)

- 재향군인부(Department of Veterans Affair)

국가행정조직에 관한 일반법은 없고 각 부처는 별도의 근거법에 의해 설치된다. 따라서 부처의 통폐합이나 명칭 변경 등은 별로 없으며 중앙부처조직은 안정적으로 유지되고 있다(2002년 6월 18일 부시 대통령이 9·11 테러 이후의 대책으로 '국내안보부(Department of Homeland Security)' 창설을 위한 법안을 의회에 제출했으며, 미국 정부 기능 배분에 대변혁을 가져올 이 법안의 통과 여부가 주목되고 있음).

부처의 내부조직

미국 중앙부처의 내부조직은 장관(Secretary)과 부(副)장관(Deputy

Secretary), 그리고 수 명의 차관(Under Secretary)을 중심으로 참모
(Staff)부문과 계선(Line)부문으로 이루어져 있다.

참모부문으로서는, 예산·인사·관리개선 등을 담당하는 행정담당
차관보(Assistant Secretary for Administration), 법률고문(General
Counsel), 감사관(Inspector General), 수석재무관(Chief Financial Offi-
cer), 공보관(Special Assistant for Public Affairs) 등이 설치되고 있다.

계선부문에는 수 명의 차관보(Assistant Secretary)가 있으며 그 아래
몇 개의 국(局) 또는 부(部)가 설치되고 있는데 그 명칭은 'Bureau, Ad-
ministration, Service' 등 여러 가지이며, 그 장(長)의 명칭도 'Director,
Administrator, Commissioner, Deputy Assistant Secretary' 등 통일성
이 없다.

국(局) 또는 부(部) 아래에 몇 개의 과(division)-반(branch)-계(sec-
tion)로 되어 있는 경우가 많다.

표준적인 중앙정부의 구성에 관해서는 농무부의 예를 보기로 한다.

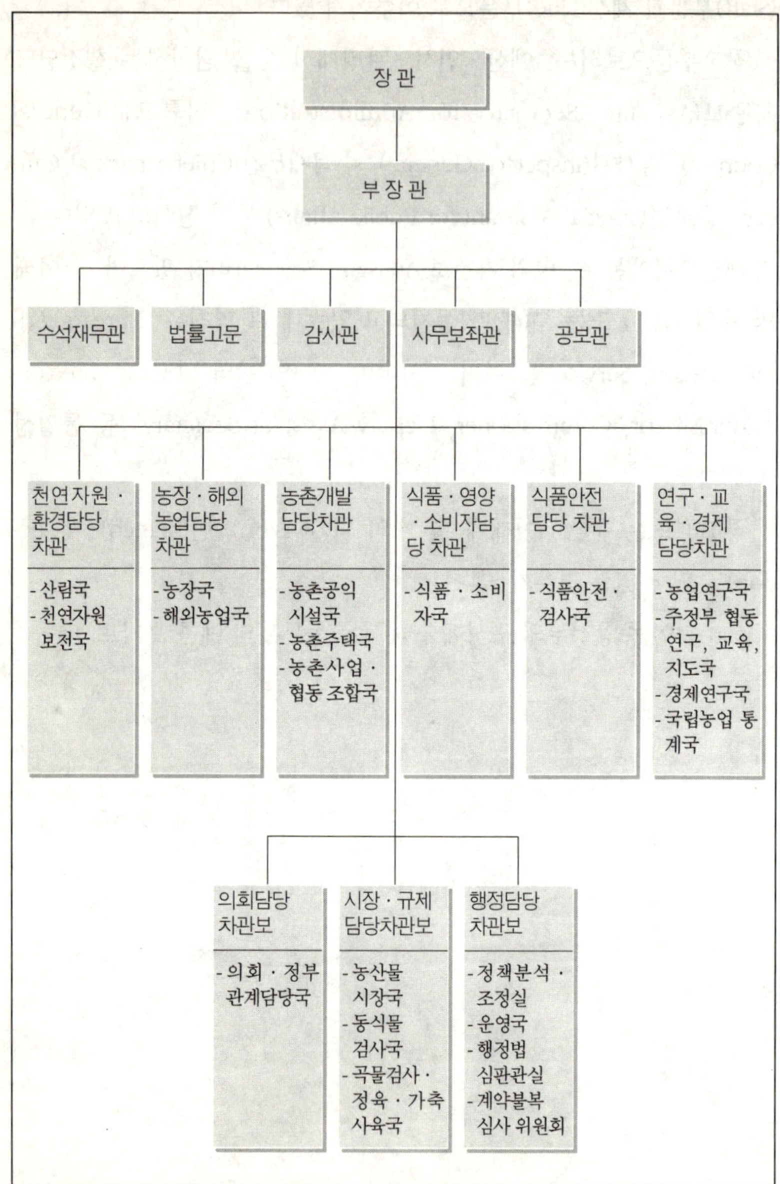

자료: 홍준현 외(1997), 「미국의 연방조직」, 한국행정연구원, 27쪽

독립기관 및 공사(公社)

- 독립기관 : 독립기관(Independent Establishments)은 대통령을 포함하는 외부의 압력으로부터 기능적 자율성을 보장하기 위해 설립되었다. 대체로 내각부처와 유사하나, 권한과 책임의 범위가 작은 편이다. 독립기관은 대통령이나 의회에 직접 보고하기 때문에 그들과 밀접하게 연결되어 있다.

  중앙정보국(CIA), 연방위기관리청(FEMA), 인사관리처(OPM), 중소기업청 (SBA), 환경보호청(EPA), 항공우주국(NASA) 등을 포함해 총 23개 기관이 있다.

- 독립규제위원회 : 독립기관의 다른 유형으로는 독립규제위원회(Independent Regulatory Commission)가 있는데, 이들 기관은 대부분 다양한 경제 및 사회분야를 규제하고 있으며, 업무의 자율성을 보장하기 위해 대통령으로부터 독립되어 있다. 상원의 인준을 받아 대통령이 임명하는 위원들로 구성되는 이사회에 의해 합의제적으로 운영된다. 위원들은 임기 동안 매우 강력한 신분보장을 받는다. 소비자제품안전위원회, 연방통신위원회, 증권거래위원회, 연방선거위원회, 연방노사관계위원회 등 총 27개 기관이 있다.

- 공사(公社) : 공사(Government Corporations)는 공공목적을 수행하는데 있어서 정부부처의 비능률과 경직성을 극복하고 민간기업의 조직형태와 운영원리를 도입하기 위해 설립되었다. 현재 매우 다양한 분야에 설치되어 활동하고 있는데 경영의 자율성을 보장하기 위해 중립적으로 구성되어 운영된다. 주요 공사로는 국립철도여객공사(AMTRAK), 테네시 계곡 개발공사(TVA), 미체신청(USPS) 등 총 8개 기관이 있다.

3) 공무원제도

미국의 연방공무원은 약 284만 7,000명에 이르고 있으며 95.7%인 272만 5,000명이 행정부에서 근무하고 있다(1997년 9월 현재). 이에 비해 주(州)공무원은 480만 명, 지방자치제(local)에 근무하는 공무원은 약 1,100만 명에 이른다. 미국의 연방공무원은, 그 관리방식에 따라 정무직, 상위관리직, 중간 관리직 및 일반공무원으로 나누어볼 수 있다.

정무직 공무원

미국 행정기관 상층부에는 대통령 또는 기관장에 의해 직접 임명되는 정무직(정치적 임용) 공무원(political appointees)이 자리하고 있으며, 이들은 경력직 공무원과 달리 신분보장이 되지 않는다 미국에서 정치적으로 임용되는 공무원의 숫자는 전체 약 300만 명 가운데 3,200명 정도이며, 그 중에서도 장관·차관 등 행정부 내 핵심적인 역할을 담당하는 정무직 공무원은 약 700명 정도에 불과하다. 이들은 임명권자와 상원의 인준 필요여부 등에 따라 다음과 같이 구분해볼 수 있다.

• 상원 인준을 거쳐 대통령이 임명할 수 있는 직위 (각 부처의 장관, 부장관, 차관, 차관보, 부차관보 등)	600개
• 상원 인준 없이 대통령이 임명할 수 있는 직위 (대통령 비서실장과 보좌관 등 대통령과의 특수한 관계 직위)	100개
• 각급 행정기관내 일부 국장급 직위 (SES 중 10%이내 대통령 임명 : 상원인준 필요없음)	800개
• 각급 행정기관내 기관장 자유임명 직위 (GS 15−13, 기관장의 비서관 및 기관 내 정책형성 관련직위)	1,700개
계	3,200개

고위공무원단(SES)을 제외한 대통령 임명 직위인 정무직의 보수등급은 다음과 같다.

직위명	보수등급
장관(Secretary)	EL-Ⅰ
부장관(Deputy Secretary)	EL-Ⅱ
차관(Under Secretary)	EL-Ⅲ
차관보(Assistant Secretary)	EL-Ⅳ
부차관보(Deputy Assistant Secretary)	EL-Ⅴ

상위관리직 공무원

상위관리직 공무원('고위 공무원단', Senior Executive Service : SES)은 미국 일반직공무원 보수등급체계인 GS(General Schedule)의 최고단계인 16~18등급에 상당하는 직위를 말하며, 우리나라의 국장급에 해당한다.

연방공무원 중 약 7,800명 정도만이 이에 속할 정도로 중추적인 관리계층이다. 1978년 카터 대통령 당시의 공무원제도개혁법(Civil Service Reform Act)으로 신설되었으며 '철저한 실적평가 및 그에 따른 보수·상여금 지급' 등 개인별 특별관리제도가 적용된다.

SES 공무원 중 10%는 대통령의 정치적 임명이 가능하며, 상원의 인준을 거치지 않는다.

그 보수등급은 6개이며(ES-1에서 ES-6까지) 최고등급인 ES-6은 차관보급(EL-Ⅳ)의 보수액과 같다.

중간관리직 공무원

중간관리직은 GS 15등급에서 13등급까지에 해당하는 직위로 우리나라의 과장급에 상당한다.

이들은 일반 공무원과 달리 실적에 따른 보수결정 시스템(Performance Management and Reception System : PMRS)을 적용받으므로 근무연수 경과에 따른 자동적인 보수인상은 없으며 각 개인별 근무성적 평정 결과에 따라 보수가 결정된다.

일반 공무원

일반 공무원은 근무연수에 따라 호봉이 오르는 종전 제도를 적용받는다. 전문직(professional)의 경우 대학졸업 후 공무원이 되면 GS 5등

그림 3 **미국 연방행정부 공무원 구조**

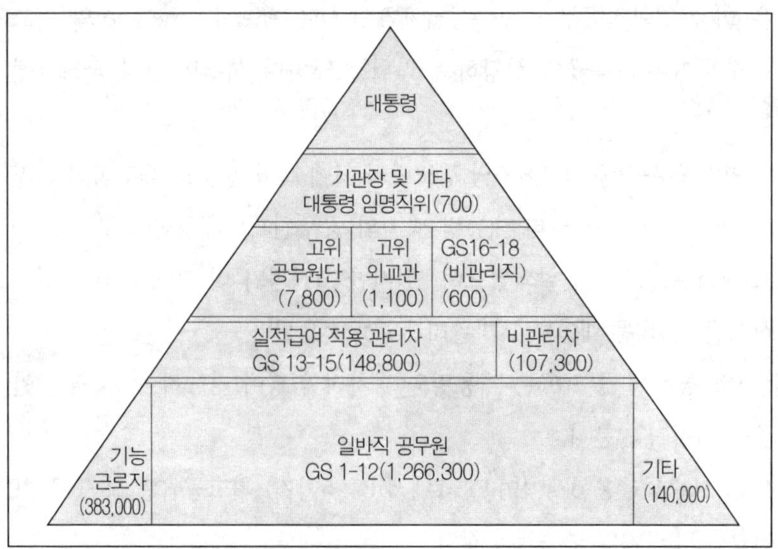

* 우정공사, FBI, CIA 공무원 등 특별직 공무원 제외
자료 : 총무처(1993), 「미국연방공무원 제도」, 24쪽

급 또는 GS 7등급으로 임용되며, 초기에는 비경쟁·고속승진해 5년 이내에 GS 11등급까지는 비교적 쉽게 승진될 수 있다.

GS 12등급부터는 관리자급으로 보아 업무능력을 매우 중요시하므로 10년이 지나도 승진하지 못하는 경우도 있다.

- GS 10~12등급 : 관리자급
- GS 5~9등급 : 직원
- GS 1~4등급 : 타자원, 비서, 문서관리

| 미국관료제의 특징 |

미국과 영국은 시민문화(civic culture)를 공유하며 급격한 정치변동없이 정치제도를 발전시켜온 공통점이 있음에도 불구하고, 관료제의 성격은 크게 다르다는 점이 눈에 띤다.

영국은 행정계급을 중심으로 균형과 질서를 갖추고 신중성·응집성·명확성이란 특징을 가진 강력한 관료제를 확립해왔으며, 관료는 '익명성의 원칙'에 의해 표면에 나서지 않고 각료(장관)가 모든 책임을 진다.

이에 반해 미국의 관료제는 응집성이나 정부체제 내에서의 영향력은 약하지만 내부적 경쟁이 심하고 보다 실험적이고 동태적인 성격이 강하다.

그리고 미국에서는 관료가 개인적 책임을 지게 되고 대통령이나 부처장관이 관료를 보호해주지 않는다. 의회위원회나 이익단체·언론기관 등도 관료의 개인적 책임을 추궁하게 된다.

관료의 지위와 위신면에서 영국이 미국보다 앞서는 바, 그 원인은 다음과 같다.

- 영국이 엽관주의로부터 실적주의로 전환된 시기가 빨랐고
- 전통적으로 미국의 정당은 공직의 정실임용에 의존해왔으며,
- 행정직이 사기업에 비해 가지는 상대적 지위 면에서 영국이 우월하고,
- 정부 권위와 기타의 사회적 권위에 대해서 미국인보다는 영국인들이 더 순응하는 편이기 때문으로 보인다.

정책결정에서의 관료의 역할에 있어서도 차이가 있다.

영국의 관료는 공평성과 익명성 봉사원칙에 의해 정책입안자로서의 역할은 약화되고 조언 · 자문 · 분석을 보다 많이 담당하는 반면, 미국 관료는 이런 기능 외에 정책의 적극적인 주창자 · 옹호자로서의 역할이 강조된다.

그 이유는 미국은 정책결정과정이 거의 공개되고 정책결정에 있어서 관료의 재량범위가 넓기 때문이다. 또한 미국의 고급관료는 영국의 행정계급과 달리 전직의 가능성이 크기 때문에 정책 옹호에 따르는 희생을 크게 고려하지 않을 수 있다.

영국의 관료제는 정무관에 의하여 직업공무원으로서의 지위가 보호되며 정책결정과 어느 정도 관련되고 있는가도 밝혀지지 않는다.

반면, 미국의 경우는 정무관과 경력직 공무원과의 관계는 영국처럼 명확하지 않으며, 보다 경쟁적이고 공개적인 상황 하에서 자기가 찬성하는 정책을 옹호하게 된다.

따라서 영국관료에게는 정무관인 장관이 정책상의 과오를 범하거나 위험에 빠지지 않게 하고 정책의 일관성 · 안전성을 유지하는 신중한 역할이 요구되는 데 비하여, 미국관료는 개혁의 추진자로서 쇄신의 원동력을 발휘하도록 요구되고 있다고 볼 수 있다.

4) 감사 · 감독기능

회계검사원에 의한 감사

1921년 예산회계법에 의해 재무부에 예산국이 설치됨과 동시에 의회에 회계검사원(General Accounting Office : GAO)이 설치되었다. 원장의 임기는 15년이며 대통령이 상원의 인준을 얻어 임명한다. 내부에 6개 국(局)과 전국에 9개 분원을 가지고 있으며 직원은 약 3,500명이다.

이 회계검사원의 임무는 연방정부의 사업 · 활동에 대한 회계감사와 행정효율성 감사이며, 의회 직속이므로 감사의 90%는 의회의 각 위원회나 의원의 요청에 의해서 이루어진다고 한다.

과거에는 전통적인 합법성감사에 치중했는데, 존슨 대통령 시대인 1966년부터 역할이 변했다. 당시 연방정부가 관여한 사회복지 사업이 대폭 확대 시행되었으나 대부분 실패하거나 소기의 성과를 거두지 못해 의회에서 성과감사(행정효율성감사)를 하도록 요구했기 때문이다.

그 후 이러한 성과감사 외에 정책분석이라는 새로운 역할이 추가되고, 최근에는 각 부처에 대한 권고기능도 중시되고 있다.

회계검사원은 '의회의 충견(忠犬)' 이라 할 정도로 의회에 충실하다. 이것은 의회직속인데다가 원장의 임명방식에서도 의회의 영향력이 작용하고 있기 때문이다(상 · 하 양원으로부터 선출된 5명의 대표로 구성된 선정위원회가 3명의 후보자를 추천해 대통령에게 제출하면, 대통령이 그 중 1명을 선택해 상원의 인준을 받아 임명함).

그리고 15년이라는 긴 임기로 인해 대통령의 교체에 관계없이 재임하고 사실상 상 · 하 양원의 합의에 의하지 않고는 파면될 수 없는 점도 회계검사원장의 독자적 리더십을 확보해주는 요인이다.

각 부처의 감사관 등에 의한 내부감사

미국에서 회계감사와 다른 한축을 이루고 있는 것이 감사관(Inspector General)제도이다. 감사관은 공무원의 직무를 감찰해 비위와 부패를 적발하고 시정조치하는 기관으로서, 중앙부처 내에 설치되어 있지만 대통령의 직속기관이라 할 수 있다.

종래에도 각 부처 내에 내부감사기관이 있기는 했으나 그 체제가 미약해 제대로 감찰이나 비위적발을 하지 못하던 것을 시정하기 위해 1978년 '감사관법'이 제정되어 새로 체제를 정비한 것이다.

감사관은 상원의 인준을 얻어 대통령이 임명한다. 감사관의 임무는 당해기관의 시책과 업무집행의 경제성과 효율성을 증진하고 부정과 권력의 남용을 방지하기 위해 감찰활동을 하는 것이다.

감사관의 활동은 회계검사원과도 어느 정도 중첩된다. 실제 관행상, 당해 부처의 내부에 한정되는 사안은 감사관이 우선 감사하고, 여러 부처에 관련되는 경우에는 회계검사원에서 관장하는 방식으로 진행된다고 한다. 감사관외에 수석재무관(Chief Financial Officer)도 부처 내에서 회계 등을 통한 내부통제를 담당하고 있다.

5) 중앙과 지방의 관계

미국은 연방제국가로서, 연방은 헌법에서 명시적·묵시적으로 위임된 권한만을 가지며 그 외에는 주(州)의 권한으로 되어 있다. 외교, 국방은 연방의 전담사항이다. 각 주는 주권을 가지며 주 독자의 의회, 행정, 사법조직을 가진다. 주의 행정조직은 기본적으로 연방 행정조직에 준해서 구성되어 있다.

다만, 헌법상 주(州)법이 연방법에 저촉되는 경우에는 주법은 무효로

되는 '연방법 우위' 의 원칙이 적용된다.

미국에는 50개의 주(州 : State)가 있다. 그리고 그 아래에 약 3,000개 군(郡 : County)과 약 1만 8,000개의 시 · 읍 · 면에서 지방자치를 실시하고 있다.

3. 최근의 정부개혁

1) 개혁의 배경 및 원동력

재정적자와 국민의 불신

1990년대 클린턴 대통령 행정부가 취임 즉시 정부개혁에 착수한 것도 영국 등 다른 OECD 국가들과 마찬가지로 심각한 재정난 때문이었다. 1992년 말 기준으로 정부재정 적자는 역대 최고를 기록, 2,094억 달러(GDP대비 4.9%)였으며, 누적적자는 4조 20억 달러에 달했다. 또한, 계속되는 고령화의 진행에 따라 사회보장 등의 의무적 경비도 계속 확대될 수밖에 없어 재정수지의 지속적 악화가 예상되고 있었다.

이에 따라, 미국 국민들의 정부에 대한 신뢰도가 사상유례가 없는 수준인 20%대로 떨어져 있었다.

지방정부 및 민간기업의 혁신 성공

1980년대부터 지방정부들은 연방보조금의 삭감으로 인한 재정난을 극복하기 위해서 정부혁신 작업에 착수해 많은 성공사례를 내고 있었다.

또한 1980년대 민간기업들도 조직의 군살제거, 생산성향상, 품질위주 관리 등 과감한 경영혁신을 통해 잃어버렸던 경쟁력을 다시 회복하기 시작했다.

이와는 대조적으로, 연방정부는 여전히 비효율적이고 그 서비스 수준도 낮다는 비판을 받고 있었다.

즉 경직적인 중앙집권적 관료기구를 가지고는 정보기술의 발전, 국제경쟁 격화, 고객수준의 향상이라는 시대변화에 적응할 수 없다는 점과 정부내에 경쟁압력이 없기 때문에 개혁·개선을 할 인센티브가 없는 등 행정이 전반적으로 기능부전 상태에 빠져 있다는 것이었다.

2) 개혁의 추진체제

클린턴 행정부의 정부 재창조(NPR)

클린턴 대통령은 취임 이후 이러한 정부혁신작업을 고어 부통령을 책임자로 하는 정부성과평가팀(NPR : National Performance Review, 1998년에 National Partnership for Reinventing Government로 개명)에 맡겼다.

NPR는 행정의 문제점과 해결책을 잘 알고 있는 직업공무원(연방 및 지방정부)과 소수의 민간자문관 등 250명으로 구성되었다. 이 팀은 국민일반의 소리를 폭넓게 듣고 지방정부나 민간경제분야의 개혁경험과 성공사례를 광범위하게 수집해, 1993년 9월 정부재창조 작업원칙과 조치사항을 대통령에게 건의했고, 이에 따라 정부재창조작업 제1단계(REGO I)가 시작되었다.

24개의 부·처·청에 자체혁신팀(reinvention labs)이 300여 개 결성되어 NPR의 권고사항을 구체화하고 실시사항을 보고하는 핵심역할을 맡아 수행했다.

제1단계 작업은 기초의 정부사업을 '**어떻게** 효과적으로, 적은 비용으로 운영할 것인가'에 초점을 맞춘 것이었다고 할 수 있다.

그러나, 1994년 12월부터의 제2단계(REGO II)에서는 **'무슨 일을 할 것인가'** 라는 보다 근본적인 문제에도 초점을 맞추기 시작해, 기존 사업과 기능을 재검토하고 조직개편, 통폐합, 지방이양, 민영화하는 문제와 기존 규제를 전면 재정비하는 데에도 많은 노력을 기울였다.

1996년 재선에 성공한 클린턴 대통령은 1997년 1월 집권 제2기의 정부 혁신지침(Blair House Paper)을 발표했다. 집권 제2기에도 제1기의 혁신원칙과 방향이 계속 유지되고 NPR에 의한 개혁이 지속되었다는 점에서 큰 변화는 없었으나, 성과중심의 조직(PBO)을 도입하기 위한 노력이 추가되었다는 점이 보다 진전된 사항이라고 할 수 있다.

연방의회에 의한 행정개혁

미국에서는 의회가 행정기관의 조직과 예산에 대해 막대한 권한을 행사하고 있기 때문에 정부개혁을 촉진함에 있어서도 의회가 실질적인 영향력과 리더십을 발휘하고 있다.

실제로 의회는 클린턴 행정부 출범 이전부터도 정부혁신에 활발한 움직임을 보여왔다. NPR 보고서가 나오기 전인 1993년 8월에 벌써 '행정성과 및 결과에 관한 법률(Government Performance and Results Act)'을 제정한 것도 이를 잘 보여주고 있다.

1994년 11월 중간선거에서 공화당이 승리해 상·하 양원에서 모두 다수당이 되자, 수많은 개혁입법을 놓고 정치적 대립이 격화되기도 했다. 자유시장경제의 이념을 바탕으로 한 공화당은 " Send Washington Home!"을 외치면서 재정적자, 연방정부의 비대화, 불합리한 사회보장제도 등 만성적인 과제를 해결하기 위해 야심적인 개혁 프로그램을 주창했기 때문이다.

3) 개혁의 성과

NPR는 지방정부 및 민간기업의 성공사례를 수집·분석하고, 그 공통점을 추출해 정부 재창조의 기본원칙으로 내세우고 각 원칙을 실현하기 위한 방안을 제시했다. 이를 각 부처·기관별 자체혁신팀이 밀고 나갔고 의회까지 가세하여 정부 전체에 걸쳐 정부혁신을 꾸준히 추진했다.

정부재창조의 기본원칙

- 관료적 형식주의의 제거(Cutting Red Tape)
  - 하부조직 또는 담당자들의 재량권 확대
  - 규칙준수보다 업무성과 자체를 중시
  - 적발과 책임추궁식 통제보다 관리시스템 평가 및 문제소지 제거
  - 불필요한 내부통제·절차의 제거로 업무흐름 신속화

- 고객우선주의(Putting Customers First)
  - 고객의견 적극 수용
  - 고객만족도 높이는 방향으로 업무절차 개선
  - 고객에게 선택기회 제공
  - 경쟁 등 시장원리 도입하여 고객을 최우선으로 고려하게 유도

- 성과산출을 위한 공무원 권한강화(Empowering Employees to Get Results)
  - 일선담당자에게 권한 부여 및 능력배양 기회 부여
  - 공무원노조와의 협력관계(partnership) 강조
  - 근무장소를 인간적·가정적으로 변화

　　　– 권한강화에 상응하여 업무결과에 대한 책임

　• 기본원칙으로의 복귀(Cutting Back to Basics)
　　　– 불필요 · 중복된 조직과 절차 폐지
　　　– 장기적 투자와 첨단기술 통한 비용절감

NPR의 주요 건의사항

NPR 보고서는 상기 기본원칙별로 정부전반에 걸치는 조치사항을 건의했다. '관료적 형식주의 제거'를 위해서는 예산과정의 간소화, 인사권한의 분권화, 조달업무의 간소화, 감사담당관의 역할 재설정, 행정 내부의 과잉규제 완화와 지방정부에 대한 권한 위임 등을 건의했다.

'고객우선주의'에 대한 실천방안으로는, 고객에게 의사표시 및 선택의 기회를 부여할 것, 서비스를 개선하기 위해 행정조직에 경쟁원리와 역동적인 시장원리를 도입할 것, 행정부의 개입보다는 시장기구를 통해 문제를 해결할 것 등을 포함하고 있다.

그리고 '성과산출을 위한 공무원 권한강화'를 실천하기 위해서는 의사결정권을 일선공무원에게 위임하고 관리자와 직원 간의 비율을 1 대 7에서 향후 1 대 15로 확대함으로써 관리계층을 줄이는 방안을 제시하였다. 그리고 공무원이 위임받은 권한에 의거해 업무를 수행할 수 있는 여건을 조성하고 권한이 강화된 만큼 업무수행의 결과에 대해서도 책임이 수반되도록 해야 한다고 건의했다.

정부 재창조의 네번째 원칙은 '기본원칙으로의 복귀'였다. 이는 '보다 저렴하게, 일은 더 잘 하는 정부'라는 기본원칙으로 돌아가자는 것이었다. 즉 일을 무조건 많이 할 것이 아니라 시행하지 않아도 국민에게 불편을 주지 않는 일은 하지 않음으로써 비용을 절감하자는 것이었다.

정부 재창조 작업의 추진성과

이러한 NPR의 건의사항은 제 1단계(REGO I)에서 뿐만 아니라 1994년 12월 이후 제2단계(REGO II)에 걸쳐 계속 추진되었으며, 1단계와 2단계의 추진성과를 요약하면 다음과 같다

표 2   미국 정부재창조작업의 추진성과

단계	REGO I (HOW)	REGO II (WHAT)
기간	1993. 3~1994. 12	1994. 12~
추진 중점	• 관료적 형식주의 제거 • 고객우선주의 • 성과산출을 위한 관리개선 • 기본원칙으로의 복귀	• 기존사업과 기능 재검토 : 조직개편, 통폐합, 지방이양, 민영화 • 기존규제 전면 재정비 • 연방과 지방정부 관계 재정립
추진 성과	• 총 1,203개의 개선과제 건의 • 5년간의 절감목표 1,080억 달러 중 630억 달러 달성 • 5년간 감축목표 27만여 명 중 10만 명 감축(주로 국방부)	• 에너지부 등 5개 기관 개편안 발표(1994. 12) • 내무부 등 4개 기관 개편안 발표(1995. 3) • 환경 및 식품의약품 규제혁신 발표(1995. 3)
주요 사례	• '행정성과 및 결과에 관한 법률' 제정 • 100개 기관의 1,500여 개 고객서비스 기준 발표 • 조달 및 인사관리 절차 개선 • 정부노사관계 파트너십 구축 • 농무부, 노동부 등의 지방사무소 통폐합 및 1회 방문처리 서비스 제공 • 내무부, 관세청, 국세청, 중소기업청의 본부인력 축소, 일선사무소 강화	• 주택도시개발부의 60개 사업을 3개 부문으로 통합 • 에너지부 해상원유저장고 민영화 • 교통부 지방보조금사업 통합, FAA의 공사화 • 조달청 · 인사관리처 기능 축소, 각 기관 이관 • 주간상거래위원회(ICC) 폐지 • 국립기상청 민영화 • NASA 지역센터 중복임무 축소 • 환경규제방식 개선 • 식품의약품 검사절차 간소화

자료 : 총무처직무분석기획단(1997), 「신정부혁신론」, 497쪽

종합평가

클린턴 행정부가 발표한 정부재창조작업의 종합성과는 다음과 같다.

- 연방인력 29만여 명의 감축
- 2,000개의 일선사무소 통폐합
- 타당성이 없다고 판단된 200여 개의 정부사업 동결
- 정부에 대한 국민의 신뢰도 9% 상승

의회예산처(CBO)는 인력감축과 기구축소로 1999년까지 610억 달러의 예산절감효과를 추정했다.

그 외에 정보기술, 서비스 기준 및 내부통제 폐지 등의 혁신노력에 대해서도 긍정적인 평가를 받고 있다.

그러나 앞으로도 이미 누적된 심각한 재정적자를 지속적으로 해소해 나가야 한다는 점과 더불어, 민주·공화 양당이 경쟁적으로 정부혁신을 추진한 당시 상황 때문에 단기적으로 가장 가시적 성과가 높은 인력감축과 기구축소에 집중했던 점은 문제점으로 지적되고 있다.

4) 미국정부개혁의 특색

이번 미국 정부개혁은 그 추진기구와 추진방법 면에 특색이 있다고 할 수 있다.

첫째, 추진기구 면에서 대통령의 강한 관심과 지시 아래 부통령을 책임자로 하는 NPR에 의해 주도되었다. 즉 행정부의 특정부처가 개혁을 주도하는 것이 아니라 각 부처의 공무원으로 팀을 구성해 부통령이 직접 지휘하는 방식은 혁신과정에서의 부처할거주의를 막고 전부처가 혁

신에 참여하게 만드는 장점이 있었다.

NPR는 과거처럼 저명한 교수들의 주도에 의해 이루어진 것이 아니고 정부운영의 전반적인 흐름과 문제점을 잘 아는 공무원에 의해 주도되어 현실성 있는 대안을 많이 발굴했다. 또한 기관별로 설치된 자체혁신팀이 NPR의 건의사항을 이행하는 핵심역할을 담당함으로써 불필요한 마찰을 피하고 실효성 있는 혁신성과를 거두었다고 본다.

둘째, 개혁의 추진방법에 있어서 공무원, 지방정부 및 기업 등 개혁대상부문과 파트너십을 형성한 것도 특징적이다. 기업이 스스로 규제사항을 발굴하고 준수하는 식으로 파트너십을 잘 활용함으로써, 단속과 처벌이라는 소모적인 활동에 투입할 자원을 보다 효율적인 부문에 투입해 행정기관의 능력을 최대한 발휘할 수 있었다.

게다가 혁신과정에서 정보통신기술(ICT)을 활용함으로써 고객의 불편을 덜어주고 처리속도를 증가시켜 행정서비스를 개선했다. 이는 기구축소나 인력감축으로 인해 행정서비스의 질이 떨어지고 업무부담이 늘어나는 것을 해결하는 유력한 수단이 되기도 했다.

셋째, 미국은 영국에 비하면 민영화(privatization)나 책임집행기관(executive agencies)의 추진 등 정부의 역할범위 축소와 관련한 부분에서는 그다지 활발하지 않다는 점이 눈에 띈다. 아마도 그 이유는 미국의 독특한 여건과 역사 때문에 국가 또는 정부의 개입영역이 상대적으로 훨씬 적었기 때문이 아닌가 생각된다.

즉 지난 50여 년 간 유럽 등지에서 사회주의 이념에 따라 국유화 등으로 국가나 정부의 개입영역이 크게 넓어질 때에도 미국은 그런 영향을 덜 받았기 때문에, 지금에 와서 줄일 수 있는 영역도 상대적으로 적은 것이라고 보는 것이다.

끝으로, 미국의 정부개혁 중에는 다른 나라가 참고할 때 유의해야 할 부분도 있는 것 같다. 미국의 정부는 그간 전문성을 계속 추구해온 결과 계량적·미시적 관리기법이 정착되고 업무지침서의 분량이 너무 방대해져 탄력적·자율적 운영을 저해하는 폐단이 생겼다. 그래서 이번에 기존의 내부규제를 간소화하고 지나치게 복잡한 지침과 절차를 폐지하는 방향으로 나간 것이다.

그러나 아직 그런 수준의 전문성을 축적하지 못한 대다수의 국가에게는 이는 선별해서 받아들여야 할 부분이라고 본다.

제4절 프랑스 정부모델

'프랑스'하면 연상되는 것은

예술, 문화, 관광, 향수, 포도주, 요리, 패션의 강국이라는 상식과 함께, '가끔 미국주도의 세계질서에 저항하면서 국익을 챙기는 콧대 높은 나라' 라는 인상이 아닐까 한다. 거기에 '경쾌하고 인생을 즐기며 토론을 좋아하지만 때로는 무질서, 경박, 교만하게 보이는' 프랑스인의 인간적이고 융통성 있는 모습이 추가되는 것도 좋겠고….

그러나, 그런 일반적인 인상을 떠나서 우리 공직자들에게 프랑스는 어떤 의미를 가지는 것일까?

사실 프랑스는 서로마제국 멸망 이후 지난 1,500년 간 유럽사의 주역이자 중심 무대였고 최강대국, 최선진국으로서 많은 인재와 아이디어를 배출했으며, 현대의 정치·행정제도는 프랑스에서 유래한 바가 매우 크다고 할 수 있다.

또한 3면이 바다이고 대륙으로도 진출하기 좋은 국토의 위치, 중앙
집권적 관료제 국가의 역사적 전통, 개인주의적이고 토론을 좋아하며
낙천적·창의적인 국민의 기질 등으로 보아서 유럽 국가 중 우리나라
와 가장 유사하다고 생각된다.

특히 우리의 현행 헌정체제(대통령과 국무총리 병립)나 대륙법계를
이어받은 행정법체계로 볼 때, 우리는 어느 선진국보다도 프랑스에 가
까운 정부제도를 가지고 있다고 할 수 있다.

따라서 우리행정의 발전방향을 모색하기 위해서는 프랑스 행정제도
의 특징과 장점을 면밀히 살펴볼 필요가 있다고 본다.

1. 연혁

백년전쟁 이후 고양된 국민감정 속에 왕권강화와 강력한 상비군을 갖
춘 프랑스는 15세기부터 17세기에 걸쳐 역대 왕들이 각 지방의 봉건대영
주들을 제압함으로써 지방분권제를 중심으로 하는 중세 봉건국가를 대신
해 중앙집권적 절대군주국가체제(ancien régime)를 형성하게 되었다.

절대군주들은 봉건귀족을 배제하고 궁정귀족과 하급귀족·부르주아
지 출신인 전문관료를 등용해 중앙행정조직을 담당케 하고, 지방에도
왕의 대리인인 지사(intendant)를 배치해 전국적인 중앙집권적 지배를
확립해나갔다. 특히 루이 13세와 루이 14세는 각각 리슐리외(Richelieu)
와 꼴베르(Colbert)라는 명재상을 통해 근대적인 행정제도·관리(官吏)
제도를 건설하고 프랑스를 강력한 절대주의국가로 발전시켰다.

그러나 왕실의 재정위기로 인해 16세기 이래로 관직매매가 제도화되

었던 것이 17세기에 그 병폐가 절정에 달하면서 국가행정의 능률을 극도로 저하시키는 큰 원인이 되었으며, 결국은 대혁명을 초래해 절대군주제는 파탄에 직면하게 되었다(조선왕조도 후반기에 세도정치로 인해 매관매직이 성행하면서, 부패가 만연되고 재정이 파탄되어 패망의 길로 들어섰던 것과 유사하다).

대혁명기의 혼란을 수습하고 유럽대륙에 걸친 대제국을 건설·통치한 나폴레옹은 전제국가를 위한 합리적이고 일관성 있는 행정을 확립하고 효과적인 중앙집권화 장치를 마련해 고도의 행정능률을 성취했다. 이 때 마련된 프랑스의 중앙집권적 관료제와 정부구조는 지금까지 그 골격을 거의 그대로 유지해오고 있다.

나폴레옹 통치시대 행정의 주요한 특징은 다음과 같다.

- 통령정부(뒤에 황제)는 최고의 통치기관으로서 거의 완전한 행정권을 보유하고 주요 정부구성원을 자유로 임면할 수 있었다.
- 지방제도는 도(département), 군(arrondissement), 꼬뮌(commune)의 3단계로 재편성되고, 도지사는 황제의 대리인으로서 도 행정에 관한 모든 권한을 장악했다. 5,000명 이상 주민을 가진 꼬뮌(기초 자치단체)에만 시장과 의회를 두고 자치가 실시되었다.
- 경찰의 기능을 극히 중요시하여 경찰행정의 효율성을 높은 수준으로 끌어올렸다.
- 행정조직은 합의제(合議制) 대신에 단독제(單獨制) 관청을 원칙으로 하여 중앙에서 말단 지방조직에까지 적용되었고, 거의 모든 공무원은 선거에 의하지 않고 단독장관에 의해 임명되어 능률적인 중앙집권적 행정구조를 발전시켰다.
- 공무원의 신분이나 활동을 사법권의 간섭으로부터 보호하기 위한

행정재판소가 설치되었다.

- 재정통제를 위해 회계원(Cour des Comptes)이 창설되어 모든 회계의 정확성을 검증하도록 함으로써 전 국가적인 회계검사제도가 확립되었다.

1870년 보불전쟁의 패배로 수립된 제3공화정(1875~1940년)에서는 내각책임제가 정착되고, 자본주의의 비약적 발전과 더불어 국가활동이 급속도로 확대되어갔다. 이에 따라 중앙행정조직이 팽창되고 공무원 수도 현저히 증가했으며, 또한 내각의 빈번한 교체(평균수명 9개월)와 정국의 불안정 상황에서 정치변동의 영향을 받지 않고 행정의 항구성을 확보할 필요가 있어 강력한 관료제가 확립되고 강화되었다.

나치 독일의 패퇴 이후 구성된 제4공화정(1946~58년)에서는 19세기 초 이래 처음으로 대대적인 행정개혁을 단행했다. 그 주요한 내용으로는 첫째 과거 몇 번이나 시도되었으나 성공하지 못했던 통일적인 '일반공무원법'이 제정되었으며, 둘째 각 부처·직군별로 모집하던 고급공무원 임용통로를 새로 설치한 국립행정학교(ENA)로 일원화했고(인문사회계), 셋째 중앙인사관장기관으로서 '공무원 총국'이 설치되었다.

ENA 출신 고급공무원단에 대하여 그 폐쇄성·계층성 및 특권적 대우 등을 들어 영미 행정학계와 프랑스내 일부에서 비판이 지속돼왔다. 그러나 1980년대에 들어서서 ENA 모집방식상 약간의 변화가 있는 것을 제외하고 제도의 틀은 지금도 그대로 유지되고 있다.

이는 지도층의 지적 능력을 중시하는 프랑스적 전통과 더불어 이들이 국가를 위해 제대로 일하고 있고 국제무대에서 국익확보에 도움이 되기 때문이 아닌가 생각된다.

프랑스 정부체제의 변동

1789년 프랑스 대혁명에 의해 절대왕조가 붕괴한 이래 프랑스의 정부 체제는 다음과 같은 어지러운 변동을 겪어왔다.

(1) 제1공화정(1792~1804년)

(2) 제1제정 : 나폴레옹 황제(1804~15년)

(3) 왕정복고: 부르봉 왕조(1815~30년)

(4) 7월왕정 : 오를레앙 왕조 루이필립(1830~48년)

(5) 제2공화정(1848~52년)

(6) 제2제정 : 나폴레옹 3세(1852~70년)

(7) 제3공화정(1870~1940년)

(8) 제2차 세계대전시 비시정부(1940~44년)

(9) 제4공화정(1946~58년)

(10) 제5공화정(1958~)

그 동안 프랑스 헌법도 15차례 개정되면서 거의 모든 형태의 정치체제와 다양한 행정제도 및 조직을 경험해보았다. 혁명·쿠데타와 같은 비상수단에 의한 정변과 반란·전쟁 등이 되풀이되었으며, 크게 보면 '의회중심의 민주적 정체(政體)'와 나폴레옹 제정(帝政)으로 상징되는 '집행권 우위의 정제정체(專制政體)'의 양극단을 오간 격심한 요동의 역사였다(상호 교대로 출현).

현행 제5공화정 헌법(일명 드골헌법)을 제정한 것은 제3, 제4공화정 때의 지나친 '의회우월'로 인한 약체정부(弱體政府)의 폐단을 시정하려고 한 것이었다.

2. 현행 정부제도

1) 통치기구의 특징

가) 행정권의 독자성

권력분립체제('2권분립')

프랑스는 우리에게 익숙한 3권분립과는 다소 다른 권력분립체제를 가지고 있다. 행정권과 입법권이 대등하게 분립하는 가운데(2권분립), 사법작용은 민·형사재판에만 국한될 뿐 대등한 제3의 권력이라고 하기에는 부족하며, 행정에 대한 재판은 행정부 내에 속하는 별도 재판기구(행정재판소 및 국참사원)가 담당한다. 따라서 민·형사사건에 관한 최고재판소('파기원' 이라고 함)의 장(長)은 영·미나 우리나라의 대법원장보다는 상대적으로 위상이 낮으며, 사법분야에 종사하는 판사·검사의 상대적 위상이나 선호도 또한 마찬가지이다(프랑스 사람인 몽테스키외가 주창한 3권분립 이론이 본국에서는 수용되지 않고 미국에서 꽃을 피운 셈이다).

행정재판

이와 같이 사법당국이 행정에 대해 간여·통제하지 못하게 된 것은 프랑스 대혁명 때부터이며, 그 이유는 절대왕정 시절 사법권의 남용으로 인한 폐단이 심해 국민의 신망을 잃었기 때문이다. 이에 따라 행정부는 그 내부에 자체 통제기구(재판소)를 발전시키게 되었으며, 이곳에서 국민의 인권보호 및 국가권력작용의 적법성·정당성 확보를 위해 중립적·진취적 입장에서 내린 판례가 축적되어 오늘날의 행정법체계가 된 것이다.

따라서 행정재판의 독립성과 전문성은 철저히 보장되어 있으며, 최종심을 맡는 국참사원(Conseil d'Etat)은 프랑스 국민들에게 가장 존경받는 기구이자, 최고의 인재가 모이는 인재 풀(pool)로 인정받고 있다.

행정재판도 원칙적으로 3심제이나, 사안의 성격에 따라서 2심 또는 단심으로 결정되는 것도 있다. 행정재판은 구두변론 없는 서류심사로 진행하되 반론권이 보장되고, 저렴한 비용과 신속한 진행으로 민·형사재판보다 실효성이 높다고 평가된다.

사법부가 행정재판을 담당하는 영·미식에 비해 행정관중에서 선발된 재판관이 행정사건만을 담당하므로 전문성이 더 높고, 국참사원이 법령 제정시 사전 심사 및 자문하는 법제처 역할도 담당하고 있으므로 법의 제정에서 최종 해석까지 일관성 있는 법적용이 보장되는 장점이 있다.

19세기 초 국참사원이 세계 최초의 근대적 민법·형법전을 기초한 이래 이 기구는 정부는 물론 국회, 대통령과 일반 국민 모두가 법률문제에 관하여 의견을 요청하고, 그 의견에 이의 없이 따르는 것이 당연시되는 권위 있는 법해석기관으로 자리잡고 있다.

기타 통제기구의 발달

행정내부의 효율적 통제를 위해서 예산회계에 관한 전문통제기구인 '회계원(Cour des Comptes)'을, 그리고 각 부처·기관에 총감찰관(Inspecteurs généraux)을 두고 최우수인력을 충원해 운영하고 있다.

회계원은 1807년 창설된 독립 회계검사기관이자 법원으로서 정부와 국회에서 독립되어 있다. 예산집행을 감독하는 기능을 가지며 공공자금이 지원되는 단체나 회사까지도 통제대상이 되는 점은 우리의 감사원과 유사하다. 그러나 지방자치제 실시에 따라 25개의 지방회계원이 설치되어 자치단체의 예산회계에 대한 감독을 담당하는 점과, 회계원 내에

검찰부와 재판부가 있어서 자체적으로 회계사건에 대한 기소 및 재판소의 역할(1, 2심)도 함께 수행하는 점에서 차이가 있다.

재무감찰관직군은 경제·재정부처에 소속하나 독자적인 직군으로 운영되며 각 부처(장관 휘하의 참모조직인 총감찰관실)나 지방기관에도 나가 근무한다. 재정운영의 통제권을 가진 소수의 인력만으로 사실상 행정의 주요부분을 통제할 수 있다는 점에서 매우 효율적인 시스템이며, 부처 내 이기주의나 온정주의, 유착관계 형성 등을 방지하는 효과가 있을 것으로 보인다.

이와 같이 행정부내에 강력한 내부통제 장치를 갖는 것은 사법통제 위주인 우리방식에 비교해서 어떤 장점이 있는가?

어떤 정책과 사업을 검토함에 있어서 행정 내부에서 좀더 신중하게 다각도로 판단해서 결정되어야 하고, 그 집행과정도 보다 투명하게 진행되어야 한다고 본다. 간혹 특정 부처나 특정 견해의 일방적 주도 하에 성급하게 정책과 사업이 결정되고 집행이 개시된 후에 곤란한 사정이 드러나서 중단·취소되거나, 심지어는 집행이 완료된 후에 행정소송에서 정부가 패소해 번복되는 일이 생기고 있다. 이렇게 되면 아무리 사후에 시정·회복된다고 해도 정부의 위신저하는 물론 정신적·물질적으로 낭비적 요소가 너무 많다.

강력한 행정 내부통제 시스템이 구비된다면 전(全)부처적 시각에서의 신중한 검토가 일상화되고 행정 내부에서 더 활발한 이견제시도 가능하게 되어 기관이기주의나 무책임한 사업추진이 사전에 걸러지는 효과가 있을 것이며 행정부에 대한 국민의 신뢰도 향상될 것이다.

나) 2원적인 정부조직(견제와 균형)

쌍두체제

프랑스 사람들은 이분법(dichotomy)을 매우 좋아하는 것 같은데 정부조직에서도 이런 면이 보여서 흥미롭다.

프랑스의 행정부는 다른 나라와는 달리 '실권을 가진 대통령'과 '의회에 책임을 지는 수상'이 공존하는 쌍두체제로 되어 있다[반(半) 대통령제, 이원(二元) 정부제, 혼합정부로도 불림].

따라서 정치세력 관계에 따라 대통령제 또는 의원내각제 어느 쪽으로도 운영이 가능하며 1980년대 이래 여러 차례의 좌·우 '동거정부(cohabitation)'를 경험하고 있다.

대통령과 수상

프랑스 대통령은 국민의 직접선거로 선출되며 임기 5년에 재선금지 규정이 없는 등, 선진국 중 가장 강대한 권한과 장기적·안정적 지위가 보장되어 있고 의회(하원)의 동의 없이 수상을 임명할 수 있다.

수상은 대통령에 의해 임명되는 정부수반으로서 정부의 활동을 지휘하고 국회에 책임을 지며, 다소 불평등하지만 대통령과 행정권을 공유한다.

그러므로 대통령의 의회(하원) 다수 확보 여부에 따라 수상을 선택할 수 있는 범위 및 수상의 위상은 크게 달라진다.

의회 다수 확보시에는 대통령이 임의로 수상을 선택할 수 있으며(정치인이 아닌 사람 중에서 발탁한 예도 많음), 수상은 대통령이 정한 정책의 집행자 및 중계자 역할만 맡게 된다.

그러나 다수를 확보하지 못한 경우에는, 정부의 원활한 활동을 위해서 하원 다수파의 지지를 받는 인물을 수상으로 임명할 수밖에 없으며,

수상은 헌법상 부여된 권한을 모두 행사하면서 정부 수반으로서의 역할을 독자적으로 수행한다(대통령은 중재 및 견제기능만 담당하게 됨).

프랑스에서는 오랜 내각제적인 전통과 의회·정당 내의 엄한 투표규율로 인해서 하원 다수파의 지지 없이는 정부(내각)는 존립할 수 없다고 보고 있다.

2) 대통령

가) 대통령의 권한

프랑스 공화국대통령(Président de la République)은 국가원수(Chef de l'Etat)이자 행정권의 수장(Chef de l'exé cutif)이며 군총사령관(Chef des armées)과 '사법권독립의 보장자'로서 다음과 같은 권한을 갖고 있다.

- 수상의 임명 및 해임(헌법 제8조)
  - 대통령은 하원(下院)의 동의를 얻지 않고 수상을 임명하며, 수상의 사표제출시(자동적으로 정부전체의 사표제출) 해임함(제3 및 제4공화정에서는 대통령의 수상 임명시 국회의 사전동의가 필요했음).
- 수상의 제청에 따라 각료 임면(헌법 제8조)
- 국무회의(Conseil des Ministres) 주재(헌법 제9조)
- 법률 공포 및 국무회의에서 의결된 행정명령(décret)에 서명(헌법 제13조 제1항)
- 문관 및 무관 임명(헌법 제13조 제2항)

| **국무회의의 심의를 거쳐 대통령이 임명하는 직위** |

- 국참사원(Conseil d'Etat : 최고행정재판소 겸 법제처) 위원
- 회계원(Cour des Comptes : 독립회계검사기관 겸 법원) 위원
- 도지사(Préfet : 자치단체장 아닌 도(道)단위 국가행정 총지휘자)
- 대사
- 교육감
- 장군
- 중앙행정관청의 국장

| **기타 대통령 임명 직위** |

- 국참사원의 위원 이외의 간부직원
- 회계원의 위원 이외의 간부직원
- 국립행정학교(ENA) 출신의 문·무관
- 이공학교(에꼴 뽈리떼끄닉) 출신의 문·무관
- 군수(sous-préfet) 등 지방관청의 간부진

*그 밖의 문·무관의 임명은 수상에 위임됨
*중앙행정관청의 하위직의 임명은 장관 또는 행정기관의 책임자에 위임됨

- 기타 대통령의 고유권한
  - 군총사령관이며 '국방최고회의'의 의장(헌법 제15조)
    *핵무기 사용에 관한 유일한 명령권자
  - 국민투표 회부권(헌법 제11조)

– 국회해산권(헌법 제12조)

　＊수상과 상·하원의장의 자문을 거친 후에 행사

– 비상대권(헌법 제16조)

– 사법에 관한 권한

　＊헌법위원회의 구성 및 심의요청

　＊사법관계 최고기구인 '고등사법위원회'의 의장(사법권 독립의

　　보장자)

　＊특별사면권

• 대통령은 대역죄(haute trahison)를 제외하고는 직무수행중의 행위에 대해 면책(헌법 제68조)

– 대역죄는 상·하 양원 의원으로 구성되는 '정치재판소(Haute Cour de Justice; 직역시 '고등법원')'에서 재판함

• 대통령의 궐위시(사임,탄핵,사망) 상원의장이 임시대행

– 1969년 드골 대통령 사임시와 1974년 뽕삐두 대통령 사망시 당시 상원의장이 두 차례 대행한 전례 있음. 이 경우 법률안의 국민투표 회부권과 국회해산권은 행사하지 못함).

나) 대통령부

대통령을 보좌하는 조직은 우리나라와 달리 2원적으로 구성되어 있다(대통령 비서실과 대통령부 사무처).

대통령 비서실

대통령 비서실(Cabinet du Président)은 정책 및 국민의 동향에 관한 정보를 수집해 보고하고, 대통령의 일정·언론관계·연설 및 신변안전

을 관리하며, 대통령부의 조직운영을 담당한다.

프랑스에서는 "대통령의 대국민 관계를 담당한다"고 표현하며 비서실장(Directeur du cabinet), 차장 각 1인을 포함해 총 40여 명이 근무하는데, 대체로 대통령과 가까운 인사들이 많이 임명된다.

대통령부 사무처

대통령부 사무처(Secrétariat géneral de la Présidence de la République)는 대통령이 정부를 상대로 활동하는 것을 보좌하기 위한 조직으로 헌법·행정·사법·외무·경제·사회·교육 등 분야별로 엘리트 관료들이 다수 배치되어 각 부처를 지휘·감독·통제하며 역대 사무처장은 관료출신으로 임명하는 것이 관례로 되어 있다(총 근무인원 30여 명).

프랑스식 표현으로는 "대통령의 대국가 관계 담당"이라고 한다. 실권을 보유한 대통령 밑에서 소장 엘리트 관료들이 정책내용, 행정활동 내용을 장악하고 수상실보다 행정현장에 더 큰 영향을 미치는 것이 프랑스 특유의 스타일이라고 한다(동거정부시에는 예외).

이 밖에 군통수권자인 대통령을 보좌하기 위한 군사관계 참모조직인 특별참모부(Etat-major particulier)가 따로 있다(핵무기 보유국인 관계로 매우 중요한 역할을 하며 현역군인들이 파견나와 근무하고 있다).

일원화할 수 있을 것처럼 보이는 대통령 보좌기구를 이원적으로 운영하는 이유는 무엇일까? 그것은 상호간의 견제와 균형을 통해서 대통령에게 보다 넓은 언로를 보장하고 특정 견해나 집단의 독주 또는 인의 장막 형성을 방지하려는 것이 아닐까 생각된다. 이원화 운영으로 인한 부정적인 측면도 있을 것 같은데, 대화와 토론 및 타협에 능숙한 프랑스인들이므로 극복하는 데 큰 어려움이 없는 모양이다.

3) 수상(首相)과 내각(內閣)

프랑스의 행정부는 직접선거로 선출된 대통령과 대통령의 행정명령 (décret)으로 임명되는 수상(Premier Ministre), 그리고 수상의 제청에 의해 대통령의 행정명령으로 임명되는 '국무위원(Membres du Gou-vernement : 각료)' 으로 이루어진다.

가) 수상의 권한

수상은 '내각(정부)수반(Chef du Gouvernement)' 으로서 다음과 같은 권한을 가진다.

- 정부의 활동 지휘(헌법 제21조)
- 국회에 대해 정부법안 제출 및 신임요구(헌법 제49조)
- 대통령에게 국무위원 임면이나 임시국회 개최 등 제안
- 수상의 행정명령(décret) 제정
- 일정 범위의 문·무관 임명

나) 프랑스 내각의 구성원 명칭

프랑스 정부(내각)를 구성하는 '국무위원(각료)' 은 그 명칭이 매우 다양하다. 수상 밑에 행정각부를 맡는 '장관(Ministre)' 이 있는 것은 공통 사항이고, 장관보다 다소 격이 높은 '국무장관(Ministre d'Etat)' 도 있다. 이는 우리나라의 부총리제도와 비슷한 것이나, 특정 부처를 맡지 않는 무임소국무장관으로도 활용되는 예가 많았다는 점이 특이하다.

그리고 주요 부처(큰 부처) 장관 밑에 특정 업무만을 담당하는 장관 급을 둘 수 있는데 지위와 권한범위의 차이에 따라서 다음의 2종류가

있다.

첫째, '담당장관(Ministre délégué)'은 특정업무를 지휘하지만 독자적 결정권은 없으며 국무회의에 참석한다. 예컨대 외무부 장관 휘하의 '유럽(EU)문제 담당장관'과 같은 경우이다.

둘째, '처장(Secrétaireé d'Etat)'으로 특정 업무를 전담보좌하며 관련 안건이 있을 때에만 국무회의에 참석할 수 있다. 예컨대 노동사회부장관 휘하의 '의료·건강담당처장'과 같은 경우이다.

각부 장관은 대개 정치인 중에서 임명되며 하원이나 상원의원과는 겸직할 수 없다. 단 시장(maire)이나 도의회 의원(conseiller général)의 직은 그대로 유지할 수 있다. 하원의원이 각료가 되는 경우 그와 함께 당선된 '보충자(suppléant)'가 의원직을 승계한다.

다) 국무회의(Conseil des Ministres)

국무회의는 헌법상 규정된 가장 중요한 합의제 기관으로 정부의 중요한 정책을 심의한다. 대통령이 주재하며(명백한 위임이 있으면 수상이 대행 가능) 매주 수요일 대통령궁에서 개최하는 것이 원칙이다.

그 참석범위는 다음과 같다.

- 수상·국무장관·장관·담당장관
- 정부대변인(특정 장관이 겸직하는 예가 많음)
- 내각 사무처장
- 대통령부 사무처장이며,

안건의 내용과 관련 있는 처장의 출석이 인정된다.

내각회의(Conseil de Cabinet)

- 수상 주재의 각료회의

- 헌법상의 기관이 아니며 정례적으로 개최되지 않음
- 다만, 동거정부(Cohabitation)시에 사전조율과 준비기관으로서 활발하게 운영된 바 있음

라) 수상보좌기구

수상을 보좌하는 기구도 이원화되어 있다. 수상의 정치적 참모기구인 비서실과 행정적 참모기구인 내각사무처가 그것이다(이 점에서는 우리나라의 국무총리실도 과거부터 비서실과 행정조정실로 구분, 운영해 왔으나 구체적인 권한과 기능분배에서는 프랑스와 많은 차이가 있다).

수상비서실

수상비서실(Cabinet du Premier Ministre)은 수상의 정책결정을 보좌하는 정치적 참모기구로서 간부진 50여 명을 포함한 총인원 150여 명으로 구성되며 수상의 교체시 간부는 전원 교체되는 전통이 있다. 수상비서실에는 비서실장(Directeur du cabinet)과 차장 각 1명, 대언론관계와 개인비서진을 지휘하는 비서장(Chef de cabinet) 1명, 그리고 50명 정도의 보좌관단이 있는 바, 이들 보좌관단은 국회·정당·선거를 담당하는 '정치적 섹션'과 각 부처의 활동을 감독하는 '기술적 섹션'으로 구분된다.

비서실의 임무는 수상에 대해 제반정보(상황)를 보고하고 진행상황을 추적·관리하며 각 부처장관의 활동에 대한 감독 및 조정을 하는 것이다. 이를 위해 수상비서실의 주도로 각 부처와 정책조정 및 결정을 위한 다양한 형태의 회의가 개최된다.

내각사무처

내각사무처(Secrétariat géneral du gouvernement)는 행정업무 통합

조정의 핵심적 역할을 맡는 행정참모 기구이다(단 군사 및 EU 관계업무는 별도의 기구를 수상 산하에 두어 담당시키고 있다). 총인원 100여 명, 그 중 간부직원은 약 30여 명이며 수상과 진퇴를 같이 하는 비서실과 달리 안정적 행정기관으로 운영된다. 특히 내각 사무처장(Secrétaire général du gouvernement)은 직업공무원의 수석대표격이며 장기간 재임하는 안정적 직위로 운영되고 있다(1946년부터 1998년까지 수상은 39명 바뀌었지만, 내각 사무처장은 7명이 재직했음).

내각사무처는 국무회의를 운영하고 정부(내각)의 대외관계에 있어서 가장 주요한 창구 역할을 하며 법령의 제정과정에 대한 일체의 사항을 관장한다. 또한 정부 전체의 각종 지원 사항(인력 · 물자 · 청사 · 주차 등)을 총괄 관리하며 이를 위해 내각의 지원관련 기구(산하인력 2,000여명)를 직접 지휘한다.

4) 행정각부

중앙부처 조직의 유연한 변경방식

중앙정부조직에 관해서 우리나라의 경우와 달리 법으로 엄격하게 정하지 않고 있어 내각 교체시마다 공약이나 정책목표 등에 따라 마음대로 변경하는 것이 관례로 되어 있다[중앙정부조직의 비법정주의(非法定主義) 전통].

따라서 총선거 후 내각출범시 행정명령(décret)으로 각료의 수, 명칭, 서열, 임무분담 및 소속되는 '국'까지 규정하며, 그 하부조직에 대해서는 각 부처의 부령으로 정하게 되어 있다.

그러나 정부조직 · 인원의 증설은 예산부처의 동의를 받아야 한다.

2002년 8월 현재 중앙부처의 구성은 다음과 같이 15개 부처로 되어 있으며, 15명의 장관 휘하에 11명의 담당 장관과 12명의 처장이 배치된 구조로 되어 있다(2002년 6월 총선 승리 후 발족한 라파랭 수상의 2기 내각).

- 내무 · 국내안보 · 지방자유부(+1) : 지방자유 담당장관
- 사회 · 노동 · 연대부(+5) : 도시 · 재개발 담당장관, 가족 담당장관, 동등 · 직업평등 담당장관, 취약성 및 소외퇴치 담당처장, 노인 담당처장)
- 법무부(+1) : 사법시설계획 담당처장
- 외무부(+3) : 유럽업무 담당장관, 해외협력 · 프랑스어권 담당장관, 외무 담당처장
- 국방부(+1) : 재향군인 담당처장
- 청소년 · 교육 · 연구부(+2) : 학교교육 담당장관, 연구 · 신기술 담당장관
- 경제 · 재정 · 산업부(+4) : 예산 · 예산개혁 담당장관, 산업 담당장관, 해외통상 담당장관, 중소기업 · 상업 · 수공업 · 자유직업 · 소비 담당처장
- 건설 · 교통 · 주택 · 관광 · 해양부(+2) : 교통 · 해양 담당처장, 관광 담당처장
- 생태계 · 지속가능개발부(+1) : 지속가능개발 담당처장
- 건강 · 가족 · 장애인부(+1) : 장애인 담당처장
- 농업 · 식량 · 수산 · 농촌부
- 문화 · 공보부
- 공직 · 국가개혁 · 국토정비부(+1) : 국가개혁 담당처장
- 해외영토부

• 체육부

* 수상직속 : 의회관계 담당처장(정부 대변인 겸임)

이와 같이 다양한 국무위원의 명칭과 정부조직의 탄력성은 다수 정당간의 연립정부 형성이 많았던 프랑스 특유의 헌정 경험을 반영한 것으로서, 다당제 체제 하의 연립정부에 참여한 각 당 대표를 배려하기에 편리하고(국무장관 제도), 선거에서 제시한 정강·정책의 실현을 위한 정책의지를 반영하기에 용이하며, 전문가의 확보와 정당 간의 정책조화 유지 등에도 유용해(담당장관 및 처장 제도) 유지되고 있다고 판단된다.

그 동안 내각의 변화에 따라 국무위원 구성방식도 계속 변천되어 왔는데, 그 경과를 살펴보면 다음과 같다.

■ **내각별 국무위원 구성방식의 변천**

발족 시기	수 상	국무장관	장 관	담당장관	처 장
1986. 3	시락	1	13	10	16
1988. 6	로까르	4	17	10	10
1993. 4	발라뒤르	4	19	6	
1995. 11	쥐페		16	11	5
1997. 6	조스팽		14	2	10
2002. 6	라파랭		15	11	12

경제·재정 관련부처의 변천 예시

• 1986년 시락(J. Chirac) 내각

  - 경제·재정·민영화부(국무장관) 밑에 4명의 담당장관 배치(예산 담당, 대외무역 담당, 민영화 담당, 상공·수공업·서비스 담당)

- 1988년 로까르(M. Rocard) 내각
  - 경제 · 재정 · 예산부(국무장관) 밑에 2명의 담당장관 배치(예산 담당, 소비문제 담당)
- 1993년 발라뒤르(E. Balladur) 내각
  - 경제부 장관과 예산부 장관
- 1995년 쥐페(A. Jupp) 내각
  - 경제재정부 장관 밑에 2명의 담당장관 배치(예산담당, 재정 · 통상 담당)
- 1997년 조스팽(L. Jospin) 내각
  - 경제 · 재정 · 산업부 장관 밑에 4명의 처장 배치(대외통상 담당, 예산 담당, 중소기업 · 상업 · 수공업 담당, 산업 담당)
- 2002년 라파랭 (J. P. Raffarin) 내각
  - 경제 · 재정 · 산업부 장관 밑에 3명의 담당장관 배치(예산 · 예산 개혁 담당, 산업 담당, 해외통상 담당)과 1명의 처장(중소기업 · 상업 · 수공업 · 자유직업 · 소비 담당)

중앙부처 내부조직

중앙 각 부처의 내부는 일반행정조직과 장관비서실로 이원화되어 있다.

장관비서실

장관비서실(Cabinet ministériel)은 부처내 각국의 업무조정과 지휘를 담당하며, 비서실장(Directeur du cabinet)이 선임자로서 총괄지휘하고 비서장(Chef de cabinet : 의회 · 언론 등 대외관계를 주로 담당) 1명 및 전문보좌관(conseillers techniques) · 담당관(chargés de mission) 여러

명과 개인비서 등 10명 내외로 구성된다.

우리나라의 장관비서실과 달리 구체적 업무영역에 깊이 관여하며 장관과 일반행정조직 사이에서 중계역할을 담당한다. 우리나라와 같은 차관, 차관보, 기획관리실장의 직제가 없는 대신 장관비서실이 이들 역할의 대부분을 수행하는 셈이다.

비서실장은 그 부처출신이 선택되는 예는 적고 대부분 전 정부차원의 엘리트 관료 풀(pool)인 '그랑꼬르(les grands corps)'에서 선발되며, 비서장은 장관과 친밀한 인사가, 그리고 전문 보좌관과 담당관은 그 부처의 엘리트 관료 중에서 선발된다.

일반행정조직

일반행정조직의 장인 국장은 국무회의의 심의를 거쳐 대통령의 행정명령으로 임명되며, 차관·차관보와 같은 직위가 없으므로 우리나라의 국장보다는 그 지위와 권위가 높다고 하겠다. 자기 부처 출신이 국장에까지 오르는 경우는 그리 많지 않으며 역시 그랑꼬르 출신이 선발되는 예가 많다.

과거에는 최고행정가로서의 국장은, 정치인인 장관과 역할분담을 통해 상당한 독자성을 가지고 안정적으로 업무를 추진할 수 있었으나 테크노크라트 출신 장관이 대거 기용되면서 그 독자성과 안정성이 흔들리고 있다고 하며, 특히 1980년대 사회당으로의 정권교체 이후에는 정권교체시마다 국장의 교체도 빈번해져 정치의 영향을 크게 받게 되고 '행정의 정치화' 우려가 제기되고 있다.

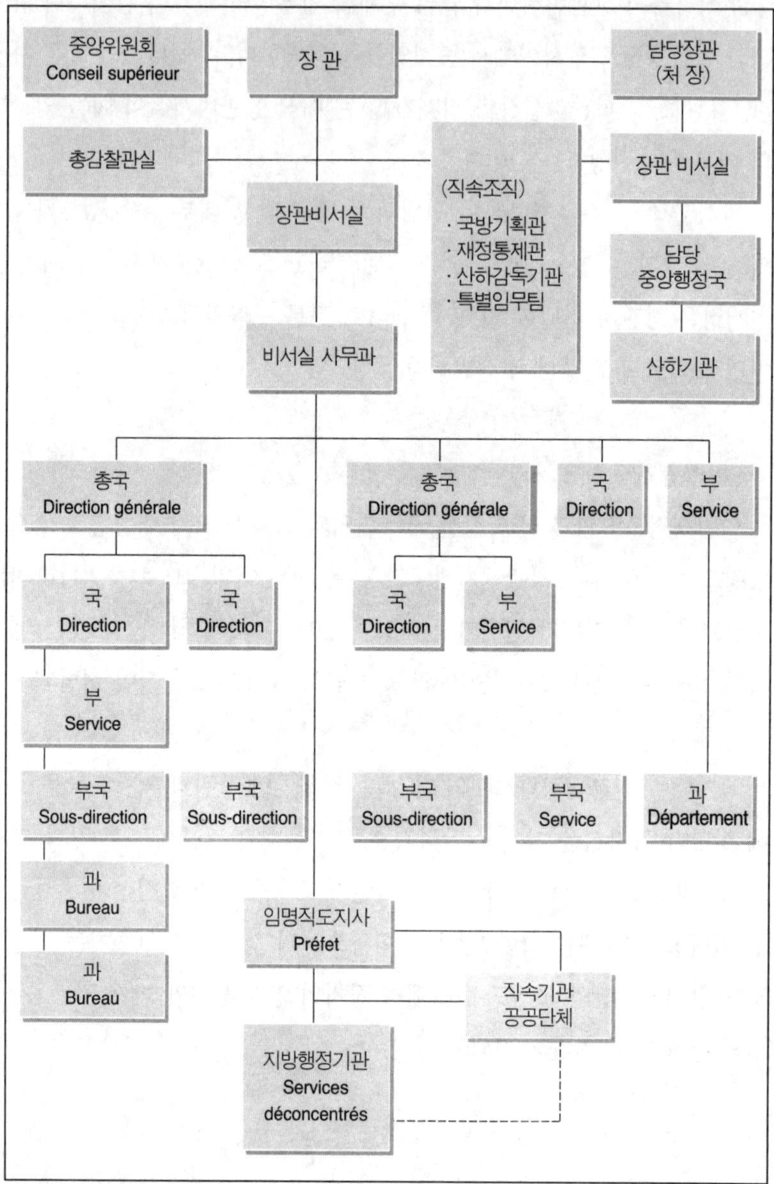

자료 : 안영훈(1998), 「프랑스의 정부조직」, 한국행정연구원, 68쪽

5) 감사 · 통제 기능

전부처를 대상으로 행정감찰을 하는 중앙기관은 존재하지 않고 각 부처별로 고유의 총감찰관(inspecteurs généraux)이 설치되어 내부감사와 통제를 담당한다.

그 중에서도 경제재정부에 속하는 재무감찰관 직군(corps d'Inspection des Finances)은 자기 부처 외에도 타 부처와 지방 일선기관에 나가서 근무하면서 예산과 재정 관련업무에 대한 가장 광범위한 감찰활동을 담당하고 있다.

이와 같이 각 부처에 산재한 각종 감찰관직군은 전통적인 감찰활동 외에 최근에는 회계검사, 현황분석 및 정책권고, 그리고 정책평가 활동에도 주력하고 있다.

회계원(Cour des Comptes)은 행정부와 입법부에서 독립된 회계검사 및 재판기관이다. 국가는 물론 공기업, 사회보장기관, 국가로부터 재정 원조를 받는 단체나 회사까지를 대상으로 회계검사를 실시한다. 지방자치제 실시에 따라 25개의 지방회계원(Chambres regionales des Comptes)이 설치되어 지방자치단체의 예산 및 회계에 대한 감독도 담당하고 있다.

특히 최근에는 정책에 대한 성과 감사와 효율성 감사, 그리고 정책평가에도 역점을 두고 있다. 연 1회 연차감사보고서를 대통령과 의회에 제출하여 감사의견을 진술하고 시정개선조치를 제기한다.

회계원의 심판관은 사법관(magistrat)으로서 엄격한 신분보장을 받는다.

6) 공무원 제도 및 현황

가) 공무원 규모

프랑스의 공무원(fonctionnaires)은 총 512만 명에 달하며, 흔히 '봉급생활자의 25% 이상, 경제활동인구의 20% 이상'이라고 표현된다. 사회주의 이념에 따라 정부와 공공기관의 개입범위가 넓기 때문이다(국영기업을 제외한 공공분야 종사자 전체를 광의의 공무원으로 본다).

그 중에서 국가공무원은 286만 8,000명, 지방공무원은 140만 6,000명, 그리고 보건의료공무원이 84만 6,000명이며, 그 세부내역은 다음과 같다.

국가공무원	협의의 국가공무원 (정부기관)	비국방부처 181만 5,000명	220만 3,000명	286만 8,000명
		국방 38만 8,000명 (현역병 21만 명 제외)		
	비정부기관 (국영기업 제외)	영조물 법인 20만 3,000명	66만 5,000명	
		체신(우편, 전화) (*1990년 조직전환)		
지방공무원			140만 6,000명	
보건의료공무원			84만 6,000명	

나) 공무원 제도

프랑스 정부는 '직업공무원제도(systéme de la carriére)'를 근간으로 하고 있으면서도 비정규직 공무원도 다양하게 활용하고 있다. 대부분의 공무원 제도는 우리나라와 유사하므로 특이한 부문만을 열거하기로 한다(우리나라가 정부수립 후와 5·16이후 공무원 제도를 새로 수립할 때 프랑스 제도를 많이 참고했기 때문일 것이다).

공무원의 종류

프랑스 공무원은 정규직(titulaires)과 비정규직(non-titulaires)으로 나누어지며, 공무원에 관한 인사법령은 정규직에만 적용된다.

비정규직은 정규직으로서의 자격을 갖추지 못한 자나 정규직 봉급체계를 적용하는 것이 바람직하지 않은 고급기술자 등을 총칭하는 개념이며, 계약직, 보조직, 노무직 등이 있다.

- 계약직원 : 전문적 직무, 파트타임 직무, 계절적·임시적으로 생기는 업무를 행하기 위해 계약에 의하여 채용하는 공무원
- 보조직원 : 보조적·임시적 업무를 행하는 공무원
- 노무직원 : 주로 군수품 생산에 종사하는 현업 공무원
- 기 타 : 일일 몇 시간씩 근무하고 일급 또는 월급의 형태로 보수를 지급받는 청부직원

■ 국가공무원의 종류별 인원 수 (단위 : 천명)

계	정규직	비 정 규 직				
		소 계	계약직원	보조직원	노무직원	기 타
2,306.5	1,970.8	335.7	58.7	115.1	100.1	61.8

등급분류

국가공무원의 직무등급은 필요한 교육수준에 따라 크게 A, B, C, D의 4단계(카테고리)로 구분되며, 각 직군(corps) 채용자격요건 수준에

따라 특정 단계에 속하도록 분류된다.

- A단계 : 대졸 이상, 창의적인 기획업무
- B단계 : 고졸 수준, 전문화된 집행업무
- C단계 : 의무교육 수료 + 특수교육기술, 단순집행업무
- D단계 : 의무교육 수료

그러나 그간의 실제 운영상으로는, 전반적인 고학력화 추세 및 공무원직에 대한 높은 선호도 때문에 B단계 직종 근무자의 50% 이상이 대졸이며, C단계의 50% 이상이 대학입학 자격취득(Baccalauréat) 수준이었다. 이에 따라 등급분류를 개편하는 작업이 진행 중인데, D단계를 C단계로 편입하고, B단계를 내부에서 2개로 세분, 고졸 후 2년(BAC +2)에 해당하는 중간적 계급을 추가로 신설했다.

■ 등급분류 공무원 수

A단계	B단계	C단계	D단계
565,664 (28.7%)	628,956 (31.8%)	665,117 (33.7%)	111,021 (5.6%)

직군

프랑스 공직은 약 1,700여 개의 직군(Corps)으로 구분되어 있으며, 이를 기본단위로 채용, 승진 등 인사관리가 이루어진다. 이 직군은 업무의 종류별로 설정되는 것은 물론이지만, 동종업무라도 부처별로 직군을 달리하는 것이 보통이다(예컨대 교육관련 감사직군과 사회보장업무 감사직군이 따로 있다). 그리고 한 개 직군내에는 3~4개의 계급으로 세

분되어 있는 경우가 많다. 따라서 이 직군 개념은 우리나라의 '직급'과 유사하나, 우리의 직급보다 횡적 범위는 매우 좁고 종적 범위는 다소 넓다고 볼 수 있다. 예를 들면 다음과 같은 직군들이 있다.

- 고등행정관 직군(corps d'administrateurs civils)
- 병원장 직군(corps des directeurs d'hôpital)
- 민간항공기술자 직군((corps ingénieur de l'aviation civile)
- 교사 직군
- 세관검사관 직군
- 국가도시계획관 직군

각 직군마다 구성원의 수는 큰 차이가 있다. 예를 들면, 교사 직군이 11만 5,000명인데 비해서 세관검사관은 2,200명, 국가도시계획관은 120명이다. 이와 같이 세밀하게 분류된 직군을 기준으로 채용되고 그 범위 내에서 근무하고 승진하므로 업무의 전문성이 매우 높다.

직군 간의 이동은 선발시험이나 적성시험에 의하는 것이 보통이나 심사승진의 방법에 의하는 경우도 있다. 그리고 국립행정학교(ENA)를 졸업한 관리자들이 채용되는 직군, 즉 국참사원, 회계원 및 재무감찰관 직군과 같은 '그랑꼬르(les grands corps)', 그리고 고등행정관(administrateur civil) 직군 등은 전부처를 순환근무할 수 있는 예외가 인정되고 있다(그랑꼬르에 대해서는 후술하는 '특이한 엘리트 활용 체제' 참조).

프랑스 공무원제도에 대한 이해를 돕기 위해 행정직의 경우를 예로 들어 카테고리(등급), 직군 및 임용체계를 그림으로 정리해보면 다음과 같다.

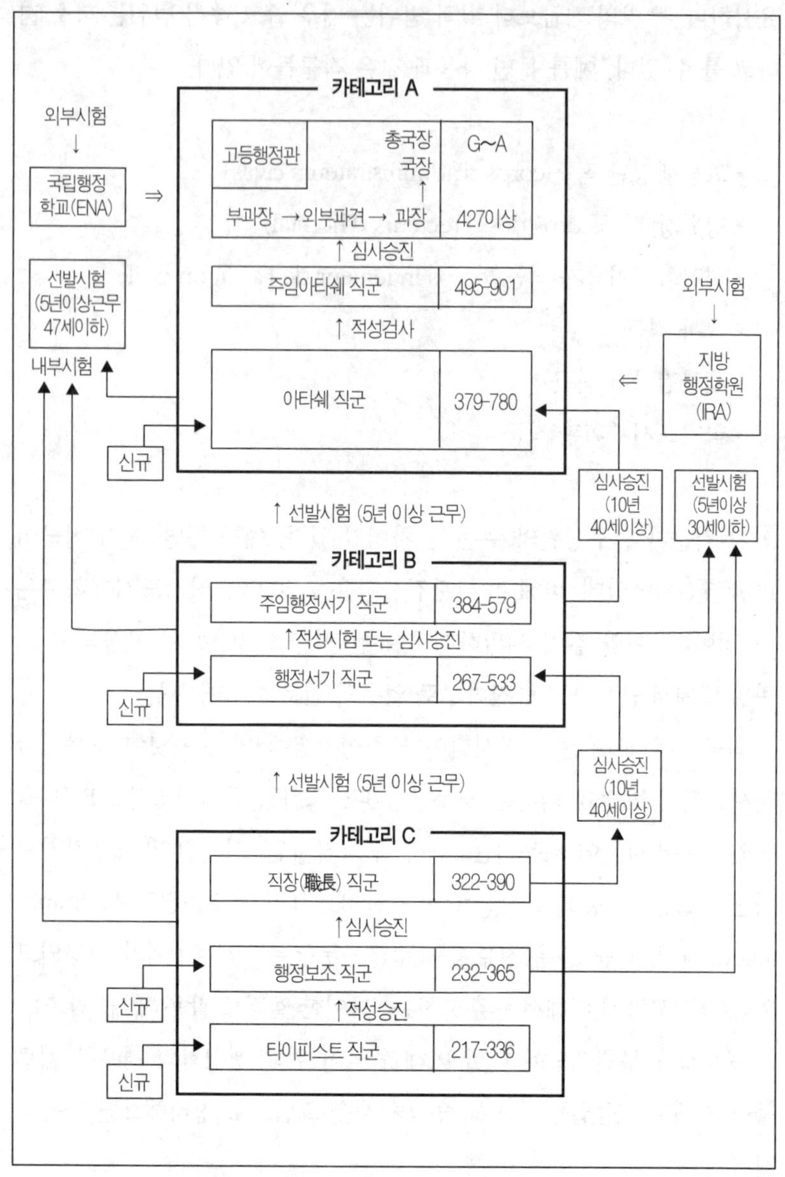

자료 : 이나쓰구 히로아끼(1996), 「일본의 관료인사 시스템」, 동양경제신보사, 68쪽

7) 중앙과 지방의 관계

가) 현행 지방자치 구조

프랑스의 지방행정구역은 다음 표에서 보듯이 5단계로 구분되고 있으며, 그 중 3개 단계에서 지방자치가 실시되고 나머지 2단계는 단순한 행정구역으로 운영된다.

표 3　프랑스의 지방행정구역

구분	수	자치행정기관	국가행정기관
광역도(레 죵)	26	레죵의회 – 의회의장	레죵지사
도(데빠르뜨망)	100	도의회 – 의회의장	도지사
군(아롱디스망)	339	–	군수('부지사')
소군(깡똥)	3,995	–	*국세징수, 경찰배치 단위
시(읍·면)(꼬뮌)	36,773	시(읍면)의회 – 시(읍면)장	시(읍면)장이 국가행정도 담당

기초자치단체(꼬뮌)만 인정되는 상태에서 점진적으로 발전돼오던 지방자치는 미테랑 정부에 의해 1982년부터 큰 진전을 보게 되었다. 즉 도(道)와 레죵도 완전한 지방자치단체로 승격되고, 국가행정의 대표인 임명직 도지사(préfet)가 자치단체장도 겸임하던 제도가 폐지되었다. 그 대신 도의회에서 선출된 의장이 자치단체장을 맡아 도청을 지휘하게 되고 행정적·재정적 사후통제제도가 도입되었다. 이에 따라 지방자치단체에 대한 대폭적인 권한과 재원의 이양이 이루어지고 지방공무원제도가 창설되었다. 현재 프랑스의 국가행정단위와 지방자치단체의 계층구조는 다음과 같다.

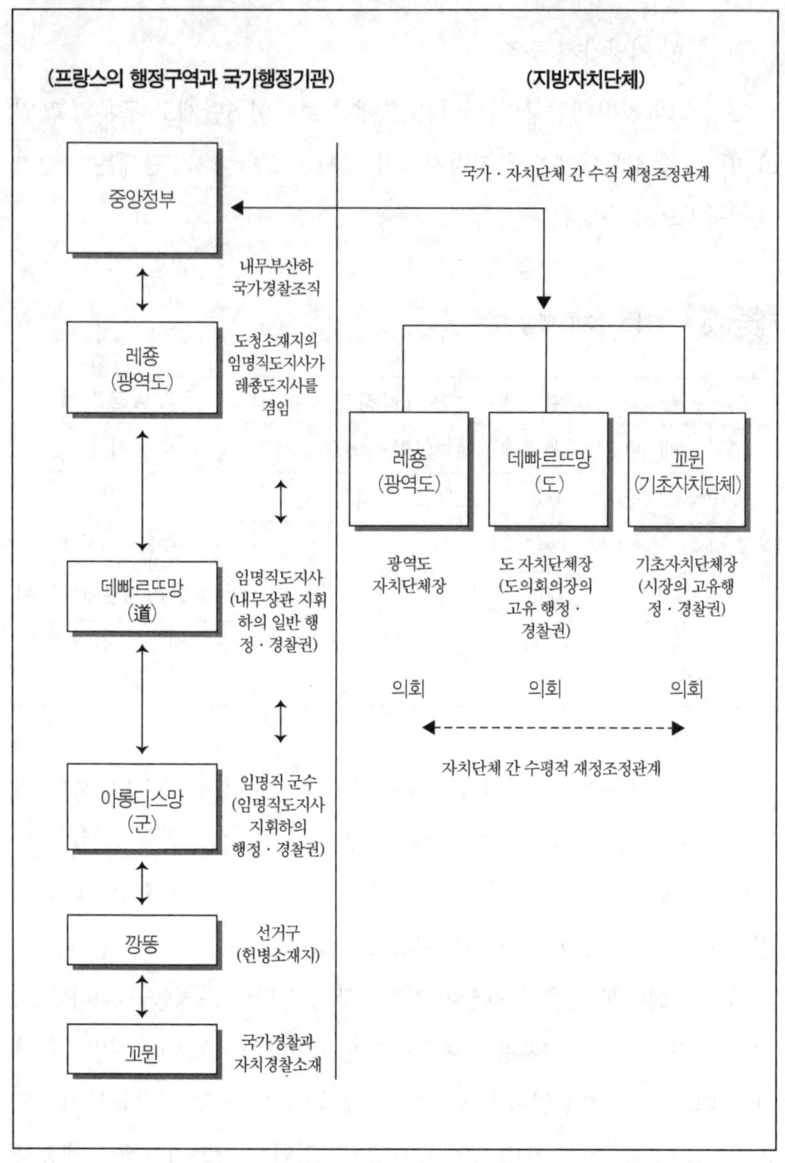

* 자료: 안영훈(1998), 「프랑스의 정부조직」, 한국행정연구원, 11쪽

나) 지방자치의 주요 특징

프랑스의 지방자치제도를 우리나라와 비교해보면 다음과 같은 차이점에 주목하게 된다.

소규모 생활권 단위의 기초자치

옛날부터 내려오는 소규모 생활권 단위인 꼬뮌(시·읍·면)을 기초자치단체로 하고 있다. 우리나라와 일본처럼 기초행정구역을 도시화 정도에 따라 시·읍·면·동과 같은 방식으로 구별하지 않고 있을 뿐 아니라, 인구 규모에 관계없이 동일하게 취급하고 있기 때문에 농촌지역에는 인구나 경제력이 적어서 자치능력이 부족한 꼬뮌이 상당수 있다(인구 500명 미만의 꼬뮌이 59.0%, 5,000명 미만이 95.2%, 1만 명 미만이 97.6%임).

이렇게 농촌에 있는 작은 꼬뮌은 큰 행정기구를 갖추지 못하고 직원의 반 이상이 비상근이며, 행정재정능력이 부족해 국가, 특히 공공사업 관련부처의 기술관료나 엔지니어의 협조와 지원이 없으면 사업집행이 불가능하므로 중앙부처의 전국 단위 행정의 혜택 및 통제를 감수(甘受)하고 있다.

프랑스 정부는 이런 문제의 해소를 위해 꼬뮌 간의 합병을 권장해왔으나 애향심과 개성존중의 풍토로 인해 성과가 별로 없어, 그 대안으로 사무조합이나 연합체 형식의 광역행정조직을 많이 발달시켜왔다(도로, 폐기물, 소방, 상·하수도, 학교, 관광개발, 통학용 수송, 스포츠, 문화보급, 에너지, 도시계획, 경제개발 등의 사업을 공동 추진).

이런 방법이 매우 더디고 복잡하기는 하나, 다른 각도에서 보면 지방자치 본래의 취지에 더 적합하다고도 할 수 있다. 우리나라에서는 자치

단체인 시·군과 도 사이에 규모가 큰 차이가 없어 중복 내지 경합문제
가 생기기 쉬운데 비해 프랑스에서는 꼬뮌과 도 간의 격차가 커서 그런
문제의 소지는 없다.

'기관 통합형'으로 안정적 업무수행

중세부터 발달해온 유럽 도시자치의 역사와 전통에 따라, 주민 직선
으로 구성된 의회에서 의원 중에서 집행기구를 선출해 행정을 맡기는
방식(즉 지방의회의 의장이 집행부의 장을 맡는 방식)을 택하고 있다.

따라서 의회와 집행부가 별도로 주민 직선에 의해 선출되는 '기관 대
립형'인 우리나라와는 다르다. 집행부가 의회 다수파의 지지로 선출되
므로 안정된 가운데 업무수행을 할 수 있고 일단 선출되면 의회가 해임
할 수 없다(의회의 불신임결의 및 집행부의 의회 해산제도는 없음).

특히 집행부는 단독제가 아니고 다수 인사로 이루어지는 것도 특기
할 만하다. 시(읍·면)에서는 인구규모에 따라 3~16명의 부시(읍·면)
장이 함께 선출되어 '시(읍·면)장단(Bureau)'이라고 불리는 상설 집행
기구를 구성하고 시청의 업무를 분담해 시장을 보좌한다(월 2~4회 정
도 회합).

도의 경우에도 도의회 의장과 4~10명의 부의장들이 선출되어 의장
단을 구성해 도행정의 집행을 담당한다(월 1회 정도 회의 개최).

또한 시(읍·면)장은 기초자치단체 집행부의 장인 동시에 국가에서
위임된 사무를 집행하는 국가공무원으로서의 지위도 가진다. 그 사무는
법률과 규칙의 공포·집행, 사법경찰권 및 호적사무·선거집행·각종
증명발급·결혼식 주재 등이며 이러한 사무에 관해서는 시(읍·면)의회
의 통제는 받지 않고 국가행정기관인 도지사의 감독 하에 수행한다.

이중행정체제

셋째, 도 및 레죵 단위에서는 국가행정기관과 지방행정기관이 양립하는 2중 행정체제를 이루고 있다.

즉 중앙정부가 임명하는 도(레죵)지사의 권한 중 지방사무의 집행권은 도(레죵)의회 의장(단)에게 넘겼으나 국가행정의 대표로서 당해 지역 내의 국가기관을 총괄 지휘하는 권한은 그대로 유지하고 있으며 자치행정을 사후 통제하는 감시역으로서의 권한이 새로 추가되었다.

그 통제방법으로, 시(읍·면)의회나 도의회의 의결사항의 적법성에 문제가 있다고 판단되면 도지사는 지방행정재판소에 제소해야 하며, 예산안이 수지균형이 맞지 않거나 적시에 의결되지 않은 경우, 기타 예산회계 집행에 문제가 있다고 판단되는 경우에도 지방회계원에 제소하도록 제도화되어 있다.

또한 도지사는 1개 시(읍·면)의 범위를 넘는 영역에서 공공의 안녕 질서와 안전을 확보하기 위한 조치를 취할 권한이 있다. 즉 시장이나 도의회 의장이 직무를 제대로 수행하지 못할 때 그들을 대행할 수 있고, 공공질서 유지를 위해 국가경찰 및 국가헌병대를 투입할 수 있으며, 재난 구조나 해양오염방지를 위한 대책의 발동을 명령할 수 있는 한편, 필요시에는 도지사관할의 소방구급대도 작전에 투입할 책임이 있는 것이다.

이와 같이 프랑스의 임명식 도지사는 지방자치에 대한 건전한 감시자로서 자치행정 집행에 관한 이견을 제시하고 합리적으로 문제해결을 도모하는 순(順)기능을 수행하고 있는 점에 특색이 있다.

우리나라의 경우는 이러한 적극적이고 체계적인 지방행정 감시장치가 미약해 사전에 문제를 인지하기 어렵고, 문제제기가 될 경우에도 공개적이고 중립적인 논의절차가 미비한 상태에 있다. 따라서 돌이킬 수 없는 상태까지 간 뒤에야 범죄수사 차원의 교정작용만 되풀이되고 있는 현실임을 감안할 때 이러한 제도에 대해 관심을 가질 필요가 있다고 생각된다.

<table><tr><td>그림 7</td><td>프랑스 도(道)의 이중 행정체계</td></tr></table>

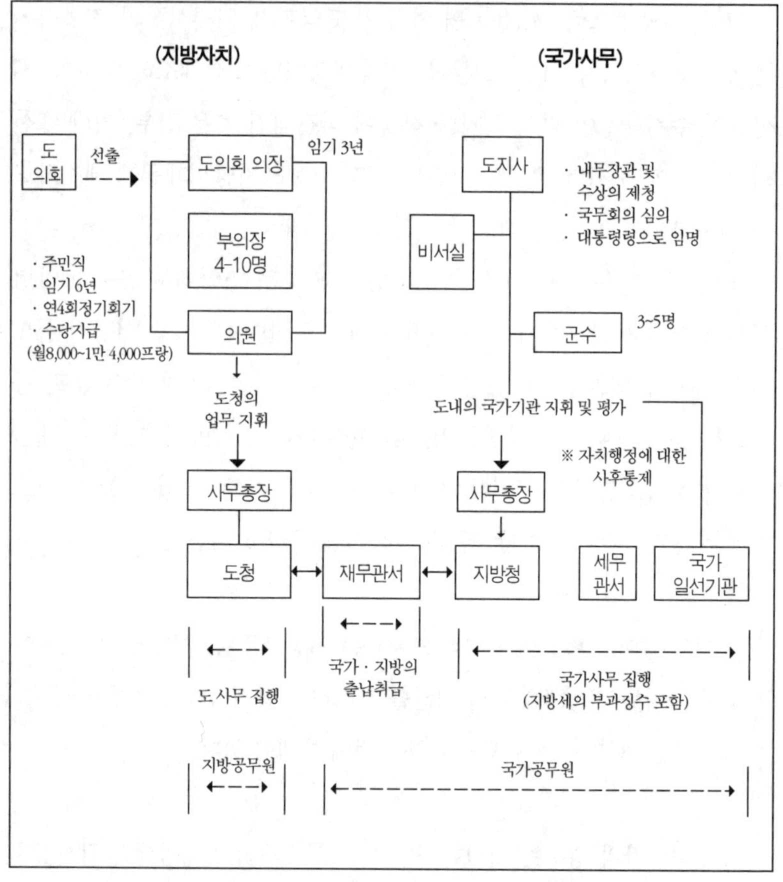

자료: 안영훈(1998), 「프랑스의 정부조직」, 한국행정연구원, 11쪽

8) 특이한 엘리트 활용체제

가) 대중교육과 정예요원 선발의 조화

프랑스는 근대 민주정치의 발상지답게 자유와 평등에 투철하면서도 학교교육에 있어서 평등(평준화)에만 치우치지 않고 수월성(정예요원)도 매우 강조하고 있는 점이 특이하다.

즉 의무교육은 물론 대학까지도 누구나 수학능력이 있으면 기회를 보장해주는 대중교육이 실현되어 있다(바깔로레아 시험만 합격하면 일반대학 무시험 입학에 저렴한 학비를 내지만 상급 학년으로 올라가면서 상당수 탈락시키는 시스템).

그와 병행해 각 분야별 전통적인 명문학교〔그랑제꼴(grandes écoles)〕를 국립으로 육성하고 그 졸업생을 엘리트로 우대하는 이중적인 교육체제의 전통을 지속하고 있다(이들 명문학교에 지망하려면 바깔로레아 시험 합격 후에 1~2년의 준비기간을 거쳐 학교별 입학시험에 합격해야 함).

특히, 프랑스에서는 정부 및 공직에 대한 평가와 선호도가 높은 관계로 이들 명문학교의 최우수 졸업자들은 의례 관련분야의 관리직 공무원으로 진출했기 때문에 마치 이들 학교가 공무원 양성기관처럼 인식되고 있다. 이러한 학교들 중 대표적인 예는 다음과 같다.

- 국립정치학교(씨앙스뽀) : 사회과학 전반
- 고등사범학교(에꼴 노르말 쉬뻬리외르) : 인문 · 자연과학계의 중등교사 양성기관
- 국립이공학교(뽈리떼끄닉) : 자연과학 전반
- 국립고등광산학교 : 자연과학 전반
- 국립교량 · 도로학교 : 토목 엔지니어 양성

나) 국립행정학교(ENA)

1945년 국립행정학교(ENA)가 설립됨으로써 프랑스의 고위공무원(특히 인문사회계)의 임용체계는 더욱 정예요원 양성위주로 변화되었다.

이 개혁을 추진한 배경에는, 제2차 세계대전 초 독일에 무기력하게 패배했던 원인의 하나가 정부 및 관료시스템의 문제였다는 공동인식이 있었고, 항독 레지스탕스 시절부터 이에 대한 개선책을 토의하면서 '최우수 관료층을 양성함으로써 강력하고 효율적인 정부를 구성해 과거의 영광을 되찾자' 는 국민적 합의가 있었다고 한다.

제2차 세계대전 이전의 정부에서는 부처별 모집과 연고에 의한 특채가 일반화됨으로써 지나친 전문화와 부처간 장벽, 파리 중심 중·상류층 출신의 공직독점 등의 폐단이 있었고, 이로 인해 국가 전체적인 시야와 목표의식이 결여되어 난국에 효율적으로 대처하지 못했다는 것이다.

그래서 제2차 세계대전 후 이를 시정하기 위한 대책으로 첫째, 통일적인 공무원법이 제정되고 둘째, 인사행정 전담부서가 신설되었으며 셋째로, 국민대표성이 있는 최정예 엘리트를 직접 선발·육성해 국가경영의 중추적 역할을 담당케 하기 위해 국립행정학교(ENA)가 설립되었다. 또한 고위공무원의 인사체계에 있어서, 부처 간 장벽의 제거를 위해 타 기관 파견 및 발탁인사 등 부처 간 인사교류가 광범위하게 적용되고 있다.

ENA의 신설에 따라, 종래에는 바로 공직에 임용되던 국립정치학교(시앙스뽀) 및 고등사범학교 등 그랑제꼴 출신자들이 치열한 경쟁시험을 거쳐 ENA에 입학해 27개월의 교육훈련을 거쳐 고위행정관으로 임명되고 있다.

• ENA 시험방법 (연간 채용인원 : 100명)
  - 외부시험 (대졸이상, 28세 미만) : 45명

- 내부시험 (공무원 경력 5년 이상, 47세 미만) : 45명
- 제3계열 (노조, 지방의원 등 8년 이상, 40세 미만) : 10명

다) 그랑꼬르

그랑꼬르(les grandes corps)란 프랑스 행정의 중추부에서 유지되는 엘리트주의 전통에서 생긴 개념으로 '주요 직군들' 이라는 뜻이다. 좁은 의미로는 국참사원, 회계원과 각 기관의 재무감찰관단에 근무하는 직군을 말하는데, 프랑스에서는 행정의 내부통제를 담당하는 이들 3개 기관의 업무가 직업공무원으로서 가장 권위와 신망을 누리는 직종으로 인정되고 있으며 국립행정학교 졸업시에도 최우수 성적자들이 이곳을 지망하는 것이 관례다.

그러나 보다 넓게는 상기 3개 기관 외에 외교관과 도지사직군, 그리고 이공계의 토목기사단(건설부)와 광산기사단(산업관계부처)까지 포함하기도 한다.

매년 ENA 졸업자 100명 중 상위 성적순으로 15명 정도가 좁은 의미의 그랑꼬르에 먼저 선발되고, 그 다음에 외교관과 지사직군에 약 30명, 그 밖에는 고등행정관(administrateurs civils)으로 임명된다. 그랑꼬르에 속하는 공무원은 ENA 출신 중에서도 가장 우수한 인재로 공인되어 타 기관에 자주 파견 근무하는 등 발탁인사의 대상이 되며, 주요 관리직(국장, 장관 비서실장, 수상실, 대통령부)의 대부분을 점유하고 있고 정치인으로 입신하는 예도 많이 있다(예를 들어 데스뗑 대통령, 시락 대통령, 쥐페 수상, 조스팽 수상).

이러한 엘리트 선별 우대제도는 부모의 직업, 재산, 출신지역에 관계없이 학업성적이 우수한 자는 '세대를 초월한 사회적 신분상승을 할 수 있도록 함' 으로써 민주주의 이념에 적합한 점도 있다고 볼 수 있다.

반면, 그랑제꼴 졸업시의 성적만으로 거의 모든 것이 결정되고 그 이후의 업적에 따른 변화가 별로 없다는 점에서 '세대 내의 이동은 대단히 한정되어 있다'는 비판도 있으며, '너무 이른 나이에 너무 높게 지도자 대열에 합류함으로써 다른 사회계층의 사람들과 유리되고 사회의 저변이나 현실에서 멀어지게 되는' 문제점도 지적된다.

그러나 이런 비판이나 지적에도 불구하고 프랑스 국민들이 내심 이 제도를 크게 신뢰하고 있으므로 그대로 유지돼나갈 것으로 예상된다.

예화2 평등에 투철한 프랑스가 엘리트를 우대하는 이유

프랑스는 대혁명 때 국왕 루이 16세와 왕비 마리앙뜨와네뜨를 비롯한 수많은 왕족, 귀족을 단두대에서 처형하고 만민평등의 공화정으로 급전환했던 나라이다.

그리고 그 뒤로도 1830년 7월 혁명, 1848년 2월 혁명의 시민봉기로 다시 왕정을 무너뜨렸고, 1870~71년 보불전쟁 때는 잠시 '파리꼬뮌'이란 일반백성의 정권을 세워 대 프러시아 결사항전을 시도하는 등, 과격할 정도로 평등을 지향해온 역사를 자랑한다. 현재도 좌파와 우파의 이념이 대등하게 맞서 있고 양자 간의 세력균형은 놀랄 정도로 팽팽하다.

이렇게 평등에 투철하고 좌파세력이 강한 프랑스가 어떻게 어느 나라보다도 더 엘리트를 우대하고 또한 대다수 국민들이 이를 받아들이고 있는지 그 이유가 매우 궁금했다.

명확한 이유는 제시되어 있지 않으나, 사견(私見)으로는, 역사적으로 엘리트의 효용이 검증되었기 때문이 아닐까 생각한다.

즉 세계사를 주도해온 오랜 강대국으로서 많은 전쟁을 치르고 타국과 치

열한 경쟁 속에 '거대한 국가전략'을 시행해온 경험에서 엘리트의 필요
성과 가치를 인정하게 되었고, 그들을 잘 키워서 우대해주면서 국가와
국민에게 도움이 되는 방향으로 활동하도록 감독하는 것이 현명하다는
생각을 가지게 되었을 것이다(승전과 패전을 무수히 겪어본 그들은, '전
쟁에서 엘리트 지휘관이 얼마나 중요한가'를 체득했을 것이며, '평시 국
가운영에서도 공직자의 안목과 능력에 따라 얼마나 큰 차이가 생기는
가'를 잘 알고 있다고 본다).

특히 근래에 와서는, 세계화시대에 압도적인 미국의 국력 앞에서 프랑스
가 국가의 독립성과 자존심을 살리고 국익을 확보하기 위해서는 최상의
인재를 행정부에 두고 활용해야 할 필요성이 전보다 더 높아졌다고 볼
수 있다.

프랑스 공무원들은 '국가에 봉사하기 위해 어렵게 뽑힌 사람'이라는 대
단한 자긍심을 가지고 일하고 있으며, 국민들도 똑똑하고 믿을 만한 공
무원을 두어야 자신들의 위신도 올라간다고 생각한다.

얼핏 보기에 가벼워보이는 프랑스인이지만, 조용한 가운데 명분과 실리
를 다 챙길 줄 아는 그들의 역사의식과 문화적 전통, 그리고 균형감각은
가볍게 볼 수 없으며, 우리도 이런 점을 배워야 한다고 생각한다.

3. 최근의 정부개혁

1) 프랑스 정부개혁의 특색

프랑스는 영국·미국 등과는 달리 정부개혁을 천천히, 그리고 신중
하게 추진해오고 있다. 그것은 급격한 개혁을 해야 할 필요성에 몰린 적

도 없거니와 내심 자국의 시스템에 자부심을 가지고 있기 때문이기도 하다.

대체로 영미권이나 타 유럽 국가들의 개혁상황을 세심하게 지켜보면서 한두 걸음 뒤에 따라가는 양상을 보이고 있다. 그러면서도 정치적으로는 항상 정부의 개혁이 중심 이슈가 되고 선거 때마다 이 문제를 놓고 요란한 토론이 벌어진다. 그러나 기본적으로 국민들 중에 우파와 좌파의 지지세력이 팽팽하므로 어느 한쪽에 치우친 과격한 개혁은 원천적으로 불가능한 것으로 보인다.

2) 개혁의 약사(略史)

지난 1970년대에는 세계적인 추세에 따라 옴부즈만제도와 행정정보 공개, 개인정보 보호에 관한 제도들이 도입되었다.

1980년대에 들어서서 미테랑 대통령의 사회당이 오랜만에 정권교체에 성공함으로써 오래 미루어져왔던 개혁인 지방자치제의 전면실시가 이루어졌다.

그러나 ENA나 공무원제도 등에 대해서는 외부의 기대와는 달리 특기할 만한 개혁이 이루어지지 않았다(이는 기성관료층의 저항으로 인해 좌초되었다기보다는 '마땅한 개혁대안이 없었기 때문이 아니었을까' 하는 것이 필자의 견해다).

그리고 전통적 좌파의 정책을 반영하기 위해 일부 주요기업의 국유화를 실시했으나, 이는 이미 시대의 추세와는 상반되는 것으로서 진정한 의미의 개혁이었는지는 의문이다.

1980년대 후반 이후 좌·우파 간의 수차의 동거정부(cohabitation)가 되풀이되면서도 '재정적자에 대한 대책'과 '유럽통합의 추진'은 변함 없는 국가정책 우선순위로 자리잡고 있으며, 사회당 정부가 실업해소를 위해 도입한 '주 35시간 근무제' 라는 큰 정책적 실험이 성공적으로 정착되는 단계에 들어갔다.

그 외에는 개혁이라 할 정도의 급격하고 큰 변화는 없었으나, 다른 선진국들이 시행하는 '행정의 근대화(modernisation)' 차원의 개선 조치들, 예컨대 일선기관에 대한 권한위임 촉진(déconcentration), 행정서비스 품질향상, 행정의 투명성, 친절성, 책임성 강화, 정보통신기술(ICT)을 활용한 행정개선, 공무원의 부처 간 이동(mobilité) 촉진과 고위직 임용에서의 남녀평등 등 인사제도의 개선, 그리고 예산제도의 개선 등이 착실하게 추진되고 있다.

3) 개혁의 배경과 원동력

사회보장으로 인한 재정적자는 이미 '안정기에 들어선 노령화사회'인 유럽 각국에 공통적인 문제로 대두되어 있다.

특히 1990년대 이후 프랑스도 재정적자가 확대되기 시작해 1994년에는 GDP대비 5.8%에까지 달하게 되었다. '마스트리트 조약' 에 의한 유럽통화통합 참가조건을 충족시키려면 재정적자가 GDP대비 3% 이내여야 하므로 이 조건 달성을 위해 상당한 재정긴축이 필요하게 되어, 사회보장제도의 개혁을 추진해오고 있다. 따라서 프랑스에 있어서도 재정상태의 개선이 정부개혁의 원동력이 되고 있는 것은 영미와 마찬가지 상황이라고 할 수 있다.

다만, 프랑스 경제의 기반이 매우 탄탄해(매년 관광흑자 200억 달러와 농업흑자 100억 달러) 경제위기가 닥칠 염려가 거의 없으므로 국민들이 개혁을 요구하는 강도(强度)도 그다지 높지 않고, 따라서 여유 있게 조금씩 해나가는 방식을 계속 취해나갈 것으로 예상된다.

4) 개혁의 추진체제

1995년부터 정부개혁 업무를 주로 담당해온 중앙부처는 '공직·국가 개혁·지방분권부(Ministére de la Fonction publique, de la Réforme de l'Etat et de la Décentralisation)' 였으며, 그 뒤로도 명칭은 다소 변천이 있으나 유사한 조직을 유지해오고 있다.

그리고 1995년에 '국가개혁위원회(Commissariat à la réforme de l'Etat : CRE)'란 범부처조직이 수상 산하에 3년 간 활동 예정으로 신설되어, 이 분야에 대한 부처 간 업무조정을 담당해왔다. 1998년부터는 '국가개혁 범부처대표부(Délégation interministérielle à réforme de l'Etat: DIRE)'가 신설되어 이 기능을 흡수했으며, 행정수요자인 국민과의 관계를 개선하는 사업 등을 수행하고 있다.

국가개혁부에 속한 '행정·공무원총국(Direction générale de l'adminstration et de la fonction publique : DGAFP)'도 전부처에 걸친 행정인력의 현대화 업무를 전담하면서 이 국가개혁업무의 중요한 부분을 담당하고 있다.

또한 '국가개혁을 위한 부처 간 위원회(Comité interministériel pour la réforme de l'Etat : CIRE)'는 국가개혁을 위한 정부의 정책방향을 결정하는 기구로서, 일선기관에의 권한위임과 정보화정책 등을 조정하고 있다.

5) 개혁의 구체적 조치

중재관(médiateur)제도의 설치(1973년)

프랑스판 '옴부즈만' 제도이며 사인(私人)은 일정한 사전절차를 거친 후에 행정활동에 관한 개별적 고충신청을 중재관에게 할 수 있다. 심사 범위는 위법성의 문제에 한하지 않고 당·부당의 문제에까지 미치나, 관계 행정기관에 대한 시정조치 요구와 관련해서는 권고·제언을 하는 데 그치고 법적 구속력은 없다.

정보처리·파일·자유에 관한 법률의 제정(1978년)

행정정보시스템의 온라인화에 의한 개인의 프라이버시 침해에 대처하기 위해 제정되었다.

행정문서공개법의 제정(1978년)

정보공개의 취지를 살려 행정문서의 공개를 추진하기 위해 제정되었다.

지방분권법의 제정(1982년)

'꼬뮌(시·읍·면), 도 및 레종(광역도)의 권리와 자유에 관한 법률'과 '국가의 권한분배에 관한 법률'을 제정해 지방분권화 개혁을 실시했다.

- 지방에 대한 국가의 후견적 감독의 폐지
- 중앙정부가 임명한 도지사의 자치단체장 역할 폐지
- 레종의 완전 자치단체화
- 대폭적인 권한이양

- 보조금의 포괄 일원화 등

  (좀더 상세한 사항은 지방제도편 참조)

민영화정책의 실시(1986년, 1993년)

- 제2차 세계대전 후(1945~48년) 정부는 기업의 국영화정책을 실시해 석탄·전력·가스 등의 기초산업부문, 르노 자동차 등의 제조업, 은행·보험 등의 금융부문이 공기업으로 되었다. 게다가 미테랑 정권 하(1981~82년)에서 사기업에의 이익집중의 배제, 정부주도에 의한 경제활성화 등의 명분으로 1982년 국유화법에 의해 주요기업의 국유화를 실시했다. 이 결과 1982년에 국영기업이 프랑스 산업에서 차지하는 지위는 고용의 19.8%, 판매총액의 23.6%, 투자총액의 33.6%, 수출의 32.9%에 달했다.

- 1986년 우파가 집권한 시락 내각 하에서 국영화에 따른 국가의 재정부담을 줄이고 국영기업의 수지악화에 대해 시장원리에 입각한 대책을 도입하기 위해, 645개의 기업을 1991년 3월까지 민영화하는 법률을 제정하고 이에 따라 12개 기업의 민영화가 진행되었다. 1988년에 재선된 미테랑 대통령은 사회당의 정권 복귀 후 새로운 국영화도 민영화도 하지 않는다는 취지의 선언을 하고 1986년 법률은 기한이 완료되었다.

- 1993년 다시 정권을 잡은 우파의 발라뒤르(Balladur) 내각은 1986년부터 추진해온 민영화정책을 계속하기 위해 새롭게 민영화법을 제정하고 민간부문과 경합하는 21개 기업의 민영화 방침을 정해 이에 따라 8개 기업의 민영화가 진행되었다.

- 1997년 1월부터 프랑스 텔레콤의 민영화를 실시하고 있으나, 국철 (SNCF)에 대해서는 민영화를 하지 않고 인프라 부분을 분리해 국철은 운행업무만을 전담하는 방향으로 추진하고 있다.

- 기타 행정서비스를 민간부문으로 옮기는 것에 대해서는 별로 논의되지 않고 있다. 병원, 학교 등에 대해서도 국가가 당연히 맡아야 할 업무라는 관념이 정착되어 있다. 다만, 효율성의 향상이라는 관점에서 차량운전, 컴퓨터 관리, 여행대리점 등 실무적 업무의 외부위탁이 검토되고 있다.
  국가가 국민에게 가능한 한 충분한 서비스를 공급해야 한다는 의식이 강하기 때문에 대체로 민영화에 대한 저항이 큰 편이다.

재정개혁(1995년 이후)

- 사회보장기금의 누적채무를 변제하기 위해 1996년 2월부터 '사회보장 채무변제 부담금'(실업수당 등을 포함하는 대부분 모든 소득을 대상으로 하고 세율 0.5%로 과세)을 도입했다.
  공무원연금에 대해서도 연금갹출기간의 연장(37.5년을 40년으로 연장)을 도입하려 했으나 1995년 공무원 파업으로 인해 중단된 상태이다(국민연금에 대해서는 이미 1994년부터 2004년까지 단계적으로 실시하도록 제도화되었음).

| 프랑스 행정에 대한 인상 |

프랑스 행정을 살펴보면서 새삼 느끼게 되는 것은 기본과 원칙에 충실하다는 점이다.

첫째, 어느 직종, 어느 직급이든 간에 공공(公共)의 이익을 담당하는 공직에는 우수 인재를 유치해서 제대로 대우하는 것이 국가이익에 합치되고 당연하다는 원칙이 국민 모두에게 수긍되고 지켜지고 있다.

특히, 사후교정 작용인 사법보다 창조적 형성작용인 행정을 더 중시해 최고 엘리트가 행정부를 지망하고, 국참사원과 같은 행정 내부통제 기관이 법해석을 통해 국가(행정)의 나아갈 방향을 제시하는 큰 역할을 수행해 국민의 존경을 받는 것 등을 볼 때 '기본이 바로 서 있는 나라'라는 생각이 든다.

둘째, 제3·제4공화정 때의 정치혼란과 단명(短命) 내각(평균 6~9개월)에도 불구하고 국가를 안정되게 지켜낸 직업공무원단의 역할이 크게 평가받았던 예도 있거니와, 지금도 프랑스 행정은 정치와 적정한 분담체계를 형성하고 제 기능을 다해온 모범사례를 보여주고 있다.

행정의 내부 통제기관인 국참사원, 회계원, 재무감찰관직군이 정치의 직접적 영향을 받지 않고 행정의 중립성을 지켜나가면서도, 또한 그 구성원 중 일부는 정치의 영향을 받는 장관 비서실이나 수상실, 대통령부에도 파견근무해 정치를 이해할 수 있게 하는 것은 적절한 균형감각에 입각한 역할분담이라고 생각된다.

셋째, 프랑스는 강대국답게 자국의 전통과 제도에 대한 자부심이 강하다. 항상 어느 제도에 대해서든 논란과 비판이 무성하지만 제도를 쉽게 바꾸지 않으며, 충분한 논의를 거쳐 바꾸는 경우에도 기존 제도를 전면 폐지하는 방식보다는 기존 제도 위에 추가하는 형식을 택하는 예가 많은 데서도 이를 볼 수 있다.

역사·전통과 국토위치·국민기질 등 여러 면에서 프랑스는 서유럽 국가 중 우리나라와 가장 유사하다고 생각한다.

사견(私見)으로는, 우리나라가 구한말의 망국의 비운을 당하지 않고 자주적 근대화에 성공했더라면 오늘날 우리는 프랑스형에 가까운 행정 체제를 가지고 있으리라고 믿고 있다.

요즘 영미식이 세계를 풍미하는 듯하지만, 긴 시야에서 보면 나라마다 그 기질과 상황에 맞는 제도만이 살아남을 것이다. 우리의 자주성 회복을 위해서도 특정 국가의 제도에 일방적으로 쏠리는 것은 바람직하지 않다는 점에서, 영미와는 다른 프랑스의 행정제도에서 많은 것을 배워야 한다고 믿는다.

3
한국에 적합한 모델

제1절 국가여건과 전통 측면

1. 중앙집권적 전통

전술한 바와 같이 영국은 대륙에서 격리되어 안전이 보장되어 있는 지리적 이점으로 인해 백년전쟁 이후 제한군주제의 길로 나아가 지방분권 및 자치가 확고한 전통으로 자리잡았다. 따라서 중앙정부의 역할과 권력이 제한되어 있는 가운데 주민들의 자치역량이 신장되어 시민사회적 전통이 뿌리를 내리게 된다.

미국 또한 건국 초기 이러한 영국적 전통에서 출발했고 광대한 미개척지를 가지고 있던 여건으로 인해 연방정부의 역할과 권력은 제한적일 수밖에 없었다.

이에 반해 프랑스는 백년전쟁 후 국가적 필요에 의해 오히려 그 때까지의 봉건영주 통치라는 지방분권적 요소를 약화시키면서 상비군과 관료를 갖춘 군주중심의 절대주의 근대국가 체제를 확립하는 방향으로 나아갔다.

그 후 프랑스 대혁명과 19세기 몇 차례 시민혁명을 거치면서 시민에게 자유와 평등을 제대로 보장하기 위해서는 국가와 정부의 역할이 더 많이 요청되었기 때문에 중앙집권적 경향은 더욱 강화되었다〔프랑스에서는 대혁명 이후 기초자치단체(시·읍·면)에만 지방자치가 시행되다가 1980년대에 와서야 도 단위 이상까지 본격적인 지방자치가 실시되었다〕.

우리나라의 경우는 통일신라 이후 봉건영주에 의한 지방분권의 경험도 거의 없이 중앙집권적 통치로 일관해온 역사였고(지정학적 여건이 가장 큰 이유였으리라 짐작된다), 최근에 와서야 본격적인 지방분권 및 지방자치를 실시하고 있다.

따라서 오랜 지방분권과 자치경험에 기초를 둔 영미식 정부제도는 우리에게는 어딘가 맞지 않는 부분이 있다고 생각한다. 앞으로 영미 수준까지 지방분권과 자치를 계속 발전시켜야 하겠지만 우선은 여건이 비슷한 프랑스의 지방자치 추진상황을 면밀히 비교 검토하면서 나가는 것이 합리적일 것으로 본다.

2. 평등지향의 국민기질

영국에서는 장미전쟁 이후 귀족이 대폭 감소해 그 영향력이 약화된 가운데 지방 향사(gentry)인 시민이 귀족과 연합해 왕권을 견제하고 대의민주주의를 발전시켜나가게 되어, 현재까지 군주제와 귀족제도가 보존되었다. 반면에 프랑스에서는 왕권과 귀족의 절대주의적 지배가 지나쳐 이에 적대하는 몇 차례 시민혁명의 폭발로 군주제나 귀족제도가 폐지되기에 이른다(이는 역사전개상의 우연일 수도 있으나, 양국 국민기질상의 차이가 반영된 결과라고도 볼 수 있다).

따라서 영국인에 비해 프랑스인들은 성질이 급하고 격정적이며, 평등에 대해 훨씬 민감해 사회제도와 생활의 모든 면에서 상황이나 개성에 따른 '차이'는 받아들이나 '불평등(차등)'은 용납하지 않는다.

국가와 정부는 모든 국민에게 평등한 기회를 보장해야 한다는 의식이 투철하며, 그들은 이 부분을 자기들 공화국의 이념이자 전세계 민주주의 발전에 기여한 공적으로 자랑스럽게 생각한다(그러면서도 이것이 '결과의 평등'까지 요구하는 단계로 가지 않는 것은 사회적 분별력이 이를 잘 제어하기 때문인 것 같다).

요즘 우리 국민의 경우도 프랑스인 못지않게 성질이 급하며 평등에 대한 욕구가 강하다고 생각한다. 앞으로의 주요과제는 어떻게 이 평등 욕구를 국가발전의 에너지로 선용(善用)하면서 그 폐단은 줄여나가는가 일 것이다.

따라서 평등에 바탕을 둔 프랑스의 제도가 영미식 제도보다 우리 국민의 성향에 더 맞는 것은 당연하다고 보며, 국민관련 정부제도에 있어서도 국가(중앙정부)의 국민생활 개입범위, 교육, 사법, 복지서비스의 제공 등에서 두 모델은 많은 차이를 나타내고 있다.

3. 우수관료의 모집 활용

미국의 경우 최우수 젊은이들이 직업공무원을 별로 지망하지 않으며, 민간에서 성공한 사람이 나중에 장·차관, 차관보 등 정부 고위정책 결정직에 잠시 근무하는 사례가 많다.

반면에 영국·프랑스는 물론 다른 선진국들에서는 우수 인재들이 중간관리직 직업공무원에 응모해 장차 고위관리직까지 진출하는 것이 당연시되고 있으며 공직이 아직도 가장 선호하는 직장이 되고 있다.

특히 프랑스의 경우 세계에서 가장 철저한 선발제도와 훈련제도를 거쳐 장차의 고위관리직 공무원단을 양성하는 독특한 시스템을 가지고 있다.

인문사회계 출신을 위한 국립행정학교(ENA)와 자연과학계를 위한 별도 국립학교들이 있어서 프랑스 최우수 인력들이 응모·선발되어 무료로 교육을 받은 후, 공무원으로 자동 임용되어 국가를 위해 일하는 것을 긍지로 여기는 전통이 계속 유지되고 있다.

따라서 프랑스에서는 영·미에서와 같이 명문학교 이수를 위한 큰 학비부담은 없으며 오로지 지적 성취도에 따라 신분상승이 이루어지는 길이 널리 열려 있다. 이는 마치 '조선왕조 시대 과거(科擧)에 의한 신진관료의 등용제도를 전국민에게 문호개방하고 과학·기술계까지 포함해서 현대화시킨 것'이라고 보면 될 것 같으며, 과거제도가 우리나라에서보다 프랑스에서 활짝 꽃을 피운 느낌이다.

이 제도들의 도입과 운영에서도 프랑스적인 전통이 잘 반영되고 있다(프랑스는 역사와 전통을 존중하며 그에 긍지를 느끼는 경향이 강해서, 오래 된 제도라도 계속 가꾸어 효율을 최대한 발휘하도록 운영하며 쉽게 바꾸거나 폐지하지 않는다).

이공계인 '국립이공학교(Ecole Polytechnique)', '국립광산학교(Ecole Nationale des Mines)'와 '국립교량·도로학교(Ecole des Ponts et Chaussées)'는 19세기 초 포병장교와 과학자·토목 엔지니어 양성을 위해 설립된 학교들인데 그 효율성을 인정받아 지금까지 이름도 안 바뀌고 내려오고 있다.

또한, 인문사회계 부분인 '국립행정학교(Ecole National d'Administration)'는 제2차 세계대전 초기 정부정책 결정자들의 부처할거주의로 인해 독일의 침입을 제대로 방지하지 못했던 뼈아픈 실패의 교훈으로, 전부처적 시야를 가진 엘리트 고위공무원단을 양성하겠다는 취지로 제2차 세계대전 종료 직후 설립된 것이다.

조선왕조 시대의 과거제도가 '널리 인재를 구해 국사에 참여시키고 특권세력 형성을 방지하는' 효용성이 있었다면, 오늘날의 고시제도는 '모든 국민에게 공무담임권을 보장하고 정부가 특정집단에 의해 좌우되지 않도록 하는' 기능을 수행하고 있다고 생각한다. 그러나 현재 우리의 고등고시제도가 '최우수 인재들이 국가의 일을 맡는 것이 효율적'

이라는 프랑스의 경험을 구현하고 있는지는 의문이다.

미국적인 관념에서 볼 때는 '우수인재의 정부집중은 그 우월적 지위로 인해 민주주의, 특히 시민사회에 의한 정부통제라는 이념에 어긋날 수 있다'는 우려를 할 수도 있다. 그러나 정부 또는 공무원 집단이 비민주적으로 흐를 가능성은 다른 방법으로 차단해야지, 그 때문에 정부의 능력(또는 효율성) 저하를 당연시하는 것은 바람직하지 않다고 생각한다. 영·미만큼 시민사회가 성장하지 않은 상황에서 정부의 역량부터 줄이는 것이 현명한 방책인지, 또한 그것이 우리의 체질과 전통에 맞는 것인지 의문이다(프랑스 정부가 비민주적이라고 할 수 있는가?).

오히려 오늘날 정부의 일은 최우수 인재들이 담당하지 않으면 성공적으로 해나가기 어려워지고 있다고 생각된다. 국민들의 의식수준과 비판정신이 높아지고 국회와 언론, 시민사회단체 등의 감시와 견제가 갈수록 활발해지는 가운데 과학기술 발달에 힘입은 다양한 공개 행정수단이 발전하고 있다.

이로 인해서 앞으로의 정부정책 담당자는 예전과는 비할 수 없을 정도로 힘든 상황에서 국민을 설득해가면서 책임 있게 업무를 추진해야 한다. 따라서 정부에 이러한 일을 감당할 만한 최우수 인재를 모집하고 양성하는 시스템을 더욱 정비·강화해야 할 필요가 있다고 본다.

제2절 현행 헌정체제 측면

영국은 입법군주 하에 의회가 전권을 가지고 통치하는 의원내각제의 정부제도를 처음부터 발전시켜온 나라이고, 미국은 군주를 대신한 '선

출된 행정부 수반' 인 대통령을 중심으로 행정이 이루어지는 대통령중심제의 정부제도를 창안해 발전시켜왔다.

프랑스의 경우는, 대혁명으로 군주제를 폐지한 후 15차례나 헌법을 개정해가면서 다양한 정부제도를 시험해왔으나, 크게 보면 다른 유럽국가들과 마찬가지로 주로 의원내각제를 실시해왔다고 볼 수 있다.

특히 19세기 후반 수립된 제3공화정(1870~1940년)과 제2차 세계대전후의 제4공화정(1946~58년)은 '강한 의회와 약한 행정부' 로 요약되는 의회 만능의 시기였으며, 정당의 이합집산으로 내각 개편이 잦아(내각의 평균수명은 각각 9개월과 6개월) 일관성 있는 정책을 집행하기 어려운 문제점이 있었다.

1958년(특히 1962년 대통령직선제 개헌 후)부터의 제5공화정에서는 의원내각제와 대통령중심제의 두 모델을 혼합한 이원적(二元的) 정부제를 실시하고 있다. 이 체제에서는 대통령이 의회 다수를 확보할 경우 대통령중심제와 다름이 없으나, 다수를 확보하지 못하는 경우에는 내각제 전통이 강한 관계로 미국식 대통령제와는 달리 행정권이 의회 다수파에게 넘어가는 '동거정부(Cohabitation)' 가 여러 차례 나타났다.

우리나라의 경우는 프랑스보다 앞서 1948년 제헌 당시부터 지금까지 대통령제와 의원내각제를 융합시킨 정부제도를 채택해왔다. 우리 정부체제 중 의원내각제적인 요소로서는, 다음과 같은 것들이 있다.

- 국무총리에 대한 의회의 인준
- 국무회의의 기능
- 국무위원의 지위 및 부서권
- 의회의 각료해임 건의
- 대통령의 의회해산권 등

물론 프랑스처럼 의원내각제의 전통이 확고하지 못한 관계로 실제로는 거의 대통령중심제로 운영되고 내각제적 요소는 경시 내지 무시된 적이 많았다.

그러나 앞으로 의회 민주주의와 정당정치가 더욱 발전되면 우리가 프랑스와 거의 유사한 정부체제라는 점이 부각될 것이고, 프랑스의 정부운영 경험이 많은 참고가 되리라 본다.

제3절 한국에 적합한 모델

이상에서 본 바와 같이 정부에 관한 역사와 전통, 국민의 기질, 그리고 헌법상의 정부체제 등에서도 영·미 모델보다는 프랑스가 우리상황에 더 적합한 것이 사실이다. 따라서 정부제도의 기본 인프라에 관한 한 우리는 아직 프랑스의 것을 더 배우고 보강해야 한다고 본다. 특히 프랑스에서 반드시 흡수해야 할 장점은 다음과 같은 것이라고 생각한다.

- 국가의 최우수 인재들이 정부부문에 자연스럽게 참여하도록 되어 있다는 점
- 행정부 내에 통제·견제·심판기능이 확고하게 자리잡고 있어 정책 난맥상이 있을 수 없는 점
- 공교육 위주의 시스템에서 최우수 인재를 길러내고 신분상승의 기회를 평등하게 보장하는 점
- 지방자치와 분권화를 안정적으로 확실하게 추진하는 점 등이다.

그러나 또 한 가지 중요한 고려사항이 있다.

그것은 우리나라가 프랑스보다 여러 면에서 불리한 여건에 있을 뿐만 아니라 아직 발전단계에서도 많이 뒤져 있어서 프랑스의 모델을 따라가는 것만으로는 결코 충분하지 않다는 사실이다.

더욱이 프랑스는 정치 · 경제 · 사회 · 문화 등 모든 면에서 이미 완숙단계에 이르러 있어 과감하고 신속한 혁신을 하기 어려운 상황에 있고, 경제상황 또한 좋아서 개혁을 추진해야 할 동기도 약하다(농업부문 흑자 100억 달러, 관광부문 흑자만 해도 200억 달러나 되는 탄탄한 경제구조가 국가 · 사회제도를 받쳐주고 있다).

이에 반해, 영국 · 핀란드 · 뉴질랜드 · 네덜란드 등은 심각한 경제위기가 닥쳐오자 이를 극복하기 위해 노력하다 보니, 좀더 미래지향적인 국가개혁을 해낸 경우로서, 우리의 형편은 프랑스보다는 이들 국가와 더 유사하고 '계속 혁신하지 않으면 언제 어떤 위험이 닥칠지 모르는' 상황이라고 보아야 할 것이다.

따라서 우리의 정부는 국가 · 사회 전반의 혁신을 촉진하고 뒷받침하기 위해 프랑스제도의 장점을 흡수함은 물론이고 그보다 훨씬 과감한 영 · 미식 정부혁신의 일부까지도 추구해야 한다고 본다.

대체적인 방향으로서, 큰 시스템 면에서는 프랑스식의 합리성 · 효율성을 본받고, 운영측면은 영 · 미식, 그리고 네덜란드 · 핀란드 등을 참조하는 것이 필요할 것이다.

이와 같이 프랑스와 영 · 미식의 장점을 우리 실정에 맞게 받아들이도록 창의적인 노력을 계속하면 장차 이들이 성공적으로 정착될 것이고, 이렇게 해서 한국식 모델이 탄생하게 되는 것이다.

4
OECD의 정부개혁 논의

제1절 OECD 공공행정위원회(PUMA) 개요

1. 연혁

OECD의 공공행정위원회(Public Management Committee: PUMA)는 1989년 9월 30일 창립된 OECD 산하 전문위원회로서, 회원국들의 공공분야 관리정책에 대한 상호 협의·조정을 통해 공공부문 운영의 효율성과 업무성과를 제고한다는 목적을 가지고 있다.

OECD가 경제협력을 중심으로 하는 기구이지만, 선진국 각국의 경제에서 공공부문의 비중과 역할이 대단히 클 뿐 아니라, 경제 외에 사회, 교육, 환경 등 다른 부문의 발전을 위해서도 정부와 행정의 역할이 핵심적이기 때문에 별도의 위원회를 두어 다루고 있다.

이 공공행정위원회(PUMA)에서는 1990년대 서구 각국에서 신공공관리론(New Public Management : NPM)에 입각한 정책들이 많이 개발·수행되는 데 맞추어, 정부기능 및 인력의 감축, 민영화, 성과관리 등 효율성 제고 측면의 논의가 많이 진행되었고 OECD 회원국의 정부개혁에 큰 영향을 주었다.

2000년대에 들어서면서 그 동안 풍미했던 NPM에 대한 비판적 시각이 많이 제기되고 일부 부작용도 나타남에 따라 이를 시정하면서 '정부의 역할을 강화하고 미래에 대비하는' 방향의 논의가 힘을 얻고 있는 추세다. 특히 '효율성 제고'를 넘어서 '공공분야 전반의 관리체제(국정관리 : Public Governance)'를 선진화하고 공직윤리를 다시 강조하는 등, 세계화와 시장경제확산에 맞추어 정부의 역할을 재정립하기 위한 연구가 그 중심을 이루고 있다.

PUMA는 이러한 국정관리(Governance)의 핵심요소로서, 책임성(accountability), 투명성(transparency), 효율성(efficiency)과 효과성(effectiveness), 대응성(responsiveness), 전향적 시야(forward vision)와 법의 지배(rule of law)를 중시하고 있다.

이러한 전반적 추세에 따른 최근 PUMA의 주요 논의는 다음과 같다.

- 정부의 일관성(coherence)을 향상시키고 민간의 정책결정과정 참여를 늘리며,
- 공공분야의 역량을 강화하는 한편,
- 정부의 투명성과 책임성을 강화하고,
- 적정한 규제개혁을 꾸준히 추진하며,
- 전자정부화를 앞당기는 데 초점이 맞추어지고 있다.

아울러 이러한 정책협의 결과를 중요한 비회원국인 러시아, 중국, 브라질과 동구 국가 등에 보급·확산시키는 활동(Governance Outreach Initiative)도 활발하게 진행되고 있다.

2. 조직체계

OECD 공공행정위원회(PUMA)는 30개 회원국(브라질, 칠레는 옵서버로 참여)의 대표로 구성되며, 연 2회 정례 모임을 가지고 세부사업 계획의 결정과 집행결과의 보고 등 주요 운영사항을 결정하고 각국의 정부개혁의 진행상황을 토의한다. 평시에는 PUMA의 권한위임을 받은 대표기구로서 의장단(Bureau : 의장 1명과 부의장 5명으로 구성)이 별도 회합과 상호연락을 통해 주요한 의사결정을 담당하고 있다.

PUMA 산하에는 세부 분야별로 전문가들이 활동하는 조직이 있는데, 현재 3개의 활동그룹(Working Party)과 2개의 네트워크(Network)로 구성되어 있다.

- 고위예산관계관 활동 그룹(Working Party of Senior Budget Officials : SBO)
- 인적자원관리 활동 그룹(Working Party on Human Resources Management : HRM)
- 규제개혁 활동 그룹(Working Party on Regulatory Management and Reform : REG)
- 중앙정부대표 모임(Centres of Government Network : COG)
- 의회예결위원장 모임(Network of Chairpersons of Parliamentary

Budget Committee)

이 PUMA의 활동을 지원하기 위해 OECD 사무국(Secretariat) 내에 '공공행정국(Public Management Service)'이 설치되어 있다.

공공행정국에는 현재 3개 과와 1개 담당관, 그리고 1개 태스크포스가 있으며, 국장(Director) 포함 총 55명이 근무하고 있다.

- 제1과 : '국정관리 및 국가역할' 과(Governance and Role of the State)
- 제2과 : '예산·관리' 과(Budgeting and Management)
- 제3과 : '규제개혁' 과(Regulatory Management and Reform)
- '중·동유럽국가 국정관리 향상·지원 담당관(Support for Improvement in Governance and Management in Central and Eastern European Countries : SIGMA)'
  - 유럽연합(EU)이 주로 재정지원하며, 향후 유럽통합의 대상이 될 국가들의 정부관리 역량을 강화시키기 위한 프로그램임
- 전자정부 태스크 포스 (e-Government)

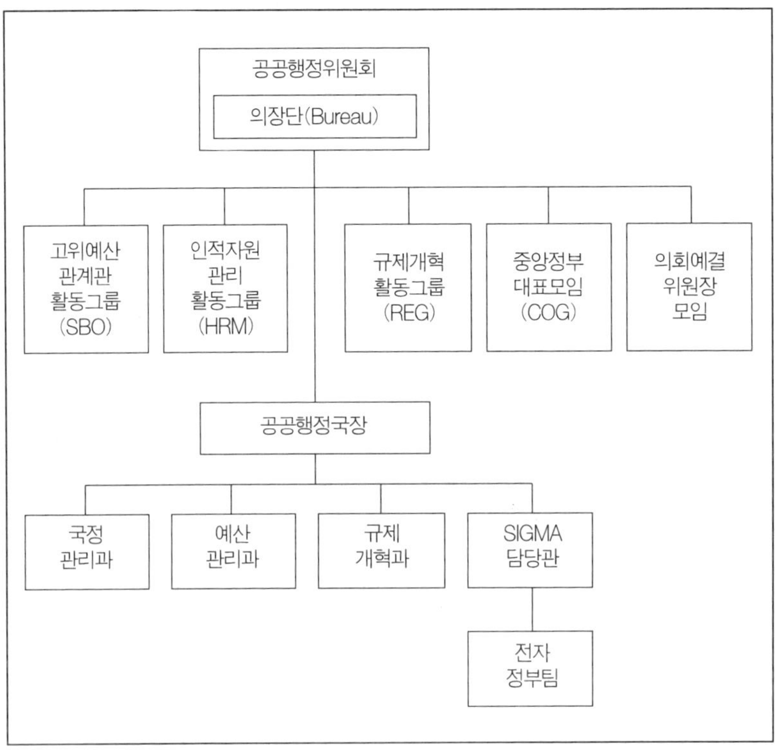

제2절 PUMA의 주요 논의과제

1. 정부의 일관성 및 민·관 관계강화

Government Coherence and Strengthening Relations between Government and Civil Society

정부의 일관성(government coherence)은 행정 내외로 나누어 볼 수 있다. 내부적인 일관성(internal coherence)이란 정책내용과 실제집행 사이의 일관성을 의미한다. 이를 조화시키려면 정책에 대한 종합적 시야(overall vision)와 더불어 '정책우선순위를 조정'하고 '정책들 간의 충돌을 감소' 시키는 제도가 있어야 한다.

외부적 일관성(external coherence)이란 행정이 의회, 시민단체(civil society), 언론과 같은 외부관계자(external actors)와의 관계는 물론이고 선출직 및 정무직 공무원과의 관계도 강화해야 함을 의미한다. 이러한 외부의 의견과 추세를 정책결정에 잘 반영함으로써 행정의 품질, 정통성, 그리고 집행가능성을 높이려는 것이다.

이 분야의 주요한 이슈로서, 정책충돌(policy conflicts)의 해결방법, 예산과 정책 간의 연관성(consistency), 위기관리(risk management), 그리고 활발한 시민정신(active citizenship) 등을 논의하고 있다.

민·관 관계 강화(strengthening relationship between government and civil society)는, 정보화시대에 대응해 OECD 회원국 정부들이 시민과의 관계를 확대강화해 정책의 품질을 높이고 정부의 신뢰도를 향상시키려고 노력 중인데, 이러한 노력들을 종합·조사·분석해 그 기준을 제시하고자 하는 것이다.

2001년 10월 그간의 조사분석 결과를 정리한 보고서와 책자(《Citizens as Partners》)가 나왔는 바, 이 보고서에 각국이 민·관 관계강화를 위해 고려해야 할 10가지 지침이 제시되어 있고 25개 회원국의 현황 비교 및 9개 모범사례에 대한 분석이 수록되어 있다(여기에 서울시의 '민원처리 온라인공개시스템'이 9개 모범사례 중의 하나로 소개되어 있음).

2002년에는 전문가 그룹(Expert Group)을 만들어 구체적으로 연구가 진행 중인데, '각 회원국 정부가 시민과 시민단체에게 정책결정에 관해 알리고, 의견을 묻고, 나아가 정책결정에 관여시키는 시스템'에 관해

평가하고 이를 통해 대의민주주의를 강화시키는 방안을 연구하고 있다.

2. 공공분야 역량강화 Enhancing Public Sector Capacity

2001년 인적자원관리(HRM) 분야에서는 '21세기가 요구하는 미래 핵심 지도자를 개발·양성하기 위한 각국의 전략'에 관한 연구에 중점을 두었으며, 이에 대한 기초자료 수집과 실제경험 논의결과를 정리해 2001년 말 《21세기 공공분야 리더십(Public Sector Leadership for the 21st Century)》이라는 책자로 발간되었다.

2002년에는 '공직자의 성과향상'에 가장 큰 역점을 두고 있다. 이는 조직이나 정부 차원이 아닌 개인 차원의 성과향상을 주로 의미하는 바, 이 사업은 성과연동급여, 개인별 성과관리, 그리고 비금전적 유인책 등을 회원국 간에 비교·연구함으로써 'Best Practices'를 개발하려는 목표 하에 진행되고 있다.

또한 많은 서유럽 국가들에게 일어나고 있는 '공직의 노령화 추세와 인센티브 감소'에 대처하기 위한 우수인력 공직유치 방안에 대한 논의도 2002년 중 마무리될 예정이고, 정보화 사회 도래에 따라 정부 내에 효율적인 지식관리 시스템을 구축하기 위한 연구사업도 진행되고 있다.

3. 정부의 투명성과 책임성 강화

Increasing Government Transparency and Accountability

OECD 회원국의 공직윤리에 관한 제도를 종합·조사해 2000년 9월

《정부신뢰 : OECD회원국의 윤리제도(Trust in Government : Ethics Measures in OECD Countries)》라는 책자로 발간했다.

2001년에는 이를 확산 보급하기 위한 공직윤리 및 반부패 관련 대외활동(outreach activities)이 적극적으로 전개되었으며, 이와 아울러 보다 세부적 연구를 위해 가장 시급한 과제인 공직자의 '이해상충(Conflicts of Interest)'에 대해 회원국 대상으로 설문조사를 실시했다.

2002년에도 공직윤리측면에서는 뇌물방지협정의 본격적 시행에 발맞추어 민간측의 뇌물제공(supply side)에 못지않게 공직자 측의 뇌물요구(demand side)를 억제하기 위한 시책의 발굴과 그 보급·홍보에 중점이 주어지고 있으며, 특히 우리 정부의 적극후원 하에 '부패방지에 관한 대중국(對中國)협력 프로그램'이 처음으로 시작되고 있다. 또한 공직자의 '이해상충'에 대한 조사결과가 정리되어 이에 관한 미래정책 방향이 논의되고 있다.

예산과 관련해서는 2001년 중에 예산의 수립과정과 예산절차에서의 의회의 역할, 그리고 예산의 공개를 통한 재정책임성 및 투명성 (financial accountability and transparency) 확보방안 등에 관한 논의가 있었으며, 2002년에는 특히 '성과관리 위주의 예산 및 감사제도 수립방안'과 '고령화 등으로 인한 미래부담에 대비하는 예산정책의 개발' 등에 논의의 중점이 두어지고 있다.

4. 규제개혁 Regulatory Management and Reform

1997년 5월 OECD 각료이사회(Ministerial Council Meeting)는 규제의 투명성 제고와 경쟁촉진 등을 내용으로 하는 '규제개혁에 대한 정책

권고'를 채택하고 이에 대한 이행상황을 점검하기 위해 국가별 심사를 실시키로 했다.

이에 따라 1998년이래 공공행정국은 OECD 내 4개의 국(경제총국, 금융재정기업국, 무역국, 과학기술산업국) 및 국제에너지기구(IEA)와 합동으로 1년에 4개 회원국에 대해 규제관련 국가별 심층심사(in-depth country review)를 실시해오고 있다.

이 심사의 대상분야와 심사방법 등은 다음과 같다.

- 심사대상분야
    - 규제개혁심사 필요성
    - 양질의 규제 보장을 위한 정부능력 향상
    - 규제개혁과 경쟁정책의 역할
    - 규제개혁을 통한 시장개방 촉진
    - 전기산업 규제개혁
    - 통신산업 규제개혁
    - 규제개혁의 비용편익과 정책대안

- 심사방법
    - OECD 사무국에서 심사대상 분야별로 국별 보고서를 작성하고,
    - 이를 바탕으로 심사 대상국 규제개혁의 장·단점을 평가한 후
    - 관련 정책 권고사항이 포함된 종합보고서를 작성,
    - 이 종합보고서를 OECD 각료이사회에 보고함으로써 국제사회에 공표하는 방식으로 진행된다.

- 심사대상국

  -1998년 : 미국, 일본, 네덜란드, 멕시코

  -1999년 : 한국, 스페인, 덴마크, 헝가리

  -2000년 : 그리스, 이탈리아, 아일랜드, 체코

  -2001년 : 폴란드, 영국, 캐나다, 터키

  -2002년 : 핀란드, 노르웨이

이 국별 심사를 통해 도출된 규제개혁에 관한 노하우와 교훈을 아시아·남미 등의 비회원국에도 전파하기 위한 협력사업이 진행되고 있다 (아시아지역에는 APEC/OECD협력프로그램이 창설되어 2001년 2월 싱가포르에서 제1차 세미나를 개최한 이래 정례화 되었다).

그리고 이러한 국별심사 및 전파활동 (outreach activities)과 더불어, 규제 자체에 대한 연구활동으로, 규제순응(compliance)과 행정간소화 (administrative simplification)에 대한 연구와 논의도 진행되고 있다.

5. 전자정부 e-Government

정보통신기술(ICT)의 급속한 발전으로 각국에서 전자정부화 사업이 다투어 추진되고 이 사업이 공공행정 전반에 큰 영향을 미칠 것이 예견됨에 따라, 공공행정위원회(PUMA)는 2000년부터 당초 사업계획에 없던 전자정부(e-Government)를 별도의 사업으로 추진하는 방안을 논의하기 시작했다.

2001년 3월 본회의에서 비예산사업(자발적 기여금에 의존)으로 신속히 착수할 것을 결의, 2001년 10월 한국을 포함한 11개국으로 전자정부

실무그룹(e-Government Working Group)을 구성하고 출범했다. 2001년 10월 21일 베를린에서 1차 회의가 개최되었으며, 아국 대표는 대통령 직속의 '전자정부추진 특별위원회'가 맡고 있다.

2002년 중에 총 3차의 실무그룹회의를 개최해 전자정부 추진에 관한 목표와 현황, 위험성의 분석을 통해 모범사례를 개발함과 아울러 장기적인 관점에서의 정부행정 현대화와 효율적 국정관리(good governance)에 대한 전망 등에도 중점을 두어 연구할 예정으로 있다(이 전자정부 사업은 한국의 제안과 지지에 힘입어 창설되었으며, 현재 진행 중인 한국의 야심적인 '전자정부 계획'을 효율적으로 추진하는 데 크게 참고가 될 뿐 아니라 장차 그 성과를 자연스럽게 세계에 홍보하는 데도 기여할 것으로 기대된다).

제3절 OECD 회원국 정부개혁에 대한 평가

1. 요약적 결론

공공행정위원회(PUMA)는 2001년 11월 제24차 정기회의 때 지난 10년 간 OECD 회원국들이 실시한 정부개혁 전반에 대한 평가를 실시한 바 있다.

이 평가에서는 그간의 정부개혁과정 전반을 폭넓게 고찰하고 각국이 취한 개혁에 관해서 그 동기, 추진력과 방법을 분석한 후 다음과 같은 잠정적 결론을 내리고 있다.

- 정부개혁에는 한 가지 모델만 있는 것이 아니다.
- 개혁의 추진방법이 중요한 것이 아니고, '국정관련 핵심가치(deeper governance values)'를 손상시키지 않으면서 '유동적인 새로운 상황에 적응하는(to adapt to new and fluid circumstances)' 정부의 능력을 키우는 것이 중요하다.

다시 말하면, 회원국들이 개혁에 관한 아이디어를 자국의 상황(particular national circumstances)에 맞게 취사선택해 실시해야 하고, 특히 개발도상국이나 체제전환국(transitional countries)들은 더욱 이점에 유념해야 한다는 뜻이다.

2. 지난 10년 간 개혁의 종합적 성격

'개혁'이라는 표현만으로는 지난 10여 년 간 OECD 회원국 정부부문에 일어난 중요한 변화들을 모두 포괄하기 어렵다. '개혁'이라고 하면, '제한된 시간 내에 일관성 있고 의도적인 변화가 일어난 것'을 의미한다. 몇몇 국가에서 국가역할의 축소나 예산과정의 개혁과 같은 '개혁'이 일어난 것은 사실이다.

그러나 대부분의 경우는 엄밀한 의미의 개혁이라고 하기에는 적합치 않고, 오히려 "사회의 환경, 능력과 가치관이 변화하는 데 맞추어 공공기관들도 사고방식이나 일하는 방식에서 다양한 '변화'를 흡수한 것"이라고 생각함이 보다 타당할 것이다.

이러한 '변화'까지를 포괄하는 일관된 개혁이론은 없었으며, 공공기관들이 스스로 적응하고 진화한 것이라고 보아야 한다.

사회적 변화와 국정관리체제(governance)상의 변화, 그리고 관리
(management)상의 변화가 혼합되어 이러한 변화를 촉발시켰다. 그 중
일부는 의도적인 개혁정책을 통해 생겨난 변화이지만, 대부분은 임시변
통으로(ad hoc) 도입된 것이었다——말하자면, 변화의 기회가 오자 공
공부문이 자신의 주변에서 아이디어를 흡수해 변화하기 시작한 삼투(渗
透)적 과정(osmotic process)이었던 것이다.

이와 같은 변화를 촉발시킨 새로운 현상이나 문제로는 다음과 같은
예가 있다.

- 신세대 공무원들은 종래의 공무원 인사정책에서 중요시되던 가치
  (종신근무의 개념 등)를 중시하지 않는다.
- 민주주의가 진전됨에 따라 '보다 개방된 정부'를 희망하고, 주요
  한 정책변경시 국민과 상의할 것을 기대한다.
- '소비자주의'가 뿌리를 내려, 시민들은 국가가 제공하는 서비스에
  대해 발언권을 갖고자 하고 또한 일부 서비스는 개인별 형편에 맞
  게 변화되어야 한다고 생각한다.
- 정부가 일부 공공서비스의 제공을 외부기관에 맡기는가 하면 기본
  적인 업무나 정책관련 자문업무도 용역으로 수행하는 사례가 일상
  화되고 있다.
- 핵심 공공기관으로부터 권한을 이양받고 보다 독립적으로 운영되
  는 기구가 생겨났다.
- 국정운영, 관리 및 자문에 관한 기구의 증가로 공기업과 NGO가
  국정관리체제에 영향을 주고 있다.
- 국제투자기관이나 대출기관이 국가의 이름(brand)을 중요시하게
  되자, 투명하고 예측 가능한 경제 및 재정정책이 필요하게 되었다.

- 정부들도 경영학에서 발달한 고객만족도 조사기법을 채택하고 있다.
- 정부부처들도 민간의 인사정책 및 관리방식을 채택하고 있고, 정부는 공무원 수를 축소하려고 노력한다.
- 확고하게 자리잡고 있던 공공부문 지도계층 엘리트 중 일부는 국민들에게 정통성을 잃기 시작했다. 그러나 시장지향적인 리더그룹 형성은 아직 정착되지 않고 있다.
- 국가 내 노동시장의 광범위한 변화로 인해 정부 내 노조의 역할과 영향력이 변화하고 있다.
- 정보통신기술(ICT)이 전체 공공부문에 흡수되는 중이며 그 영향으로 인해서 민간부문에서처럼 서비스의 성격자체가 달라진 사례도 일부 있다.
- 계층제적 감독체계가 사라짐에 따라 자금(fund)뿐만 아니라 성과(performance)까지 포함하는 복잡한 회계가 필요하게 되었다. 이에 따라 보다 넓은 시야의 회계감사가 필요하다.
- 행정부가 '집단으로서의 시민'과 직접 대화할 수 있게 되었다. 이로 인해 의회의 역할이 도전받고 있다.
- 지방정부와 국제정부가 각국의 중앙정부(national government)에 대해서 영향력을 늘려가고 있다.

3. 정부개혁에 대한 주요 영향요인

1990년대 초에는 정부개혁과 관련해 3분법이 유행했다——개혁의 선두그룹(heroes of reform), 중간그룹(moderates), 그리고 지체그룹

(laggards). 그리고 이를 결정짓는 요인은 '정치적 의지(political will)' 라고들 했다.

그러나 이는 너무 단순한 생각이었다. 지금 되돌아보면, 각국이 다양한 변화압력에 직면해 각기 다른 반응을 하게 된 것은 정치적 의지의 유무보다는 다음의 6가지 주요 영향요인 때문이었다고 본다.

1) 경제사정

매우 과격한 개혁을 한 몇 개 국가들은 재정위기를 겪었거나, '세금과 정부지출이 너무 과다해 국가경쟁력을 끌어내리고 있다' 는 국민적 우려로 인해 개혁에 박차를 가하게 된 경우였다.

이들 국가에서는 공공지출을 줄이자는 정책목표가 바로 공공관리를 개선하려는 정책으로 나타났다.

국민들이 고율의 세금과 높은 공공지출을 당연시하는 국가에서도 변화를 추구하는 압력이 있을 수 있다. 그러나 경제성장과 번영의 시기에는, 일반적으로 정부는 정치적으로 논쟁의 여지가 많은 공공관리 문제에 직접 부딪히기보다는 피하려고 하기 마련이고, 따라서 구조적인 문제에 대한 해결은 연기된다.

2) 노사관계

공공분야 노조의 영향력이 정부개혁(변화)에 크게 영향을 미쳤다. 이와 관련해서 3개의 국가 그룹으로 나누어 볼 수 있다.

• 노사관계가 양극화되어 있고 정부가 정면으로 노조와 대결해서 노

조의 힘을 약화시켜온 국가들에서는, 공공분야에 유연성 있는 인력정책이 도입되었고, 이로 인해 사회전반에도 동일한 인력정책이 반영되고 있다.

- 정부와 노조가 합의에 도달해온 국가들에서는, 정부의 개혁의지와 노조의 노조원 보호 사이에서 적정한 타협(workable compromise)이 이루어지는 경향이다.

- 노조의 정치적 영향력이 강하고 그와 대결할 경우의 불리한 정치적 결과 때문에 이제까지 공공관리 면에서의 극적인 변화를 회피해온 국가들에서는, 이런 회피가 얼마나 더 지속될지 여부는 국가에 따라 다르겠으나 재정위기가 오거나 국민들이 '공공분야가 너무 혜택을 받고 있다'고 인식하는 상황이 되면 정면대결 또는 타협의 대안 중 하나가 선택될 수 있다고 본다.

각국들이 어느 그룹에 속하는가 하는 것은 '정치적 의지'의 문제라기보다는 '역사와 문화'의 문제다. 그리고 각국의 현실은 더 복잡해서 이 그룹분류에 잘 들어맞지 않는 경우도 많을 뿐 아니라, 정치상황에 따라 바뀔 수도 있는 문제라고 본다.

3) 정부역할에 대한 태도

OECD 국가 간에 크게 다른 변수 중의 하나가 각국 국민들의 정부에 대한 태도이다. 즉 '정부가 국민생활에 어느 정도 역할을 해야 하는가'와 '정부가 그들의 이익을 위해서 일한다고 믿는' 정도에 큰 차이가 있는 것이다.

"정부는 가능한 한 작게 유지해야 한다"는 의견에서부터 '정부를 사회구성의 본질적 가치로 보며 중심적이고 활발한 역할을 기대하는' 견해까지 다양하다. 또한 정부를 믿는 경향이 있는 사회와 정부를 믿지 않는 경향의 사회 사이의 간격도 있다.

그러한 차이는 '공공분야를 줄이거나 변화시키려는 제안'에 대한 수용성(受容性)에 영향을 줄 뿐 아니라 국가운영의 효율성과도 관계가 있게 된다.

4) 행정문화의 차이

공식적인 규칙·제도와 사람들의 행동 사이에는 직접적인 관계가 없으며 심지어 어느 사회 내에서 공식적인 제도와 실제 권력행사 방식도 일치하지 않을 수 있다.

공식적 규칙과 행동 간에 격차가 큰 곳에서는 다음과 같은 현상이 나타난다.

- 규칙을 지키지 않는 문화(a culture of non-compliance) 때문에 좋은 정부가 형성되지 못하고 부패와 정실이 판치는 현상이 일어날 수 있다.
- 반면에 공익지향의 엘리트 문화(an elite public-interest oriented culture)가 형성되어 규제제도는 매우 번거롭지만 이를 선별적으로 잘 적용해 국민에게 봉사할 수도 있다.
- 또는 양자의 혼합이 될 수도 있다.

그러므로 중요한 것은, '규칙에 맞게 행동하느냐'의 여부가 아니고, '규칙의 질과 적정성', 그리고 '규칙을 운영하는 사람들의 문화와 가치의 수준'인 것이다.

보다 장기적인 관점에서는, 행정문화가 더 비공식화(informalized)되어 부패하거나 사익(私益)을 추구할 때 국정관리체제(governance arrangements)가 충분히 강력해서 이를 제어할 수 있는가의 여부가 문제될 것이다.

이런 점에서 '행정문화'는 각국이 광범위한 변화에 어떻게 적응하는가를 결정짓는 중요한 변수다. OECD 회원국 중에는 '공식적 변화(formal changes)가 있으면 당연히 행동상의 변화(changes in behavior)가 따를 것으로 예상되는' 국가에서부터 그렇지 않은 국가까지 다양하게 분포하고 있다.

개혁이 반드시 규칙의 변화를 포함한다고 볼 때, 개혁으로 도입된 새 규칙이 효과를 낼 것인가의 여부를 판가름하는 데 있어 규칙준수에 관한 문화적 차이는 매우 중요한 요소이다.

5) 국가적 우선순위의 차이

각국의 국민이 자기 정부가 해주기 바라는 사항은 정치뿐만 아니라 그 사회에 존재하는 다른 기관들의 능력에 의해서도 좌우된다.

예컨대 미국과 같은 나라는 다양한 상업분야를 가지고 있을 뿐 아니라 광범위한 비정부(non-governmental) 정책연구기관이 있어서 공익 관련 문제에 연구능력을 투입할 수 있다.

그러나 소규모 국가들은 그런 여력이 없으므로 정부가 스스로 그런 능력을 형성해야 한다.

정부의 우선순위는 경제·사회적 투자 측면에서의 그 국가의 현 상황과 국민들의 우선순위 인식을 반영해야 한다.

6) 헌정체제상의 차이

정부가 환경변화에 어떻게 대응하는가를 결정짓는 마지막 요소는 헌정제도에 의한 제약의 정도이다. 그 중에서도 중요한 것은 행정부와 입법부 사이의 권력분립 관계와, 중앙정부와 주정부(또는 지방자치정부) 간의 상대적 역할분담이다.

일부 OECD 회원국에서는 지방정부가 중앙정부보다 공공행정의 혁신에 더 민감하게 대응해왔다.

헌정체제에 따라서, 행정부가 독자적으로 주요한 변화를 추진할 수도 있고, 아니면 먼저 입법부의 동의를 얻어야 하기도 하며, 또는 이로 인해 사법부의 도전에 직면하기도 하는 등 다양한 상황이 전개될 수 있다.

4. 그간의 정부개혁 논의에 대한 반성

지난 10년 간 일어난 정부개혁(변화) 과정을 회고해보면, 초기에는 '일관성 있는 개혁(coherent reform)'을 해야 하며 이를 위해서 개혁에 앞선 국가들의 '모범사례(best practice)를 따라야 한다'는 생각이 강했었다고 생각된다.

그러나 후반기에 들어서면서 이러한 개혁추진방식의 문제점과 한계를 점차 인식하게 되어, '각국의 상황에 맞게 개혁(혁신)을 추진해야 한다'는 방향으로 바뀌고 있다고 볼 수 있다.

이 '모범사례(best practice)'란 개념은, 민간분야에서 자동차와 같은 특정 상품의 생산체제를 비교하는 데 쓰이던 것을 차용한 것이다. 공공분야의 관리는 사회전반의 문화전통 및 제도와 깊은 관련을 가지고 있기 때문에 고립되고 독립적인 상품생산 과정과는 성격이 다르다.

따라서 공공분야에서의 모범사례란 개념은 '모범사회(best society)'를 전제로 하면 성립가능할지 모르나, 이 자체가 매우 위험한 생각이고, 사실상 모든 나라에 통하는 보편타당한 모범사례란 있을 수 없다고 보아야 한다.

그러나 지난 10년 간 모범사례의 소개를 통한 개혁홍보로 인해서 OECD 회원국들이 타국 정부의 개혁진행에 대해 관심을 갖고 또 상호 비교도 하게 된 것은 사실이며, 또한 '정부가 사회 내의 다른 제도들과 어떤 연관성을 갖는지'를 새롭게 생각해보도록 기여한 측면도 있다.

OECD 공공행정위원회(PUMA)에서의 이러한 개혁 아이디어의 교환과 토론을 통해, 각국 정부들은 '환경이 바뀌면 그간 확립된 관례나 절차를 바꿔야 할 수도 있다'는 인식을 하게 되었다.

그런데 최근 수 년 간 이러한 모범사례의 개념과 효용에 한계가 있음을 보여주는 증거가 나타나고 있다.

- 일부는 개혁의 효과에 대해서 성급하게 긍정적 결론을 내렸다가 시간이 흐르면서 이 개혁으로 인해 국정관리(governance) 전반에 부작용이 유발되고 있음이 드러난 경우들이다.
- 다른 경우는 그 상황이나 문화적 차이를 충분히 고려하지 않고 타국의 개혁을 모방한 경우이다.

원래 중요한 개혁이나 혁신을 추진함에 있어 어느 정도 도에 지나치는 것('overshoot')은 불가피하다고 볼 수 있다. 그리고 OECD 회원국이라면 타국의 개혁을 맹목적으로 모방할 리도 없거니와, 추진하는 개혁이 실패한다고 해도 그 충격을 흡수할 만한 능력이 있으므로 큰 문제는 없었다.

그러나 개발도상국이나 체제전환국에서는 이 모범사례 개념이 상당한 해악을 끼쳤다는 의견이 많다.

PUMA가 홍보하고 OECD 회원국에서 일반화된 구조개혁 과제(structural initiatives)들, 예컨대 민영화, 공사화(corporatisation), 민·관 파트너십 형성, 책임운영기관화, 분권화 등의 시책이 이들 국가에서는 문제를 악화시킨 경우가 많았다.

또한 과정상의 혁신(process innovations)에 관한 모범사례들, 예컨대 시민헌장, 산출중심 예산제도, 계약임용, 발생주의 회계, 성과관리 등의 시책도 개발도상국에는 적합하지 않아 효과를 거두지 못하고 자원만 낭비한 채 냉소적 반응을 받고 있다.

개도국이나 체제전환국들은 국제 자문기관이나 개발기관의 충고에 따라, 때로는 대출의 조건으로 이러한 시책들을 시행했다. 이들 국가 중에는 이 모범사례가 자신들의 사회에 적합한가를 판단할 능력이 없는 경우도 있었고, 개혁시책의 실패로 매우 심각한 결과가 초래된 경우도 있었다.

이렇게 실패하게 된 것은 '공공분야 개혁이 모든 나라에 적용할 수 있는 일관성 있는 원칙'이라고 여기는 사고방식 때문이었다. 이로 인해 앞에 열거한 여섯 가지 주요 영향요인(변수)들을 심각하게 고려하지 않았던 것이다.

예컨대 적절한 법적 관리체제도 없는 곳에서 민영화를 추진했고, 믿을 만한 보고와 통제장치가 없는 상태로 지방분권화를 밀어붙였다. 또한, 규칙을 준수하는 행정문화가 없는 곳에서 관리·권한을 하부로 이양했고, 현금회계도 제대로 안 되는데 발생주의 회계를 도입하는 식이다.

PUMA의 내부조직으로서 중·동유럽 국가의 국정관리 향상을 맡고 있는 SIGMA는, 수 년 전부터 "정부개혁 의제와 모범사례를 국가별 상황을 고려하지 않고 무차별적으로 적용하면 부정적 효과가 나기 쉽다"고 경고해왔다.

5. 향후 정부개혁 논의를 위한 보완방향

개혁의 모범사례가 모든 국가에 보편적으로 적용(universal application)될 수 있는 것은 아니지만 그에 관한 경험을 상호 교환하는 것은 큰 의미가 있다.

공공관리 종사자들이 모범사례의 비교를 통해 새로운 아이디어와 영감을 얻을 수 있기 때문이다.

문제는 이 모범사례들을 서로 다른 상황과 문화에 얼마나 적용할 수 있는지, 즉 그 적용가능성(applicability)에 대해 제대로 평가하는 방법을 찾아내는 것이다.

온 세계가 바뀌고 있는 중에 너무 혁신적인 것도 위험하지만 전혀 바뀌지 않는 것은 더 큰 위험을 초래할 수 있다. 과거에 작동하던 시스템만을 계속 고집하게 되면 국제경쟁력을 잃거나, 위험할 정도의 긴장 상태에 직면할 수 있다. 각국은 '바꾸고 혁신할 필요성'과 '내부안정을 유지할 필요성' 사이에서 적절한 균형을 취해야 한다.

이와 같이 '혁신과 안정 사이에서 적절한 균형을 잡아줄 수 있는 국정관리체제 (governance and management arrangements)'를 찾아내는 것이 공공분야 관리자들에게 새로운 과제가 되고 있다.

각국 정부가 공공분야의 개혁(혁신)정책을 실제로 결정하는 방식을 보면, 합리적이고 사전 계획에 의한 경우도 있고 정치적이나 편의적

(opportunistic)으로 결정될 때도 있다. 어떤 경우에도, OECD에서의 논의로 다른 나라의 모범사례를 숙지하고 있으면 자국 상황의 움직임을 보다 잘 이해할 수 있고 유사한 시책을 시행할 기회가 왔을 때 올바른 정책조언을 할 수 있을 것이다.

앞으로 OECD 회원국 상호간의 공공분야 혁신에 관한 경험 교환이 더욱 실효를 거두기 위해서 다음과 같은 면이 보강되어야 한다고 본다.

1) 새로운 시책에 대한 평가를 개선

어느 시책이 한 국가에서 실시되고 나서 아직 그 결과에 대한 진지한 평가가 이루어지기도 전에 타국에 소개·보급되는 일이 흔하다.

중요한 변혁일수록 수 년 간의 세월이 지나야 그 영향이 모두 나타나게 되는 법이고, 심지어 개혁추진 세대가 떠난 후에 국정관리체제에 문제점이 야기된 것으로 판명된 경우도 있다.

2) 성공과 실패에 대한 경험적 증거에 유의

특정한 혁신방안이 효과가 있는지에 대해서 제대로 평가하려면 경험적 정보가 더 필요하다.

여러 회원국에서 도입 초기에 요란하게 기대를 모으던 시책이 예상치 않았던 문제 때문에 곧 사라지거나 중단되는 예가 많이 발생하고 있다.

학습이란 관점에서 보면, 그러한 실패사례에 대한 지식이야말로 앞으로 개혁과정에 대해 균형잡힌 평가를 하기 위해 꼭 필요한 부분이다.

일부 회원국에서는 개혁이 정치적으로 매우 중요한 과제가 되어 있어서 이런 문제가 매우 심각한 양상을 띤다. 이런 상황에서는, 새로운 멋진 표현(new rhetoric)이나 행정적인 보완(administrative tinkering)에 불과한 것이 중요한 개혁처럼 통하는가 하면, 성공은 과대선전되고 실패는 묻혀버린다.

또한 우리가 '진행 중에 있다'고 믿고 있는 것이 현실과 일치하는지 여부를 정기적으로 점검하는 것도 중요하다.

예컨대 PUMA 내의 고위예산 관계관 활동그룹(SBO)의 최근 보고에 의하면, "각국이 예산관리에 있어서 전략적 관리 시스템(government strategic management systems)을 시행하고 있으나 이로 인해서 예산배정 우선순위가 크게 달라지는 효과가 있었다고 하기는 어렵다"고 한다.

또한 각 회원국이 "전자정부화사업에 우선순위를 부여하고 있다"고 말하고 있지만 대규모 IT 투자사업은 아직도 실패율이 매우 높다고 보고되고 있다.

3) 진단수단(diagnostic tools)이 필요

우리는 어떤 특정한 상황에서 공공행정이 당면하고 있는 문제점들을 평가할 수 있는 진단수단(diagnostic tools)이 필요하다.

이러한 진단시에는 공공행정 시스템뿐 아니라 앞서 언급한 6가지 주요 영향요인도 고려해야 한다.

때때로 어떤 개혁 프로그램은 자국 시스템의 움직임을 치밀하게 분석하지 않은 상태에서 타국에서 많이 실시하는 개혁과제 몇 개를 골라 짜맞춘 듯한 인상을 주는 경우도 있다. 이처럼 제대로 진단을 하지 않고 세운 계획은 피상적인 사업들의 집합체밖에는 안 되며, 말의 잔치에 그칠 뿐 실제 행동상의 변화를 가져오기 어렵다.

4) 체계적인 실천계획 수립

진단을 실시한 후에는 개혁의 실천계획이 중요하다. 실천계획의 핵심은, 가장 적정한 착수시점이 언제이고 어떤 수순(sequence)으로 개별 사업을 추진해나가는 것이 좋은가 하는 것이다.

이 실천계획이 중요한 것은, 특정 사업이 다른 사업들의 전제조건이 될 수 있을 뿐만 아니라 정부가 한꺼번에 효과적으로 추진할 수 있는 사업 범위에 한계가 있기 때문이다. 다음과 같은 사항들이 각국 정부가 계획 수립과정에서 흔히 직면하는 문제일 것이다.

- 예산 및 재정관리체제의 개혁을 인사관리 체제의 개혁보다 먼저 해야 하는가, 나중에 해야 하는가, 아니면 동시에 해야 하는가?
- 국정관리체계(governance)상의 문제점을 관리(management)상의 문제점보다 먼저 개혁해야 하는가?
- 훈련과 과정혁신 중 어느 것을 먼저 해야 하는가?
- 훈련은 실제로 능력을 향상시키는가?

5) 국가별로 상이한 제도와 운영실태를 숙지

끝으로 OECD의 30개 회원국이 정부와 사회제도 면에서 서로 다르다는 점을 인정하고 그 내부적 역학관계나 허용범위까지 세밀하게 알아야 그 국가에 맞는 올바른 판단을 내리고 적정한 조언을 할 수 있을 것이다.

OECD 사무국 건물의 지하에는 10여 개의 회의장이 있어서, 그 라운지와 통로는 항상 회원국 대표단들로 붐빈다. 그런데 여기서 마주치는 회의대표들 중 상당수가 여성이어서 처음에는 매우 신기하게 생각했었다. 필자가 참여하는 공공행정위원회(PUMA)도 예외가 아니어서, 회의참석 대표들 중 여성이 대략 3분의 1 정도는 되는 것 같다.

게다가 현재 PUMA 의장이 여성(이탈리아 정부개혁담당국장)이고 전전(前前) 의장도 여성(네덜란드 인사총국장)이었던 점으로 미루어, 서구 각국에서는 여성이 정부고위직에 많이 진출하고 있는 것으로 보인다.

사실 정부의 종합관리부문, 즉 인사, 예산, 정부개혁, 전자정부 사업 등은 정부의 내부관리에 관한 업무로서, 균형감각과 조정능력, 전문지식과 치밀한 일처리를 요하므로 여성이 그 능력을 발휘하기에 적합한 분야라고 생각된다.

북구(北歐)에서는 옛날 바이킹 시대부터 남성은 해외로 개척하러 나가고 여성이 집안은 물론 마을살림까지 맡아 보던 전통이 있어서, 오늘날에도 여성 대통령과 수상이 나오고 능력 있는 여성은 간부공무원으로 많이 진출하고 있으며, 최근에는 이것이 서구 사회의 일반적 추세가 되고 있다.

우리나라 여성들도 높은 교육수준과 활달하고 강인한 기질 등 큰 잠재력을 가지고 있는데, 앞으로 더 많은 여성들이 공공부문에 참여해 능력을 발휘하는 것이 국가발전을 앞당기는 길이 될 것이다. 그리고 이를 촉진하기 위해서 정부는 모성(母性)과 육아(育兒)관련 사회적 지원제도를 조속히 선진국 수준으로 정비하는 데 노력해야 한다고 생각한다.

5
개혁의 기본방침

제1절 개혁의 목표

정부개혁은 뚜렷한 목표를 가지고 추진되어야 한다. 그것도 너무 많은 그럴듯한 목표로 인해 정책추진 방향이 혼란스러워지면 성과를 거둘 수 없다. 생각건대, 가장 중요한 목표를 하나만 내걸고 나가더라도 다른 목표들도 대부분 저절로 같이 달성될 수 있기 때문에 목표는 단순한 것이 좋다고 본다. 현 시점에서 우리 정부에게 가장 중요한 목표는 무엇일까? 많은 목표가 생각될 수 있지만 필자로서는 가장 중요한 것은 '국민의 신뢰회복'이라고 생각한다〔공자님의 여러 말씀 중, "국가유지의 필수요소는 군사력(兵) → 경제력(食) → 신뢰(信)의 순서로 중요한데, 불가피하게 다른 것은 다 버릴 수 있어도 신뢰(信)는 필수불가결"이라는 취지의 말씀은 만고의 교훈이라 생각한다〕.

　그렇다면 우리 국민의 정부와 공직자, 공공분야 전반에 대한 신뢰도는 지금 어떤 수준인가?

　최근의 많은 독직사건과 공공기관의 공직윤리 이탈 사례는 말할 것도 없지만, 과거부터 많은 정책적 실패, 과잉홍보, 진실성이 결여된 정책추진, 실력부족, 늑장대처 등으로 인해 국민들 간에는 정부의 능력과 자세, 정직성에 대한 불신이 깊게 쌓여 있다.

　특히 정치의 영향을 많이 받고 임기가 한정된 정치적 임명직(political appointtee)도 아닌 직업공무원들(career civil servant)조차 안정된 직무자세가 흔들리고 그 정책능력이나 책임성에 대해서 국민들로부터 불신을 받고 있어서 더 이상 방치할 수 없는 상황이라고 보아야 할 것 같다.

이러한 '신뢰성의 위기'는 대체로 다음의 세 가지 요인에 기인한 바크다고 생각된다.

첫째, 정책을 결정하고 집행하는 과정에서 공개성·투명성이 부족하기 때문에 불합리하고 불공정한 결과가 생기고 또한 부정부패가 개재할 소지가 있는 점.

둘째, 정책수립과 집행을 담당하는 자들의 책임성을 확보하는 장치가 미흡한 점(누가 책임자인지 외부에서 잘 모르게 되어 있고, 때로는 담당자들 간에도 책임소재가 불분명하다).

셋째, 단순집행업무에서부터 정책관리에 이르기까지 전문성을 중시하지 않고 있는 풍토(모르는 것이 전혀 부끄럽지 않고 심지어 자랑스럽기까지 한 현실!).

따라서 이러한 세 가지 요인, 즉 투명성, 책임성, 전문성을 확보하는 방향으로 우리 정부제도와 운영을 고쳐나가는 것이 시급하다고 본다.

제2절 개혁추진 원칙

이러한 정부개혁은 어떻게 추진해야 하는지 그 추진방법에 대해서도 큰 원칙을 정해놓고 그에 따르는 것이 좋을 것 같다.

첫째, 개혁추진시 참고해야 할 대상(reference model)에 관한 것이다.

정부개혁에 관한 외국의 선례, 특히 앞에서 대표적 유형으로 제시한 바 있는 영국, 프랑스, 미국의 모델 중에서 우리는 가급적 '미국식 일변도'가 되지 않도록 유의해 가면서 우리의 상황과 국민 기질에 맞는 혁신을 해나갈 필요가 있다고 본다.

그 이유는, 국제사회에서 우리나라가 '역사가 없는 신생국가'이고 '미국에 전적으로 의존하고 밀착해 있는 나라'로 오해를 받고 있는 점을 불식시켜야 할 뿐만 아니라, 과거에 '소중화(小中華)'를 자부했던 어리석음을 오늘날에 다시 되풀이하지 않기 위해서이기도 하다.

그와 함께 우리의 과거 훌륭했던 제도들을 다시 살펴보고 좋은 점은 되살려서 씀으로써 우리의 체질에 맞는 독특한 정부 시스템을 만들도록 노력할 필요가 있다.

둘째로, 개혁추진의 범위에 관한 것이다.

개혁정책은 너무 광범위한 대상을 잡지 말아야 한다. 또한 획일적으로 일제히 실시하는 것이 아니라 단계적으로 시범을 거쳐 확산하는 방식이 확실하다. 꼭 필요한 분야에서, 그 중에서도 대상의 범위를 구체적으로 정해서 집중 추진해야 성공하기 쉽고 일부분의 성공이 다음에 더 많은 부분에서의 성공으로 확산될 수 있다고 본다.

과거 예를 보면, 너무 많은 정책과제를 한꺼번에 열거해놓고 동시 다발적으로 추진한 사례가 많으나, 이는 초점이 흐려지고 추진력이 부족해지는데다가 과제 상호간에 상충작용이 일어나 큰 성공을 거두지 못하기 쉽다고 생각된다.

셋째로, 개혁추진의 세부 방법론이다.

개혁의 대상분야 속에서 협력자를 구해 책임을 나눠 맡기고, 강요나 처벌보다 인센티브를 주는 방식으로 원만하게 추진하는 것이 보다 빠르고 확실한 성과를 거둘 수 있는 경우가 많다고 본다.

- 개혁대상 분야의 종사자 중에도 그 문제점을 절실히 느끼고 개혁하고 싶어하는 사람들이 많이 있게 마련이다. 그들을 개혁에 참여시켜 전문적 식견과 강한 개혁의지를 활용하는 방식과 그들을 개

혁대상으로 몰아서 방관 또는 개혁반대세력에 합류시키는 것 중 어느 것이 나을지는 자명한 이치다.

- 우리는 인센티브에 대해서 주는 쪽이나 받는 쪽 모두 막연한 거부 감이 있는 경우가 많아서 초기에는 도입이 어려운 듯하지만, 일단 도입되면 대단히 빨리 성과를 낼 수 있는 저력을 가지고 있고 또 실제 성공사례도 많이 있다.

제3절 무엇을 개혁할 것인가?

다음으로 생각할 문제는 이러한 투명성, 책임성, 전문성을 높이기 위한 정부개혁에 있어서 구체적으로 어떤 척도를 가지고 개혁대상 부문을 선정하고 우선순위를 결정할 수 있을까 하는 것이다.

이에 대한 가장 설득력 있는 척도로써 국제적 표준(global standard) 또는 관례와 상식(common sense)을 제안하고 싶다. 즉 국제사회에서 일반적으로 통용되는 관례와 상식에 어긋나는 정도가 심하면 심할수록 올바른 정부운영을 저해하는 심각한 문제가 내재해 있을 가능성이 높다고 본다. 또한, 우리는 모르고 있지만 다른 나라 정부나 공직자들, 나아가 국제사회 전반으로부터 내심 비웃음이나 우려의 대상이 되고 있기 때문이다.

이러한 국제표준과 상식의 관점에서 볼 때, 현재 우리 정부 운영상 여러 부문에서 문제점을 찾아볼 수 있다.

대표적인 예로 교육, 의약분업, 국민연금과 같이 국가적 난제로 부각된 개별정책 문제를 대처하는 방식을 들 수 있다. 이와 같이 중요하고 어려운 과제를 해결하기 위해서는 전문성을 갖춘 최고 인력으로 전담 팀을 구성해 긴 안목을 가지고 책임지고 대처하도록 하는 '관리체제' 를 갖추는 것이 상식이다.

그런데 우리의 경우는 그 업무를 추진할 인력의 선택과 조직운영 등에 관한 관리 시스템을 제대로 갖추지 못한 채로 성급하게 피상적 대책을 되풀이하다가 올바른 해결책을 도출해내지 못하고 국민들의 불신을 받고 있다.

이처럼 올바른 정책관리체제를 갖추기 어려운 것은, 우리 정부운영 전반의 기본 인프라를 이루는 큰 줄기가 잘못되어 있기 때문이며, 이는 하루빨리 바로잡지 않으면 안 된다.

이와 같이 시급한 해결을 요하는 기본 인프라의 문제부문은, 공무원 인사 운영, 정부조직 운영, 지방자치제도와 함께 공공부문 영역에 포함되는 공기업·산하단체 경영이라고 생각된다. 큰 줄기가 잘못된 것을 바로잡게 되면 개별적인 문제에 대한 해결도 한결 용이해질 것이다.

1. 가장 시급한 인사 개혁

우리 정부 운영에서 가장 시급한 개혁대상은 공무원 인사부문이라고 생각된다.

- 특히 상·하위직을 막론하고 한 자리에서 1년도 근무하지 않고 보직이동하는 일이 비일비재하고 당연시되는 풍토(전문성·책임성의 결여가 심각한 수준임).
- 정책관리직(중앙부처 국장 이상) 인사에까지 연공서열주의, 온정

주의와 부처할거주의가 작용해 전정부적 정책관리 및 협조체계가 작동되지 못할 뿐 아니라 관리능력의 배양과 활용이 불가능한 점.
- 공무원 교육훈련에 막대한 투자를 하면서도 그 결과의 활용은 소홀히해 사장(死藏)시키는 점 등은 대표적으로 국제관례에 어긋난 인사운영상 문제점으로, 이를 상식에 맞게 시정하지 않으면 앞으로의 국가발전에 지장이 있을 것으로 우려된다.

그간 인사부문에 오래 근무해 본 필자의 실무경험을 통해서 볼 때, 이 문제들은 온정주의적 풍토, 공평위주의 인사정책, 공직자의 미래에 대한 불안감과 부처이기주의 등에 기인한 것으로써, 단기간에 완전 시정되기는 어려운 것이지만, 지금부터라도 지속적으로 그 시정에 노력해야 한다고 본다.

'인사(人事)가 만사(萬事)' 라는 말 그대로 올바른 인사운영은 국정 전반에 엄청난 긍정적 영향력을 미칠 수 있으나, 이를 위해서는 인사권자의 대단한 자기 억제와 더불어 기존 관행을 바꾸는 데 수반되는 큰 고통과 저항을 극복해야 한다.

2. 정부조직 운영의 개혁

다음으로 정부조직 운영 면에서도 국제관례에 비해 보면 개선해야 할 점이 많다.

최근에는 정권출범 초마다 정부조직 개편을 하는 것이 관례화돼가고 이것으로 정부조직에 대한 개혁이 완수된 듯 착각하게 만드는 경향이 있으나, 부·처·청의 기능을 재편성하는 것은 정부기능 간의 조정·통제에 변화를 가져오는 것뿐이고 정부운영 전반에 미치는 효과는 별로 크지 않다고 보아야 할 것이다(물론 이 작업이 외형상 그럴 듯해보여서 대국민 홍보효과가 크고, 또한 관료층을 장악하는 데도 효용이 있으므로 앞으로도 계속 반복되겠지만, 이 작업은 근본적으로 파이를 키우는 것이 아니라 파이를 쪼개 나누는 것에 불과하다).

그보다는 오히려 프랑스 정부에서 보듯이 행정부 내에 심판, 통제기능(국참사원, 회계원, 재무감찰직군)이 제대로 작동함으로써 정부운영 전반에 대한 건전한 감시·견제가 이루어지고 나아가 미래정책 방향이 제시되는 것이 더 중요한 요소라고 본다.

현재 우리 행정부 내에서는 감사원의 회계감사와 직무감찰을 제외하고는 부처 내에서나 전 행정부 차원에서 건전한 심판·통제기능이 작동되지 않고 있어서 많은 정책적 오류가 사전에 예방되지 않고 있다. 더구나 이미 다 집행된 사안이 나중에 사법심사에 가서 파기되는 결과가 빈번해 행정부의 위신추락과 더불어 많은 낭비요소가 따르게 되는 것이다〔행정부에 대한 통제를 주로 사법심사에 의존하는 미국에서도 부처내에 사전통제기구로서 국장급인 법률고문실(Legal Counsel)이 설치되어 있는데, 우리는 과장급인 법무담당관실 정도 설치해놓고 그나마 법률전문가는 거의 없이 부처 내 직업공무원들이 순환보직하는 자리로 운영하고 있으니 제대로 통제가 될 리 없다〕.

따라서 우리도 감사원을 중심으로 행정 내부 통제기능을 더 확충, 정예화하고 법제처의 행정심판기능도 활성화시켜 행정 내부에서 모든 정책결정이 철저하게 사전에 점검되도록 하는 것이 정부운영의 효율을 높이는 길이 될 것으로 본다.

또한 정부의 대부분을 차지하는 집행업무에 대해서는, 영국식 정부개혁의 대표적 성공사례인 책임운영기관(Executive Agency)제도를 적극 도입해, 실무집행기구답게 효율성 위주로 운영되도록 인사·예산상의 뒷받침을 해주면서 그 적용대상을 계속 확대해나간다면 정부부문의 효율성을 크게 높일 수 있으리라고 판단된다.

3. 지방자치 행정도 개혁해야

다음으로 우리 국가발전에 큰 비중을 차지하면서 국제관행과 비교할 때 개선할 여지가 많은 분야는 지방자치행정이라고 본다.

우선 지방자치행정 단계에 관해 기초자치단체와 광역자치단체의 두 단계를 인정한 것은, 현재 국제적 추세에 비추어 볼 때 그 관할 인구나 면적상 과소하고 상호 중복된 감이 있다. 더욱이 두 단계 모두 기관장을 직선하고 민선의회와 대립하는 방식(축소된 대통령제 모델)을 채택한 것은 국제적으로 유례가 드문 일로써 지나치게 정치, 투쟁 지향적인 구성이 아닌가 생각된다.

또한 지방행정에 대한 전문적인 견제·감시기능도 설치하지 않아 위법부당한 행정의 사전예방이 불가능하고 문제가 발생하면 형사처벌 외에는 수단이 없는 것도 제도적 미비점이다.

4. 공기업·산하기관의 경영 혁신

정부와 함께 공공부문을 구성하는 중요 요소인 공기업과 정부산하기관은 그 인력이나 예산규모에 있어서 중앙정부에 못지 않을 뿐 아니라, 국민생활에 미치는 영향이 매우 큼에도 불구하고 그 동안 개혁과 혁신의 압력에 그다지 노출되지 않았다. 그로 인해 경영이 매우 방만하다는 지적을 받고 있으며 그 기능과 임무에 대한 근본적인 검토의 필요성도 제기되고 있다.

5. 전자정부를 통한 개혁의 확산

다음으로, 전자정부(E-Government)는 세계 각국이 역점을 두어 추진하고 있는 사업으로서, 앞으로 정부운영의 모습을 혁명적으로 바꿀 수 있는 잠재력을 가진 유망한 분야다.

이 분야에서는 국제적 표준과 관행이 이제 형성되기 시작한 단계여서 우리가 신속히 따라 잡을 수 있을 뿐 아니라 우리 국민 기질상, 그리고 IT(정보기술) 관련 인프라와 인력의 우수성 등으로 인해 우리가 대단한 경쟁력을 가질 수 있다고 본다. 전 정부적 관심을 기울여 추진한다면 선진형 정부 서비스의 세계적 모범사례를 만들어 낼 수 있으리라고 생각한다.

이상과 같은 5개 정책분야 내에서 현재 우리 정부에게 가장 시급한 혁신과제로 다음의 10개 개혁과제를 생각해보았다.

① 무분별한 순환보직인사의 억제대책

② 정책관리계층에 대한 특별관리

③ 인재양성과 판별을 위한 교육훈련 강화

④ 바람직한 정부조직개편 방식

⑤ 행정 내부통제의 강화

⑥ 집행업무의 책임운영기관화 확대

⑦ 지방자치계층의 축소

⑧ 지방자치의 부패방지대책

⑨ 공기업·산하기관의 경영개선

⑩ 전자정부의 과감한 추진

6

인사제도와 운영에 대한 개혁

제1절 무분별한 순환보직은 이제 그만!

1. 현황과 문제점

잦은 순환보직, 즉 1년도 못 가서 담당직무를 바꾸는 인사운영방식이 점점 더 우리 정부 내에 보편화되어 가고 있고 한 자리에서 일하는 기간(점직기간)도 계속 짧아지는 추세다. 이것은 갈수록 복잡다양화하는 직무내용과 점점 더 높은 수준의 서비스를 요구하는 국민들의 기대수준 상승과는 정반대 방향의 진행으로, 우리 정부에 대한 국민들의 신뢰도를 떨어뜨리는 가장 큰 요인이자 외국정부들과 비교해서도 가장 차이가 나는 '한국적인 병폐현상'이 되고 있다.

일반적으로 한 직위에서 제대로 능력을 발휘하면서 근무하는 데 이상적인 기간은, 직급의 상·하와 업무의 성격(정책관련 또는 집행업무)에 따라 다소 다르겠지만 대략 3년 내외가 아닌가 한다. 그리고 선진국에서는 중견관리층과 고위정책직으로 올라갈수록 보직기간이 더 긴 것이 일반적인 바, 그것은 그 직무의 수행에 소요되는 능력과 지식 구비에 시간이 더 소요될 뿐 아니라 정책관리를 보다 안정적으로 하기 위해서일 것으로 짐작된다.

그런데 우리의 경우는 평균 1년 전후에 자리이동이 되고 있어서 전문성을 갖추고 안정적인 업무수행을 하기가 어렵다. 더욱이 정책관리를 담당하는 중앙부처 주요 과장이나 국장급 이상이 1년 이내 교체가 다반사가 되어, 당해 업무에 대해 제대로 리더십을 발휘할 수 없을 뿐 아니라 정책의 연속성·안정성도 흔들리고 있는 실정이다. 게다가 국·과장급에 대한 1년 단위 장기연수를 대거 실시함으로 인해서 잦은 교체가 더 촉진되고 있는 것은 큰 문제이며, 이에 대한 시급한 개선책이 필요하다.

공무원 개개인의 처지에서도 너무 자주 담당업무가 바뀌다 보니 제대로 실력을 쌓아 대처할 틈도 없이 순발력으로 버티고 있다. 요즘은 그마저 한계에 와서 업무수행에 필요한 법규도 숙지하지 못하거나 전후임자 간에 인수인계가 제대로 안 되어 중요한 현안문제가 상당기간 방치되는 등 많은 문제가 발생하고 있다(최근 발생했던 '항공 위험 2등급 국가 전락' 파동이 대표적인 예다).

그러나 그렇게 자주 업무를 바꿔가면서 더 중요한(승진에 더 유리한) 직무에 접근해가는 것이 능력 있는 공무원의 징표인 것으로 인식되는 경향이 강하므로 공무원 개개인 차원에서는 이를 포기할 수도 없는 것이 현실이다. 이와 같이 국가 이익이나 행정 수요자인 국민의 이익은, 행정 담당자들이 전문성을 갖추고 한 자리에서 오래 근무해주는 것이지만, 현행 시스템상 공무원층의 이익과 합치되지 않으므로 저절로 시정되기를 기대할 수 없다. 따라서 이에 관해서는 특별한 대책이 필요한 시점이다.

| 무분별한 순환보직의 문제점 |

지나치게 잦은 순환보직으로 인해 생기는 문제점은 다음과 같다.

첫째, 자주 담당자가 바뀌다 보니 책임소재가 불명확해지고 있다. 어떤 한 가지 정책이나 사업을 시작에서부터 끝마칠 때까지 많은 사람이 관여하게 되니까 어디까지가 누구의 책임인지 명확하지 않게 되고, 이에 따라 쉽게 집단적 책임 또는 공동책임으로 간주되면서 책임감이나 성실성도 낮아지고 더 나아가 부정부패에의 유혹에 약하게 된다.

둘째, 어떤 정책의 추진 필요성을 느껴도 자기 임기 내에 끝낼 수 없는 경우에는 착수하기가 어렵다. 따라서 중요한 일들이 회피·지연되다가 더 이상 피할 수 없는 상태가 돼서야 어쩔 수 없이 나서게 되므로 '너무 커진 문제'를 '때늦게' 대응하게 되는 것이다.

셋째, 단기간 내 순환보직하는 것이 관례가 되어 있어서 모처럼 적성과 능력에 맞는 적재적소의 인사배치가 되었어도 오래 근무할 수 없으므로 전문가로 성장하거나 큰 업적을 내는 인물이 나오기 어렵다. '공평의식' 과 '평균주의', 그리고 '온정주의'의 팽배가 인재의 효율적인 활용과 양성을 저해하고 있다.

넷째, 특히 일반 행정부처에서 대체로 기피분야로 되어 있는 국제관계 업무의 경우, 우리나라는 너무 잦은 인사변동으로 인해 외국정부나 국제기구에 대해서 제대로 발언권을 행사하지 못하고 제 몫을 찾지 못하는 사례가 많다고 알려져 있다(특히, 여러 나라가 모이는 국제회의에서는 더욱 심각하다. 타국대표들은 거의가 해당분야 전문가로서 서로 십년지기(十年知己) 사이인데 반해서, 한국은 매번 대표가 바뀌는 예가 많고 그나마 영어도 전문성도 다 약하니 입 한번 벙긋하기 어려운 경우가 많은 것이다. '국제회의에서 한국대표가 하는 대표적인 발언은 My name is …' 라는 농담이 있을 정도이다. 국제회의 출장 갈 기회를 고루 나눠주는 배려가 조직의 화합을 위해 중요하다고 다들 믿고 있는 한 전문가의 양성은 요원한 일이다).

> ### 행정업무와 여객기 여행
>
> 비행기는 이륙과 착륙 때가 제일 위험하다고 한다. 우리 행정업무를 여객기 여행에 비유해보자. 3시간 비행거리에 있는 도시로 가는 경우에, 상식 있는 사람이라면 직행여객기를 선택하지 1시간마다 착륙했다가 다시 이륙하는 비행기를 3번 바꿔타면서 가려고 하지 않을 것이다. 같은 이치로 국민들은 행정업무에 있어서도 한 전문가가 3년씩 업무를 맡는 것을 원하지, 3명의 전문가가 1년씩 업무를 맡았다가 인수·인계하는 것을 바라지는 않을 것이다. 행정업무의 인수·인계시는 비행기 이륙·착륙시 못지 않게 실제 위험하기 때문이다. 그런데 문제는 어느 나라의 조종사들은 누구도 실직하지 않고 또 모두가 경력관리를 공평하게 하기 위해서 3명이 1시간씩 운행하는 시스템을 더 좋아하고 계속 이·착륙을 거듭하고 있다는 것이다.

2. 원인

이와 같이 순환보직이 널리 활용되고 있는 것은 우리가 미국과 같은 직위분류제(position classification system)를 채택하지 않고 계급제

(rank system)를 택하고 있는 이상 불가피하다는 주장이 있다.

각 직위별로 적합한 전문가(specialist)를 보직하는 것이 아니라 다양한 업무를 담당할 수 있는 일반행정가(generalist)를 양성하기 위해서 보직순환이 필요한 것은 사실이다. 그리고 그 순환보직이 원칙과 기본에 맞게 이루어진다면 하등 문제가 될 것이 없다.

업무효율을 최대한 발휘할 수 있는 적정기간마다의 순환보직은 새로운 의욕과 활력을 줄 뿐 아니라 능력과 경력개발 그리고 부패소지의 차단 등 많은 긍정적 효과가 있을 수 있다.

그러나 우리나라의 현실, 즉 거의 모든 공무원이 1년 정도의 짧은 기간 내의 순환보직을 되풀이하는 이러한 방식은 다른 나라에서는 거의 볼 수 없는 것인데, 우리에게는 점점 더 보편화되어 대세로 자리잡으려는 것이 문제인 것이다.

이러한 경향은 우리의 특유한 '일렬횡대 일제이동' 식 인사(승진가능 직위를 향해서 모두 한 걸음씩 이동)로 인해 심해지고 있다.

이런 '일렬횡대 일제이동' 식 인사가 빈번해지는 이유는, 첫째 '모든 공무원에게 승진이 최고의 가치' 라는 전제 하에 이를 위한 기회를 모든 사람에게 공평하게 보장해 인사로 인한 불만이나 말썽을 회피하고자 하는 데서 기인한 것이다.

둘째, 상위직 승진을 위해서는 업적과 전문성보다는 다양한 분야의 직위를 역임하는 것이 유리하다는 믿음이 보편화되어 있기 때문이다('요직을 두루 거쳤다' 는 것이 인사 프로필의 중요 항목임).

셋째, 공무원들이 미래에 대한 불안으로 인해 인사에 대한 중장기 전망과 신뢰감을 가질 수 없기 때문에 '자리가 나면 빨리 차지(충원)해야 한다' 는 의식이 투철하고, 또한 자기 부처 내 직위는 자기 부처 출신이 맡아야 부처에 인사상 손해가 없다는 '부처이기주의' 적 의식이 팽배해 있기 때문이다.

3. 대책

그렇다면 이러한 잦은 순환보직의 병폐를 어디서부터 손을 대야 고
칠 수 있을까? 뿌리가 깊은 문제인 만큼 쉬운 해결책은 있을 수 없고 고
통스럽더라도 기본과 원칙에 충실하는 수밖에 없다. 그 대책으로는 첫
째, '적재적소 배치' 원칙 하에 직위별로 '공개모집제'를 실시해 부처
내 또는 부처 간에 보직경쟁이 자리잡게 하고 일률적인 대규모 인사이
동을 줄여야 한다(초기에는 주요직위 위주로 공개모집을 실시하고 점차
확대해나가야 함).

공개모집하는 직위에는 별도 수당을 주어 우대하고 임기를 보장함으
로써 전문성 함양이란 실익과 명예가 따르도록 해 자발적 확산을 유도
한다.

둘째, 공개모집하지 않는 인사이동에 있어서도 전문성을 최대한 고
려함으로써 부처 내에 '전문성 키우기 경쟁'을 촉진시켜 연공서열이나
온정주의적인 분위기를 능력주의로 바꿔나간다(현재의 거대한 행정직
렬을 장차 여러 개의 전문직렬로 분화시켜야 함).

셋째, 한 직위에서 장기 재직하는 데 대해 승진이나 보수상 상당한
인센티브를 부여하는 대신 그 성과와 업적을 객관적으로 평가, 공개하
고 다음 인사에 반영함으로써 실적주의를 정착시킨다.

넷째, 인사권자(장관) 또는 인사결정에 영향을 많이 미치는 계층인
고위공무원층(차관~국장)의 보직기간도 지금보다 훨씬 길게 보장함으
로써 이들이 부하직원에 대해서 온정주의를 벗어난 장기적 관점의 인사

기록문화 · 정책실명제와 순환보직

조선왕조시대 임금의 공식적인 활동에는 항상 사관(史官)과 언관(言官)이 배석해 기록을 남기고 왕이 바뀔 때마다 선대(先代) 왕의 실록을 편찬한 것은 세계기록문화에 손꼽히는 금자탑이다. 그러나 요즘은 이런 훌륭한 기록문화의 전통이 사라지고 가급적 기록을 남기지 않으려는 풍조가 성행하고 있다.

이렇게 된 데에는, 올바른 논쟁조차 기피하는 분위기와 정책의 성과를 평가하고 칭찬해주는 시스템의 부재, 감사와 수사(搜査) 우려로 인한 위축과 더불어 '잦은 순환보직으로 인한 책임성 · 전문성 약화' 가 한몫을 하고 있다고 본다.

공무원들이 "내가 이 자리에서 상당기간 일할 것이고, 그 성과는 내 책임이며, 그 평가에 따라 나의 장래가 좌우된다"는 의식이 확고해져야 기록을 남기고 업무 전문성도 축적하고자 할 것이다.

그런데 우리 현실은 한 자리에 배치되자마자 다음 자리 걱정을 해야 하는 상황이니 기록에 신경 쓸 정신이 없다. 더욱이 그 기록으로 인해 자신이 제대로 관여할 수도 없었던 정책형성 과정의 책임이 드러나게 되니 부담스럽기만 하다.

ICT 혁명으로 국민에 대한 정보공개가 계속 확대되고 직장 내 지식관리(Knowledge Management)체계도 발전하고 있어서 우리 사회의 투명성을 높이고 기록문화도 개선할 좋은 계기를 맞고 있다.

이러한 발전 추세에 올바로 부응하기 위해서도 공무원의 '무분별한 순환보직' 문제를 조속히 개선하고 '정책실명제' 를 정착시켜야 한다고 생각한다.

운영을 할 수 있도록 하는 것이다.

다섯째, 인사관련 권한을 각 부처에 단계적으로 넘겨서 부처실정에 맞는 제도의 수립과 운영관행을 확립하도록 권장한다. 이 기능을 제대로 발전시키기 위해서 각 부처 내에 인사관리 전문부서를 설치한다(현재의 총무과에서 '인사관리과'를 분리·설치하여 인사전문가들이 장기 근무하는 조직으로 운영케 함).

이 모든 대책들이 선진국에서는 다 시행하는 것이며 지극히 상식적인 것이지만 우리나라에서는 잘 지켜지지 않고 있다는 사실은 우리가 얼마나 국제적인 표준과 상식에서 벗어나 있는지를 잘 보여주고 있다.

제2절 상위직 공무원은 특별관리하자

1. 상위직 공무원 인사의 문제점

상위공무원은 대략 중앙부처의 국장급에서 차관보급(1급)까지의 직업공무원으로서, 중앙부처 내에서는 정책관리체계를 실무적으로 책임지고 있고 밖에서는 부처 소속기관 또는 지역단위 특별행정기관 등 집행기관의 장으로서 다수의 공무원을 통솔·관리하면서 직접 국민에게 행정 서비스를 제공하는 책임을 맡고 있다.

따라서 이들은 우리 국가행정의 소분야별 책임자로서 그 소신과 주견에 따라 국가정책이 달라질 정도로 영향력과 책임이 매우 큰 계층이며 그 인사관리의 중요성도 더 말할 나위가 없다.

1) 익명성과 공동책임체제

그런데 이러한 상위공무원에 대한 인사가 하위실무계층과 다름없이 잦은 순환보직방식으로 운영됨으로써 정책추진에 대한 책임성과 전문성이 결여되어 대정부 불신의 원인이 되고 있을 뿐 아니라, 그 업적과 성과에 대한 관리체계도 작동되지 않아서 우리 국민들, 심지어는 그 부처 소속 공무원들조차 '누가 어느 분야의 책임을 맡고 있는지, 누가 더 일을 잘하고 어떤 업적을 남겼는지' 등을 알 수가 없다. 이러한 '익명성'에 더해 잦은 순환전보로 인한 '공동책임체제'는 새로운 일, 어려운 일을 기피하는 풍조를 낳는 주요인이 되고 있다('놀거나 공부하거나 마찬가지다!'라는 모 학교의 풍자적 노래가사가 오히려 더 현실에 맞는 역설적 상황!).

2) 부처할거주의

고위공무원 인사에 있어서 잦은 순환전보에 못지 않게 중요한 문제점은, 고위공무원의 충원이 '자기 부처 출신에 국한되는 현상(inbreeding)'이다. 이로 인해 다양한 시야와 정책경험을 가진 인재의 참여가 배제되고 장차는 정부 내에 그런 인재를 키울 수 없게 된다. 거의 동질적인 사고와 경험을 가진 사람들이 한 부처를 점령하게 되면 이들은 십중팔구 좁은 시야와 상호간의 깊은 연고관계, 그리고 부처이기주의에 사로잡히게 되어 전정부적 시야나 새로운 발상을 갖기 어렵고 부처 내에서 다양한 의견이 나오지 않게 된다.

이런 인사관행으로 인해 부처 간의 장벽이 갈수록 높아지고 정부정책의 조정(coordination)도 어렵게 되어 있으며, 오늘날 각 부처의 관리자(장·차관)는 인사나 정책 면에서 부처할거주의를 최대한 수호하는데 전력을 기울여야만 부하의 신뢰와 추종을 받는 상황에 처해 있다.

- 프랑스가 제2차 세계대전 후 국립행정학교(ENA)를 새로 만들어 전 부처적 시야를 가진 고위공무원단을 양성해 여러 부처 간을 왕래하며 근무토록 하는 것도 바로 이러한 부처할거주의 때문에 독일에게 참패했던 역사의 실패를 거울삼은 것이다.
- 영국 등 선진국에서도 국장급부터는 출신 부처에 구애받지 않고 능력주의 인사를 함으로써 부처 간의 장벽을 줄이고 정책조정을 원활하게 하는 것이 관례로 되어 있다.
- '폐쇄적이고 부처 간 장벽이 높다'고 소문난 일본 정부조차도 과장급 때 간헐적 인사교류를 통해 인재의 순환이 다소 이루어지고 있다.
- 우리의 경우는 과장·국장급의 인사교류는 거의 이루어지지 않고 있다.

3) 개방형 직위제도

이러한 문제를 시정하고자 하는 노력으로 1999년 5월 도입된 것이 민간과 공무원 간에 경쟁으로 공모하는 '개방형 직위제도(Open Position System)' 이다.

이 제도의 도입 취지는 고위공무원의 충원범위를 민간에까지 넓히고 공개경쟁을 통해 공직사회의 무사안일한 풍토를 쇄신하며 행정의 전문성, 책임성을 제고한다는 것이었고, 이 '개방형 직위' 로는 전문성이 특히 요구되거나 정책수립 관련 핵심직위, 국민생활과 연관이 많거나 업무쇄신 필요성이 높은 직위 위주로 선정키로 했다.

중앙부처실·국장 직위(725개) 중 20% 선인 131개 직위가 지정되었고, 2000년 3월부터 2001년 말까지 117개 직위에 충원이 이루어졌다. 이 117개 개방형 직위 임용자의 임용전 신분을 보면, 민간인은 15명으로 12.82%, 타 부처 출신은 5명으로 4.27%, 따라서 부처 외부에서 임용된 비율은 17.09%이다.

민간부문 인력을 유치하는 면에서는 그다지 성공적이라고 볼 수 없으나 부처 내외의 공무원들 사이에 임용경쟁의 풍토가 조성되었다는 점은 효과라고 볼 수 있다. 특히 공무원들은 '개방형 직위에 민간인이 아닌 공무원이 임용된 경우에도 적격자가 임용되었다'고 평가하고 있으며 '2년 이상의 임기보장에 따른 행정의 일관성과 전문성의 향상이 큰 효과'라고 보고 있어서 일단 현행 문제점에 대한 한 가지 시정방법은 도출된 셈이다.

그러나 개방직 제도는 업무성격상 전문성의 비중이 더 높은 과장이하 공무원층에 적용하는 것이 보다 즉각적이고 광범위한 효과를 기대할 수 있다는 점에서, 앞으로는 과장급 이하 공무원층에 전문가를 영입하기 위한 장치로 활용하는 방안을 강구해야 한다고 본다.

4) 계급구조의 불균형

우리나라 고위공무원 인사에 있어서 또 하나의 문제점은 계급구조의 불균형에서 초래되고 있다. 즉 상위직에 계급이 너무 많아(3급 부국장, 2급 국장, 1급 실장, 차관보) 직급승진에 따른 인사이동이 너무 잦게 되는 것이다. 중앙부처의 본부국장(2급)은 당해 분야의 국가정책을 책임지고 관리하는 중요한 자리인데, 대부분은 그 자리를 맡은 지 얼마되지 않아서 1급으로 승진하기 위해 자리를 옮겨야 한다. 막상 새로 맡은 1급 자리는 객관적으로 먼저 국장자리보다 중요성이 훨씬 떨어지는 경우가 많다. 이런 일이 다반사로 벌어지니 외부의 객관적인 눈으로 보면, '무엇때문에 승진해야 하는지', '구태여 일 잘하는 사람을 왜 옮겨야 하는지' 알 수 없는 상황이 벌어지는 것이다.

이로 인해 업무의 안정성과 예측가능성이 떨어지고 전문성도 저하됨은 물론이지만, 나아가 중·하위직 공무원들의 상대적 박탈감의 원인이 되고 있다. 현재 5급(사무관)에서 4급(서기관)으로 한 계급 승진하는 데 10~15년 이상이 걸리는데, 그 사이에 상사는 4급에서 1급까지(또는 3급에서 차관급까지) 승진하고 퇴직하는 예가 많아서, 고위직에게 승진 혜택이 집중되는 듯한 느낌을 가지게 되어 있다.

이것은 당초에는 중하위직에서의 한 계급과 상위직에서의 한 계급이 등가(等價)로 책정되었으나 그 동안의 인사운영과 조직운영을 통해 간격이 계속 벌어져온 현실을 반영하지 않았기 때문이라고 생각된다(우리나라 정부수립 초기의 1급은 외청장급 직위였으나 그 직위들은 그 사이에 거의 차관급으로 격상되었다. 반면, 중앙부처 본부국장을 2급으로 보하는 기준을 바꾸기 어려워 그냥 두는 대신 새로 생기는 직위 중 많은 부분이 1급으로 정해지게 된다. 이에 따라, 자연히 본부국장의 격이 떨어져 대국대과주의(大局大課主義)에서 벗어나게 되었고 필요없는 인사이동을 유발하게 된 것이다).

사실 현재의 차관보(1급)에서 부국장(3급)까지의 직위는 그 비중은 차이가 나지만 계급을 나누어 관리해야 할 정도의 차이는 없다고 보아야 한다(예컨대 영국의 경우 1996년 이후 국장과 차관보급이 'Director'라는 하나의 직명으로 통일되었음).

선진국에서는 이런 관점에서 정책관리직 공무원을 별도체계로 관리

선진국의 상위직 공무원 제도

• 프랑스 : 1945년부터 상위직 공무원에게 별도체계 적용
  - 직군과 계급 개념 없음.
  - 직위별로 봉급액 지정(A등급~G등급까지 7단계 보수등급)
  - (예) 부국장(A등급)~회계원장, 내각 사무처장(G등급)

• 미국 : 1978년 고위공무원단(Senior Executive Service : SES) 제도 도입
  - 종전 GS16~18등급(국장급) 대상
  - 직군과 계급 개념 없음.
  - 6개 보수등급 : 최고등급은 차관보(정무직) 보수와 같음.
  - 관리능력개발 제도 및 다양한 상여금 제도 실시

• 영국 : 1972년 국장급(Under Secretary)이상 직위를 대상으로 단일수
  평구조(Open Structure) 신설
  - 1986년 계장급(Principal)까지 단일수평구조를 확대하고 계급명 폐
    지(Grade 1~7 적용)
  - 1996년 고위공무원단(SCS : Senior Civil Service) 제도 실시
    * Grade 1(사무차관)에서 Grade 5(과장)까지 대상
    * 계급을 폐지하고 직위명(Job Title)만 사용
    * 공직 내외에서 폭넓게 임용(직위분류제적 특성 두드러짐)
    * 급여도 해당직위의 직무비중(Job Weight)에 대한 평가로 결정

• 일본 : 1급(서기보)~11급(본부 주요과장)의 일반직 계급체계 위에 부
  국장급부터는 '지정직(指定職)' 제도 운영
  - 단일 호봉표 적용(1~12호봉)
  - 1호봉(부국장)~11호봉(사무차관)~12호봉(동경대 총장)

하고 있으므로 우리도 조속히 상위직을 별도의 체계로 분리해 그에 상응하게 철저한 관리를 해야 할 것이다.

최근 공·사부문 모두 계층구조를 축소해 조직의 유연성을 높이는 것이 경영혁신의 첫걸음으로 되어 있는데, 우리도 공직사회 내에 많은 비효율과 인사왜곡, 불필요한 불만과 박탈감을 초래하고 있는 이 중복적 계층구조를 개선하는 것이 꼭 필요하다고 본다

2. 대책

이와 같은 고위공무원에 대한 인사운영상의 문제점을 치유하는 대책은, 여타 선진국처럼 '고위공무원단(SCS : Senior Civil Service)' 제도를 도입하는 것이다.

선진국들은 이 제도의 실시로 학력, 전(前) 경력, 현 계급의 구애를 받지 않고 가장 적격자를 폭넓게 임용할 수 있었고 부처 간 이동촉진과 행정직 독점현상 타파 등에 효과가 있었다고 보고 있다.

다만 그 도입에 있어서는 철저한 준비를 거쳐 단계적으로 진행되도록 해야 하고, 초기단계에서는 기존의 개방직 제도를 확대 적용하는 간명한 방법이 좋을 것으로 본다(또 새로운 제도를 창설한다는 인상을 주는 것은 바람직하지 않음).

그리고 그와 더불어 과장 이하 공무원층에 대해서도 고도의 전문성이 필요한 직위를 중심으로 개방직 제도를 확대 적용해나가는 것이 바람직하다고 본다.

1) 준비단계(1년)

우선 각 부처의 주요 실·국장급 직위 중 주요정책 현안과제를 담당할 일부 직위(의약분업, 의료보험, 항공 등)에 대해 70여 개를 개방직으로 추가 지정해(현재 20% 지정 → 30% 선으로 확대) 즉각 공개모집을 실시하고 임기보장을 적용하는 것이 첫 단계 대책이 될 수 있다.

- 이들 직위에는 업무목표를 정해서 기관장과 계약을 하고 그 업무성과를 정기적으로 평가받는 시스템이 적용되며, 개방직에 대한 보수체계를 더욱 유연하게 바꾸어 높은 성과평가를 받을수록, 그리고 장기근무를 할수록 보수가 크게 오르는 방식을 취한다.
  이와 동시에 영국·미국·네덜란드·호주 등에서 시행하는 '고위공무원단' 제도를 연구하고 이를 도입하기 위한 준비팀을 만들어 제도적 정비를 마친다.
- SCS 제도 도입에 따른 법령 정비작업
- 실·국장급 직위 전체에 대한 직무평가(JESP) 실시
- 제도 전환에 따른 충격흡수 장치 강구
  - 관리자 훈련강화 및 상위직 교육훈련체제의 변경 등

2) 1차 확대단계(1년)

추가로 140여 개 실·국장급 직위를 개방직으로 지정하고(30% → 50% 선으로 상향 조정) 공개모집 충원에 착수한다. 아울러, '1년 후 고위공무원단(SCS) 제도를 실시한다' 는 사실을 예고하고 제도시행 준비작업을 계속한다. 그리고 고도의 전문성이 필요한 과장직위를 중심으로

개방직 제도를 확대 실시한다.

3) SCS 제도 실시단계

SCS 제도 실시가 예고된 지 1년이 지나고, 그간의 개방직 제도운영을
통해 업무효율과 안정성 향상, 실적주의 정착, 보수현실화 등의 장점이
인식되어 제도 도입에 대한 우려와 저항은 많이 감소되었으리라 본다.
상위직 전반에 대해 이 제도를 실시함에 있어서 다음과 같은 보완조치
가 필요하다.

- 관리능력 개발훈련 및 평가제를 발전시키고 상시 훈련체제를 갖
  춘다.
- 실무지식과 경험을 존중하고 활용하는 민·관 간 인사교류 통로를
  적극 개발해 인재의 유출·유입에 대한 장애요소를 제거한다.

| 정무직 인사개선에 관한 건의 |

정책관리를 담당하는 상위 직업공무원층의 인사관리를 개선하는 것보다
더 중요한 것은, 정무직 공무원(장·차관급)에 대한 인사관행 개선이라
고 생각한다.

정무직은 각 분야별로 정부를 대표하고 정책형성 및 집행에 대해 책
임을 지는 '대통령의 분신'과 같은 고위공무원이다. 따라서 정무직에 대
한 인사는 정부나 대통령직의 성패를 좌우할 만한 중요성을 가진다.

장·차관의 직무는 업무파악만 하는 데도 상당한 기간이 소요되므로
나아가 조직을 장악하고 올바른 정책구상을 하여 제대로 추진하려면 상
당기간 임기가 보장된 가운데 안정되게 근무하는 것이 필수적이다.

그런데 현재 우리나라는 장·차관의 평균 재임기간이 1년도 안 되고 '개각'이 자주 있다 보니 정부 내에 안정된 지휘체계가 확보되기 어렵다('어느 정도 알고 일을 할 만하게 되니까 그만두는' 현상이 반복되고 있는 셈이다).

이것은 미국 등 대통령제에서의 행정부 운영방식과 다를 뿐 아니라, 의원내각제 국가의 방식도 아니다(굳이 찾아보자면, 프랑스에서 19세기 말 이래로 제3, 제4공화정의 의원내각제 시절 다당제 난립으로 내각 평균수명이 6~9개월밖에 안 되어 심각한 정치적 혼란이 거듭된 예가 있으나, 1958년 드골 대통령이 대통령제와 융합된 헌법을 제정해 이러한 문제를 해결했다).

이처럼 국제관례와 다른 '한국적 왜곡' 현상을 바로 잡으면 우리 정부의 생산성과 효율성이 크게 향상되리라고 본다.

| 문제점 |

정무직 공무원(장·차관급)이 자주 바뀜으로 인해 다음과 같은 문제점이 생기고 있다.

첫째, 짧은 임기로 인해 대내 및 대외적으로 정책의 일관성과 책임성이 보장되지 않고 있으며, 이로 인해 정책에 대한 신뢰도가 낮다.

둘째, 지휘관인 장·차관의 잦은 교체는 소속 공무원들의 인사에도 영향을 미쳐, 차관보와 국장 등 정책관리직 공무원에 대해서 중·장기적 시야에서 인사를 할 수 없게 된다.

셋째, 정무직 공무원의 임명에 대해 국민으로부터 그 타당성을 검증받는 장치가 없어 많은 문제가 발생하고 있다.

정부정책의 대표자로서의 장·차관에게 필요한 '권위'와 '국민적 지지'가 확보되지 않고 있으며, 사전 검증의 소홀로 임명 초기에 중도하차

하는 사례도 나타나고 있다.

정무직은 '정책을 제창하고 그 집행을 책임지는 직위'인데, 국민들이 그 정책구상도 성향도 모르는 상태로 임명되는 일이 많아서 '국민적 신뢰'가 형성되기 어려웠다.

잦은 교체의 유일한 효과는 많은 사람에게 장·차관이 될 기회가 부여되는 점이다(그리고 직업공무원층에게는 후진에게 인사 숨통을 틔워주기 위한 명예로운 퇴진 기회로 활용돼왔다).

그러나 장·차관이 될 기회를 억지로 넓혀 운영해보아도 만족하는 사람의 숫자보다는 오히려 탈락으로 인해 잠재적 불만을 가지는 사람의 숫자가 훨씬 더 많아지는 '모순적 상황'인 점도 고려할 필요가 있다.

| 개선대책 |

이러한 문제점을 해결하기 위한 개선대책으로 다음과 같은 방안이 생각될 수 있다.

첫째, 앞으로 정무직 공무원의 임용에는 '비밀주의'와 '신속한 충원'의 방식을 지양하고, 미국 행정부처럼 '공개주의'와 '철저한 검증'의 원칙을 적용한다.

정무직 임명절차를 세분화해, 우선 '내정 사실'을 발표하고 여론 등에 의한 검증에 필요한 일정 기간이 지난 후 '공식 임명'하는 방식을 도입하는 것이다.

그리고 특히, 장관과 주요 기관장의 임명에는 국회(상임위원회)의 인사청문절차를 의무화한다(이 절차를 통해 인선의 타당성이 인정되면 직무수행에 필요한 권위가 보강될 뿐 아니라, 이에 따른 간접적 효과로서 잦은 교체가 사실상 어렵게 될 것이다).

이에 따라 내정 발표 전에 종전보다 훨씬 철저한 '사전 검증'을 실시해야 하며, 검증기구와 인사주무기구도 분리 운영하는 것이 바람직하다.

둘째, 임기직은 물론이고 임기가 정해지지 않은 정무직에게도 일정한 보직기간(2~3년)을 지켜주도록 노력한다. 그리고 정무직 직위 간의 인사이동도 가급적 지양한다.

셋째, 정무직의 퇴임시에 공직자의 명예와 긍지가 지켜지도록 배려한다. 퇴임 사실을 본인에게 사전 통보·상의함은 물론이고, 대 국민 보고 형식의 업적 인정, 그리고 선·후임자 간의 질서 있는 업무인계가 될 수 있도록 하는 등, 퇴임에 관한 표준절차 관행을 마련한다.

최근 OECD는 정부 및 공공부문의 '리더십(leadership)'을 매우 강조하고 있다.

이 개념은 우리나라에서처럼 '부하를 잘 통솔하고 조직을 원만하게 이끌어간다'는 뜻이 아니고, '과거보다 훨씬 어려워지는 상황에서 계속적으로 정부부문의 쇄신을 이끌고 나갈 지도력(지도층)을 양성하고 위기관리 능력을 강화'하려는 것이다.

선진국들은 정무직이나 상위 직업공무원층의 장기재직 관행이 정착되어 있는데도 이처럼 정책관리 리더십을 크게 강조하고 있는 것을 볼 때, 우리도 하루 빨리 정무직의 인선과 임기보장, 그리고 성과책임성을 확보하는 체제를 개선해 국제경쟁에 임할 태세를 정비해야 하겠다.

제3절 인재양성과 판별기능 강화

1. 현황과 문제점

우리 정부의 인사운영에서 참으로 특이한 것은, 공무원 교육훈련에 대해 엄청난 투자(시간과 비용)를 하면서 그 활용에는 별로 신경을 안 쓰고 있는 점일 것이다. 전반적으로 우리의 교육훈련은 이수하기만 하면 될 뿐, 그 결과가 장차 경력 발전에 크게 영향을 미치지 않을 뿐 아니라 그 효과가 어떠한지에 대한 분석도 거의 없는 편이다(마치 우리가 보약을 먹어두기만 하면 장차 전반적으로 건강에 좋은 효과가 있을 것으로 막연하게 믿는 것과 비슷하다).

특히 막대한 비용과 시간을 들여 실시하는 해외훈련의 경우는 큰 테두리 외에는 거의 피훈련자의 자율에 맡겨져 있어 개인별 성과의 격차가 매우 심할 것임에도 불구하고 그 성과를 추적하고 관리하는 시스템도 없다. 우리 정부가 지난 25년 간 국비해외훈련제도를 창설하고 과감하게 확대 시행해온 것이 급속한 국가발전과 국제화에 큰 기여를 했으리라는 것은 의심할 여지가 없지만, 이제는 좀더 체계적이고 과학적인 관리를 해야 할 시점이라고 본다.

현재의 공무원 교육훈련의 현황을 개관해볼때, 단기훈련은 전문성 향상을 위한 짧은 기간(3~5일)의 다양한 프로그램들이 많이 개발되고 상호경쟁의 양상도 나타나고 있어서 대체로 제 궤도로 들어서고 있다고 볼 수 있으나, 장기교육훈련은 그 목적이 '인재의 양성과 판별'이라고 볼 때 과연 현재 제 역할을 하고 있다고 볼 수 있는지 의문이 든다.

특히 장기교육훈련 파견에는 별도 정원이 인정되기 때문에(따라서 승진자리가 늘어나는 효과가 있으므로) 그 프로그램의 종류와 교육인원이 필요 이상으로 확대된 것이 아닌지 검토가 필요하다.

더욱 중요한 문제는, 국장·과장급에 1년 단위의 장기교육 파견이 너무 많아져서 1년마다 대규모 연쇄이동을 불가피하게 유발하는 단계에까지 왔다는 사실이다.

이것은 '본말(本末)이 전도(顚倒)'된 경우로서, 업무효율 향상을 위해 시작한 일(교육파견)이 이제는 업무효율을 방해하는 지경에 이르렀으니 시급히 고쳐야 할 때가 된 것이다.

2. 대책

첫째, 공무원의 장기교육훈련이 본래의 목적대로 '인재의 양성과 판별' 기능을 충실하게 수행하게 만드는 대책이 필요하다.

현재 장기교육훈련 과정은 크게 보아서 다음과 같이 구분된다.

- 행정고시 합격자에 대한 신임관리자 과정(반년)
- 국장 및 주요 과장급 파견 교육과정(1년)
- 해외훈련 및 해외 직무파견(1~2년)

1) 신임관리자 과정 강화

이중 신임관리자 과정은 프랑스의 ENA식 교육방식이지만 프랑스보다는 훨씬 밀도나 수준이 떨어지고 기간도 짧다. 전문인력과 예산을 대거 투입해 프로그램을 더 실무위주로 개발하고 교육기간도 늘려서 장차

정책관리자로 성장할 수 있는 잠재능력을 키워주면서 능력판별도 실시
해야 한다(ENA처럼 실무전문가인 공무원이 지도하는 케이스 스터디식
토론수업을 전면 도입한다).

그리고 형식에 그치고 있는 각 부처 및 지방기관 실무수습을 보다 내
실화하는 방안도 강구해야 한다.

2) 국·과장급 파견훈련 성격전환

현재는 연 1회 각 부처에서 차출된 인원을 대상으로 장기과정을 운영
하고 있으나, 앞으로는 국장급에 대한 보직공모제 실시에 대비해 '관리
능력을 연수시키고 검증' 하는 관리자 훈련과정의 성격으로 전환해야
한다. 특히 국·과장급 보직대기자 전원에게 문호를 개방해 보직공모에
적응하기 위한 훈련도 제공하도록 한다.

3) 해외파견훈련 내실화

현재는 부처별 T/O 제도로 운영되고 있으나 전부처 간 경쟁체제로
전환해 훈련수요와 계획을 심사해 선발하고 파견기간 중 철저한 성과관
리를 실시한다.

특히 직무파견의 경우는 훈련기관도 훈련주제와 밀접한 관련이 있고
성과관리가 가능한 전문기관(연구소, 국제기구, 타국 정부기관)으로 한
정해서 목적의식이 뚜렷한 연수가 되도록 하고, 그 성과는 관리능력 및
전문성을 검증하는 자료로 향후 인사에 활용하게 한다.

4) 중앙공무원 교육원의 재편성

이러한 변화를 주도할 중앙공무원 교육원의 기능은 관리자훈련 중심으로 재편성되어야 한다. 현재 억지로 떠맡고 있는 7~9급 국가공무원 기본교육과정과 일부 단기전문과정 등 집행적 성격의 업무는 모두 전문 행정연수원에 넘기고, 대신 관리능력개발 관련 프로그램과 사례연구(case study)의 개발에 총력을 집중해야 할 것으로 본다.

관리자훈련 과정을 제대로 시작하기 위해서는 분야별 우수 교관요원을 각 부처에서 파견받고 필요한 예산을 확보한 뒤 약 1년의 준비기간이 필요할 것으로 예상된다.

5) 부처 간 이동근무 의무화

또 하나 인재양성과 판별을 위해 도입해야 할 제도로 프랑스처럼 행정고시출신 중견관리자에게 타 부처 파견근무를 의무화시켜야 한다고 본다.

프랑스의 ENA 출신 중견관리자는 부처 배치를 받고 2~4년 정도 근무한 후에는 타 부처에 파견되어 2년 정도 성공적으로 근무하고 돌아와야 과장으로의 승진이 가능하도록 되어 있다. 이것은 공직생활 초반부터 범정부적 시야를 갖게 하기 위한 목적과 더불어, 낯선 환경에 적응해서 살아남는 과정을 통해 인재성(人材性) 여부를 판별하고 단련하는 훈련과정인 것이다. 적응능력이 풍부한 젊은 시절에 이렇게 단련이 되기 때문에 ENA 출신자들은 국·과장 시절에도 부처 간 이동을 두려워하지 않으며, 전정부적 차원의 시야를 갖는 인재 풀(pool)의 역할을 하고 있는 것이다.

우리 정부에서는 중견관리자로 출발하는 사람들조차도 '한번 부처배치를 받으면 그 부처에만 충실하는 것이 최선의 길'이라는 체험적 인식이 단단하게 박혀 있어서 부처할거주의나 부처이기주의를 극복하기 어려운 상황이다.

그러나 7급, 9급 시험을 통해 실무자로 출발한 사람들이 전문성을 바탕으로 각 부처의 고유영역을 확고히 지켜나가는 것이 본래의 역할이라면, 행정고시를 통해 중견관리자로 출발한 사람들은 전정부적 시야를 가지고 '부처의 전문성에 기반을 두되 이를 뛰어넘는' 판단을 하는 것이 제 역할이고, 이러한 상반된 두 입장의 조화를 통해 올바른 정책판단이 이루어지는 것이라고 생각된다.

고시로 출발한 사람들도 부처의 전문성과 할거주의에만 몰두한다면 실무자와 무슨 차별성이 있으며 왜 따로 뽑아서 관리자위치부터 출발시켜야 하는지 의문이 갈 수밖에 없다(이러니 고시폐지론이 나오는 것이 아닌가?).

더욱이 대학졸업자들이 9급 시험에도 치열한 경쟁을 거쳐 들어오는 요즈음, 신임관리자들이 자신의 존재가치를 어떻게 입증할 것인지 진지하게 생각해봐야 한다.

정부는 인사제도와 운영에 있어서 전문집행관 요원과 정책관리 요원의 분업체계와 차별성을 제대로 확립하는 방향으로 노력해야 할 상황이며, 이런 측면에서도 신임관리자의 타 부처 파견근무를 조속히 제도화하는 등, 정책관리계층에게 보다 폭넓은 시야와 안목을 부여하기 위한 제도개선을 서둘러야 한다고 본다.

| 고시폐지(부처별 채용)는 무리 |

고등고시를 통한 인재충원의 한계성과 비효율성, 기타 일부 선진국에 이런 제도가 없다는 등을 이유로 고시를 폐지하고 각 부처에 채용권을 맡기자는 논의가 있다. 필자는 다음과 같은 이유로 이를 폐지하는데는 반대 의견이며, 문제점을 보완하면 된다고 본다.

첫째, 고시제도는 단순한 채용제도가 아니라 중요한 정치적 의의를 갖는다.

우리나라의 고시(과거 : 科擧)제도는 1200여 년 전 도입될 때부터 귀족세력의 전횡을 억제하고 학식 있는 국민의 대표가 정부에 참여할 수 있게 보장하는 통로로서, 정부(조정 : 朝廷)의 정통성 확보와 고른 인재등용에 큰 기여를 한 세계사적인 모범사례(Best Practice)였다. 조선왕조 후반 세도정치가 성행하면서 과거제도에 의한 인재 충원이 중단되자 결국 내부자정장치(內部自淨裝置)가 붕괴되어 망국의 길로 접어든 것이 이를 증명한다(조선 후반기에 이르러 과거시험에 부정이 횡행하고, 과거에 합격해도 특정 파벌 사람만 임용되는 등 난맥상에다가, 돈을 바치고 벼슬을 얻는 매관매직이 성행하여 지도층 인력구성의 정당성이 먼저 붕괴되었다. 이렇게 정당성을 잃은 집권층이 양반층 내부는 물론이고 일반 백성들에게도 불신당하는 상황에서 사리사욕추구 외에 무슨 일을 할 수 있었겠는가?).

오늘날에도 고시제도는 국민이 직접 정부업무를 담당할 수 있도록 헌법에 규정된 '공무담임권(公務擔任權)'을 모든 국민에게 균등하게 보장하는 장치로서 선거제도와 더불어 중요한 정치적 의의를 지니고 있다. 단순히 공무원을 뽑기 위한 제도만이 아닌 것이다.

선거에 의해 교체되는 정부와 정무직(그리고 정치적 임명직) 공무원이 민주정치의 한 축이라면, 그들을 보좌하여 정책결정에 참여하면서도 그들과는 거리를 두고 '신분보장' 속에 '정치적 중립'을 유지해야 하는 '직업공무원 층'은 또 하나의 축으로서, 두 축의 상호견제와 보완 속에 민주정치가 보장되므로 이 두 종류의 공무담임권은 모두 중요하다.

또한 경제적 약자도 자기 노력만으로 공무에 참여하고 신분상승을 기대할 수 있다는 의미에서 자유와 평등을 함께 보장해주는 중요한 민주주의 구현수단이기도 하다.

만약 고시제가 없어지고 직위별 채용 또는 특별채용에 의존한다면, 직업공무원층의 긍지와 응집력은 훨씬 약화되고, 대신 정무직 공무원과 정치권에 대한 종속이 한결 심화될 것이며, 이로 인해 '정치적 중립성'도 흔들리게 될 우려가 크다.

또한, 부처별로 또는 직위별로 분산 채용하는 방식은 그 과정에 많은 비용과 노력이 추가로 투입되어야 하는 실행상의 문제점도 있을 뿐 아니라, 그 채용의 정당성, 공평성을 어떻게 납득시킬 수 있을지 의문이다(연줄·지연·학연 등의 오해를 막을 방법이 있겠는가?).

게다가 아무리 시행과정에서 노력한다고 해도 모든 국민에게, 특히 경제적 약자들에게 고른 기회를 부여하기가 어려워서 그 본질적 의미가 훼손될 염려가 있다.

둘째, 프랑스가 부처별 채용제도의 폐단을 시정한 선례를 귀감으로 삼아야 한다.

프랑스는 부처별 채용제로 인해서 '파리 출신만 주로 채용되고 부처할거주의가 성행하는' 폐단을 절감했고, 이로 인한 '국가적 시야의 결여'가 제2차 세계대전 초기 패배의 한 원인이 되었다는 반성을 한 바 있다. 이를 시정하기 위해 1945년부터 전부처적 채용, ENA에 의한 철저한 교육, 부처 간 이동근무 장려 등으로 고시제를 제대로 정착시켜 활용하고 있다. 우리는 오히려 거꾸로 가려고 하는 것인가?(프랑스만이 아니라 영국과 일본, 그리고 미국(부분적으로)도 고시제를 활용하고 있다).

- 영국은 속진(速進)임용제(Fast Stream Development Programme)로 22세 전후의 젊은 엘리트를 매년 250명 정도 선발한다(선발분야 : 일반 행정, 유럽, 경제, 통계, 과학기술).

  이들은 'Fast Streamer'라고 불리며, 2년 간 시보(A.T.) 임용을 마치고 2~3년 후에는 계장급(G7)에 임용되는 간부요원으로서 장차 과장 · 국장 · 사무차관까지 승진하게 된다.

- 일본의 고등고시라 할 수 있는 '1종 시험'도 다양한 분야별 선발, 보직경로 등에서 영국식과 거의 흡사하며, 국장급 이상 직위는 거의 이들로 채워진다.

- 미국은 직위분류제에 입각해 직위별 채용에서 원칙이므로 고시제도는 고려되지 않았으나, 영 · 불 · 독 · 일 등 주요국가들의 젊은 엘리트 선발제도의 장점을 본받고자 1977년부터 '대통령 인턴 제도(President's Management Internship Program)'를 신설했다. 행정학, 정책학 분야 대학원 이수자를 대상으로 매년 400명 정도 모집해 2년 간 인턴(수습행정관) 과정을 이수하면 경력직 공무원으로 채용하고 있다.

우리는 오래 전부터 이러한 전부처적인 채용과 활용제도를 계속해왔기 때문에 그 효용과 장점을 너무 당연시하고 가볍게 보는 게 아닌가 한다. 정작 그런 전통에도 불구하고 오늘날 우리의 실상은 아직도 부처할거주의가 팽배해 있는 상황이므로, 만약 이제 부처별 채용으로 가게 되면 부처할거주의를 더욱 악화시킬 가능성이 크다.

셋째, 현행 고시제도의 비효율성이나 한계성 문제는 보완노력을 하면 되는 것이지 제도의 폐지를 운위할 정도의 상황은 아니라고 본다. 시험과목, 시험방법, 시험방식상의 적정성 · 효율성을 향상시킬 대책을 강구하고 고시출신자들 상호간의 경쟁, 나아가서는 고시출신 집단과 다른 집단들간의 선의의 경쟁을 촉진시켜 상호견제와 균형이 이루어지고 다양성이 보장되도록 하면 되는 것이다.

이런 의미에서 고시 선발인원을 우선 20% 정도 줄이고, 대신 그 인원만큼 외부의 전문인력을 좀더 특별채용하는 것을 검토해볼 만하다고 생각한다.

'메기론(미꾸라지를 키우는 수조 속에 메기를 몇 마리 같이 넣어 놓으면 모든 미꾸라지가 살아남기 위해 더 빠르게 움직이고 통통하게 살이 찌게 된다)' 의 비유에서 보듯이, 치열한 경쟁 속에서만 능력개발과 업무효율이 극대화되기 때문이다.

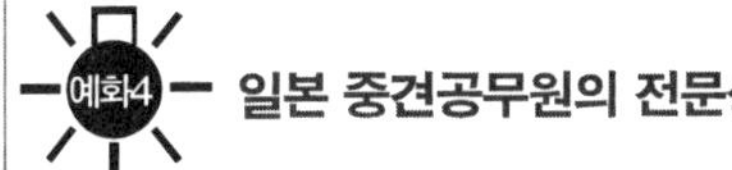

10여 년 전 당시 특허청 차장으로부터 들은 이야기이다.

호주에서 열린 특허법에 관한 아시아 · 태평양지역 회의에 다녀온 특허청 직원의 보고였다고 한다.

회의 전날 밤 각국에서 온 참석자들을 위한 환영 리셉션이 있었는데, 일본 특허청에서 온 50대의 공무원만이 유독 영어를 거의 못해서 모두들 "왜 일본정부가 저런 사람을 보냈을까" 하고 의아해 했었다고 한다.

그런데 다음날 회의가 시작되자 사태는 일변하고 말았다.

오전 회의에서, 이 일본 공무원은 통역의 도움을 받아가면서 이 회의의 주제에 대한 해박한 지식과 안목을 보여주는 발언을 한 반면, 다른 나라의 대표들은 '그저 그렇고 피상적인' 상식수준의 얘기만 되풀이하는 상황이 전개된 것이다. 알고 보니 이 사람은 일본 특허청 내에서도 이 주제

분야에서만 20년 이상을 근무했고 모든 문제의 기원에서부터 최신 현황까지, 그리고 모든 소스를 꿰뚫고 있는, 그야말로 'walking dictionary'였던 것이다.

오후 회의에서 호주 공무원인 의장은 긴급동의로, "우리끼리 돌아가면서 얘기해봐야 별로 생산적이지 못할 것 같으니, 차라리 저분에게 남은 회의기간 동안 이 주제에 대한 강의를 해달라고 청하는 것이 어떻겠느냐?"고 제의를 했고 다들 만장일치로 찬성해서, 그 후 하루 반 동안에 걸쳐 그 일본 공무원에게서 아주 유용한 강의를 듣고 자료도 얻어 대단히 만족해했다는 것이었다.

일본의 중·하위직 공무원은 평생 거의 한 분야에서 근무를 하므로 이러한 수준의 실무 전문성을 축적하는 사람이 많이 있다고 한다.

각 분야마다 이러한 실무전문가들이 성실하게 받쳐주고 있다면, 정책결정을 할 때 안심이 되고, 국민들이 정부의 정책을 믿을 수 있을 것이다. 우리나라도 모든 분야에서 이러한 실무전문성이 쌓여야 선진국 수준에 진입할 수 있다고 생각한다. 이제는 우리도 공무원 인사 시스템을 고쳐서 각각의 분야마다 '일가견을 지닌 전문행정가'를 양성해내야 할 시점이다.

7
정부조직 운영에 대한 개혁

제1절 바람직한 정부조직 개편 방식

1. 현황 및 문제점

2003년 신정부 출범을 겨냥해 벌써 정부조직 개편논의가 나오기 시작하고 있다. 이제 신정부가 출범할 때마다 정부조직 개편을 하는 것이 당연한 일처럼 인식되고 있는 것 같다. 그러나 우리헌법 제96조는 정부의 조직을 법률로 정하도록 규정('정부조직 법정주의')하고 있어서 자주 바꾸지 않는 것을 전제로 하고 있다.

사실 정부조직의 변경은 그 정치적 의미와 대국민 홍보효과가 크기 때문에 신정부라면 새로운 구상을 반영해서 출범하고 싶다는 생각이 드는 것은 당연하다고 볼 수 있다.

프랑스의 유연한 정부조직 변경방식

이런 취지에서 프랑스는 '정부조직 법정주의'를 채택하지 않고 있기 때문에 새 내각출범시마다 새로운 부처편성과 이름을 선보이고 있다(대통령령으로 공표하면 됨).

물론 그에 따라 실·국들은 소속부처가 달라지기도 하나, 세부기구·조직이나 인원상의 변화는 없기 때문에 공무원들이 동요하는 일은 없다.

우리나라도 정부의 기구·조직을 유연하게 변경하는 것이 바람직하다는 판단이 선다면 장차 이러한 프랑스식을 따르는 것도 검토해볼 만하다고 하겠다(헌법 개정사항).

1) 정부조직 개편 거론의제

현재 정부조직 개편논의에 오를 가능성이 있는 의제는 많이 있다. 예산기능의 재경부 통합문제, 정부개혁실, 국무조정실, 중앙인사위원회와 행자부(인사)의 기능조정, 신설된 다수의 행정위원회들, 통상교섭본부, 교육인적자원부, 여성부, 부총리제도 등 최근 정부조직 개편의 결과가 우선 대상이 될 것이다. 이 개편 결과에 대해서 원상회복하자는 견해에서부터 더 진전시키자는 견해까지 다양한 의견이 가능하리라고 본다.

또한 정부부처 수를 더 줄여서 대부처(大部處)주의로 가자는 방향과 정부의 개입을 줄이고 민간 자율에 맡기도록 관련 기능과 조직을 더 줄이자는 논의도 여전히 강력히 제기될 것이다. 이에 따라 정보통신부 등 기존부처의 추가 통폐합 가능성을 모색하는 아이디어도 나오기 시작하고 있다.

| **정부조직 개편에 반영할 사항** |

정부조직 개편의 구체안에 대해서는 다양한 의견이 나올 수 있고 입법부와의 협의도 필요하므로 신중한 검토가 필요할 것이다.

다만 이번 정부조직 개편에 반드시 반영해야 할 사항 중의 하나는 전자정부(e-Government)의 추진을 전담할 조직의 신설이다.

현재 세계 주요국가들이 정부핵심에 전담조직을 두고 전자정부 추진정책을 밀어 나가고 있고, 우리나라도 과감한 전자정부화 계획을 수립하여 추진중에 있는 것은 다행한 일이다.

그런데 이제까지는 초기단계였기 때문에 비상설조직으로 대처할 수 있었으나, 앞으로 본격 추진단계에서는 부처 간 기능조정 등 난제가 많아서 외국의 예와 같이 강력한 권한과 책임을 가진 전담조직이 반드시 필요한 상황이다. 향후 정부개혁의 주요수단이 될 이 전자정부 추진사업에 국가적 중요성을 부여하여 전폭지원을 하는 것이 절실한 과제가 되고 있다.

2) 문제점과 교훈

앞으로 정부조직 개편을 추진함에 있어서 과거의 경험을 거울삼아 좀더 치밀하고 세련되게 추진하는 것이 좋을 것 같다. 현재 시행되고 있는 정부조직 개편의 성과에 대해서는 아직 확고한 평가를 내리기는 이르다고 보며, 논자에 따라 얼마든지 찬·반양론이 가능할 것이다. 그러나 그간의 정부조직 개편 경험을 통해 다음과 같은 문제점과 교훈은 도출해 낼 수 있다고 생각한다.

첫째, 정부조직 개편작업은 그 성과에 대한 판단이 쉽지 않다는 것이다.

어떤 조직 개편방안이 정부운영의 효율성을 높일 수 있는지를 판단할 만한 근거가 명확하지 않은 경우가 많다. 대체로 새로운 기능의 신설이나 기구·조직의 확대는(적어도 처음에는) 나름대로 의미 있는 변화나 성과가 있을 것이라고 볼 수 있으며, 따라서 비교적 판단하기가 쉽다. 그러나 기능이나 부처의 통폐합은 겉으로 보이는 정치적·상징적 효과를 제외하고는 단기간 내에 성과를 판단하기가 쉽지 않은 것 같다. 이렇기 때문에 과거의 정부조직 개편이 대체로 조직과 기능을 늘리는 방향으로 진행되었던 것이 아닌가 한다.

둘째, 정부조직 개편에 따르는 대가와 희생이 만만치 않다는 사실다.

지난 수차례의 정부조직 개편과정에서 공무원층의 동요와 부처 간 치열한 로비 전쟁, 관련업무의 지연, 그리고 통합된 부처의 경우 인력 간의 융화와 적응상의 어려움이 장기간 지속되는 등, 매우 소모적 양상이 나타났다. 조직개편의 대상이 되거나 될 우려가 있다고 생각되는 모든 부처가 상·하직원 모두 똘똘 뭉쳐 조직방어에만 신경을 쓰는 상황이 전개되니, 그로 인한 시간낭비와 업무효율 저하가 엄청나다. 과연 이를 감수하고서라도 조직개편을 할 필요가 있는 것인지 의문이 가는 경우도 있을 것이다. 특히 가장 힘차게 일할 수 있는 정부출범 초기에 조직개편작업에 시간과 기운을 너무 빼앗기고 나면, 정작 더 중요한 본질적 개선작업이 희생될 우려가 있는 것이 가장 큰 문제이다.

셋째, 조직개편의 방안이 너무 이상적으로 흐를 가능성을 경계해야 한다고 본다.

정부 부처조직은 국가운영에 관한 가장 큰 틀이자 정책방향의 상징이기 때문에 모두들 관심이 많고 우리가 참고할 만한 선진국 모범사례도 많이 있다. 따라서 나름대로 일리 있는 방안도 얼마든지 있을 수 있으나 그 방안들이 실제로 생각만큼 잘 작동될 수 있는 것은 아니다.

더욱 우리나라는 국회에서 법개정이 따라야 하므로 국회와의 의견조율을 우선적으로 고려해야 한다. 한꺼번에 이상적인 방안을 다 성취하려고 하기 보다는 합의 가능한 선까지 우선 개선해, 시행하는 현실적 접근방식을 당연하게 받아들여야 한다.

2. 대책

정부조직 개편의 추진에는 다음과 같은 원칙을 적용하는 것이 좋을 것으로 본다.

첫째, 정부조직법의 개정이 필요한 부처 신설 및 통폐합은 중요한 정강·정책에 관련되는 경우에만, 그것도 최소한의 범위로 국한한다. 그리고 소속 실·국의 감축이나 통폐합도 가급적 피해 공직자층의 동요와 업무공백을 최소화해야 한다.

소속부처가 달라지는 것만으로도 공직자들은 동요할 수 있을 것이다. 과거 수차례 부처 통폐합시 '화학적 결합'을 도모한다는 취지로 업무전문성을 고려하지 않는 인사를 시행한 적이 있기 때문이다(프랑스의 유연한 방식처럼, 정부조직이 개편되어도 실·국 단위에서는 기구 통·폐합이나 인원감축이 없이 부처소속만 변경되는 관례가 확립되는 것이 바람직하다. 그렇게 되면 정부조직 개편시에 공직자층의 동요나 여론의 반대의견도 줄어들게 되고 법개정작업도 보다 수월해질 수 있다).

둘째, 정부조직 개편안에 대해서는 국회와 신속히 협의해 법 개정을 마침으로써 정부출범이 지연되지 않도록 하는 것을 최우선의 목표로 한다. 그리고 나서 정부운영의 본질에 관한 혁신작업에 착수한다.

셋째, '정부의 기구·인원 축소' 정책을 채택하되 이는 5년 간에 걸쳐 점진적으로 추진하는 과제로 추진하고 정부출범시의 조직개편과는 동시에 결부시키지 않는다(만약 이 두 가지 정책이 처음부터 결부되면 상당한 시간낭비와 업무공백을 초래할 우려가 있다).

넷째, 정부운영 혁신작업을 진행하면서, 중기적(中期的) 시야를 가지고 정부조직을 제로 베이스에서 재검토하는 연구에 착수한다. 여기에는 행정규제 완화, 지방분권의 정책목표와 방향도 함께 검토되어야 한다(이 연구는 공개적으로 진행하되, 현직공무원들의 의견진술기회를 충분히 보장하는 것이 바람직하다).

제2절 행정 내부통제의 강화

1. 프랑스 행정의 최강점 : 행정 내부통제

프랑스 행정의 가장 특징적인 강점은 행정부 안에서 내부 통제기능이 제대로 작동해 정부운영 전반에 대한 건전한 감시·견제가 이루어지고 이를 통해 미래정책 방향까지 제시되는 시스템이 있다는 것이다.

이러한 내부통제기능은 다음과 같다.

- 행정재판소 겸 법제처 역할을 하는 국참사원(Conseil d'Etat)
- 회계검사 및 회계재판소 역할의 회계원(Cour des Comptes)
- 그리고 재정지출을 감독하는 재경부 소속의 재무감찰관(Inspection des Finances) 직군이 담당

이들 기관은 넓은 의미에서 행정부 내에 위치하지만 독립성과 엄격한 정치적 중립성을 견지하며 국민들로부터 높은 신망을 받고 있어서 최우수 공무원의 산실로 꼽힌다(매년 ENA 졸업자 100명 중에서도 최우수층 15명만이 갈 수 있는 엘리트 직군에 속하며, 다른 부처기관에의 파견근무가 많을 뿐 아니라 장차 각 부처 주요 국장이나 장관비서실장 그리고 대통령부나 수상실도 주로 이들로 충원된다).

이들처럼 고도의 지적능력과 투철한 국가관, 정치적 중립성에 바탕을 둔 전 정부적(whole of government) 시야를 갖춘 소수정예 인력이 프랑스 행정의 중심부 및 요소요소에 포진해, 부정부패 방지는 물론 시민을 위한 행정, 시대의 변화를 내다보는 정책방향 제시 등의 업적을 쌓아 왔기 때문에 프랑스 국민들은 이들을 크게 믿고 의지하고 있으며 현재와 같은 엘리트 중시 시스템이 계속 유지되고 있는 것이다.

정치인과는 달리 이들에게는 부정부패나 독직사건이 없으며, 대통령이나 수상 또는 어느 특정 정당의 영향력에 좌우되지 않는 이들 엘리트 직업공무원단의 존재가 국정의 조화와 균형을 지켜주고 있는 것이다. 우리나라에도 꼭 도입하고 싶은 대단히 부러운 시스템이다.

요즘 '제왕적 대통령제'를 고쳐야 한다는 논의가 무성하고 많은 대안이 제시되고 있으나, 가장 확실한 대안은 '대통령의 눈치를 보지 않고 법과 양심에 따라 판단하는 현인(wise men) 집단'이 행정 내부에서 활발하게 활동하는 것이라고 생각한다.

지금까지는 무슨 일이 있을 때마다 대통령부의 의중을 먼저 살피고 그 판단에 의지함으로써 책임을 미루는 것이 현명한 방책으로 통해 왔고, 그로 인해 매사에 대통령부가 개입하지 않을 수 없게 되고 결국은 모든 책임이 그리로 쏠리게 된 요인도 있었다고 본다.

앞으로 대통령부가 실무적이나 전문적 사안에는 개입을 자제, 이들 현인 집단의 판단에 맡겨 두고, 중요한 정책문제에 있어서도 소관부 처외에 이들의 판단도 함께 활용함으로써 정책적 과오를 피하고 균형 있는 정책결정을 할 수 있게 된다면 제왕적 대통령제라는 비난은 듣지 않을 것이다.

2. 한국에의 적용방안

이러한 프랑스식 행정 내부통제 시스템 중 국참사원은 가장 매력적이지만 사법제도의 차이로 인해서 당장 우리나라에 그대로 도입하기는 어려운 것이 유감이다.

그러나 회계원은 우리 감사원과 제도가 유사하고 즉각적인 개선효과를 기대할 수 있으므로 우선적으로 검토해볼 가치가 있다고 본다.

우선 한국의 감사원과 프랑스의 회계원을 비교해보자.

두 기관 모두 미국 · 영국 · 일본의 예와는 달리 의회에 소속하지 않고(따라서 넓은 의미의 행정부에 소속되지만) 강한 독립성을 인정받고 있다는 점은 공통이다.

그러나 프랑스의 회계원은 회계감사 외에 그 감사 결과에 대한 기소와 심판을 하는 사법기관(검찰과 법원)의 성격도 가지고 있는 점이 우리와 다르다. 따라서 회계원의 감사관들은 법관(magistrat)의 자격을 부여받아 면책특권 등 강한 신분보장을 받고 있다.

우리와 가장 차이가 나는 점은 인사 운영방식이다. 프랑스 회계원의 감사관은 3대 엘리트 직군으로 공인되어 각 부처 요직에 인력을 파견하고 있을 뿐 아니라, 거꾸로 10~15년의 실무경험이 있는 각 부처의 우수 공무원을 회계원에 고위심판관으로 채용하도록 되어 있다. 이를 통해 감사에 필요한 부문별 전문지식과 능력을 가진 검증된 인재를 손쉽게 확보해 기관의 능력과 위상을 높이고 있다.

반면에 우리나라는 제도적으로 그 길이 막혀 있지는 않지만 실제로는 타 부처와의 인사교류가 거의 없는 편이고 그 전문성과 식견에 있어서도 타 부처에 비해 월등한 위상을 확보하고 있지는 못하다.

회계감사와 직무감찰을 통해 모든 부처의 업무집행의 합법성과 적정성을 통제하고 정책방향을 제시하는 것은 고도의 식견과 판단능력이 필요한 작업이고, 그 미치는 영향력이 엄청난 만큼 책임성도 대단히 크다.

따라서 감사원의 업무를 우리 정부의 최정예 인력들이 맡아서 올바른 행정 내부통제를 정착시키도록 한다면 우리의 행정 발전은 크게 촉진될 것이다. 앞으로는 우리도 프랑스처럼 감사원의 기능을 비위적발 위주로부터 성과감사와 행정에 대한 전문 컨설팅으로 확장시켜 그 기능과 위상을 강화하는 것이 필요하다.

이러한 감사원의 변화를 촉진하고 준비하기 위해서는 다음과 같은 대책이 필요하다고 생각된다.

첫째, 감사원의 상층부 인력구성에 있어서 법학전공자 비중을 줄이고 경영·회계·과학기술 등의 분야에 전문식견이 있는 사람을 보충한다.

둘째, 신규 감사관의 충원은 정예인력 위주로 실시한다. 변호사·회계사 등 전문자격자를 공개채용하고 각 부처에서 전정부적 시야를 갖춘 우수인력을 선별해 파견받으면서, 타 부처들과 인사교류를 활발히 시행한다.

셋째, 주요 지방자치단체 소재지에 감사원 분원을 설치해 그 중립성과 전문성을 가지고 자치단체 행정에 대한 사전감독 및 정책 컨설팅 기능을 수행케 한다.

이상과 같은 소수정예 인력투입과 소규모 조직신설만 가지고도 전국적으로 올바른 행정통제와 '성과위주'의 행정관행을 정착시키는 계기가 되리라고 믿는다.

3. 전문행정 컨설팅

사기업 부문에서는 외국의 전문 컨설팅 회사가 고액연봉을 받으면서 얼마나 큰 영향력을 발휘하는지 요즘 많이 알려져 있다. 그들에게 공공부문, 정부 행정부문에 대한 진단이나 컨설팅을 요청한다 해도 공·사부문 간의 성격차이와 막대한 소요비용 등으로 인해 크게 효과를 보기 어려운 것이 사실이다.

그러나 이들에 못지 않는 능력을 지닌 우수 인재가 우리 공직 내에 있으며 이들을 적절히 훈련시켜 활용한다면 우리 정부에 대한 컨설팅에는 최고의 전문성을 발휘하게 할 수 있다.

그리고 그 기능을 담당하기에 가장 적절한 것은 프랑스의 예에서 이미 입증되고 있는 것처럼, 회계감사와 결합된 정책감사, 성과감사를 맡는 기관인 것이다.

| 감사원의 의회소속 이관 문제 |

감사원이 행정부 내에 위치해 있어서 본연의 기능을 다하기 어려우므로 의회소속으로 바꾸자는 논의가 많이 나오고 있다. 정책평가 분야에서 성공적 모델로 되어 있는 미국의 회계검사원(GAO)이 의회소속이고 영국·일본도 그렇다는 점에서 이 주장이 더 탄력을 받고 있는지도 모르겠다(그러나 프랑스는 전술한 바와 같이, 행정부 내에서 독립적인 회계원이 내부통제를 제대로 하여 국민의 존경을 받는 성공사례를 보여주고 있다).

우리 헌법 제97조는 감사원을 대통령 직속으로 두되 독립성을 부여해 제 기능을 수행할 수 있도록 하고 있다.

이와 같이 감사원을 행정부 내에 둔 취지는 다음과 같다.

첫째, 행정부 안에서 내부통제 및 자정(自淨) 기능을 수행하는 것이 외부에서 통제하는 것보다 바람직할 뿐 아니라, 더 광범위하고 심층적인 통제가 가능할 수 있다.

둘째, 대통령에게 그 소속기관의 일원으로서 직언과 고언을 할 수 있는 위치를 부여하면서 은연중 대통령부의 권력에 대한 견제역할을 하도록 한 것이 아닌가 짐작된다.

물론 그 동안은 직언과 고언을 하거나 받아들이는 풍토가 잘 안되어 있었기에 큰 효과를 보지 못했을지 모르나, 앞으로는 이를 활용하고 존중하는 방향으로 발전해나갈 수 있으리라 본다.

감사원의 의회소속 이관은 헌법개정 문제가 따를 뿐 아니라 이관 방안에는 다음과 같은 문제점도 있을 것으로 생각된다.

첫째, 행정부내의 내부통제 기능이 더 약화되고 대통령부의 독주가 더 심해질 수 있다.

둘째, 현재 회계감사와 더불어 직무감찰 기능을 수행하고 있는데, 의회소속기관이 직접 행정부 직무감찰을 하는 것은 권력분립 원칙에 어긋나게 되는 문제점이 있다(이 문제를 피하기 위해 회계검사는 의회소속으로, 직무감찰은 행정부 내 별개의 기관에서 하도록 분리하는 것은 감사기능의 약화와 위상 저하를 가져올 가능성이 크다고 판단됨).

셋째, 정치에 더 민감한 의회에 소속된다면 선거구민이나 정당과의 이해 충돌로 '정치적 중립성'이 오히려 훼손될 우려도 있고,

넷째, 앞으로 감사원 기능의 발전을 위해서는 행정 각 부처와의 인사교류가 활발해져야 하고 행정부 내의 정예인력을 충원해야 하는데, 그런 면

에서도 불리해질 수 있다.

다섯째, 행정부와 의회 간의 대립이나 긴장의 강도가 더 높아지고, 회계감사에 대한 수용도가 저하될 우려도 있기 때문이다.

따라서 감사원은 현행대로 대통령 직속으로 있으면서 독립성을 확대하고 정예화해, 국가개혁을 주도하고 후원하는 기관으로 발전하는 것이 바람직하다고 생각된다.

제3절 책임운영기관 확대

1. 현황

1) 개념

책임운영기관은 중앙정부의 집행적 성격의 기능을 정책형성 기능과 분리해 독자적인 사업소 형태로 운영함으로써 행정 서비스의 질과 효율성을 높이려는 제도다. 영국에서는 책임 집행기관(Executive Agency), 뉴질랜드는 독립 사업기관(Crown Entity), 호주에서는 사업소(Business Unit)와 독립기관(Statutory Authorities) 그리고 미국에서는 책임 성과기관(Performance-based Organization : PBO)으로 불리고 있다.

영국과 뉴질랜드에서 가장 활발하고 광범위하게 적용되고 있으나 두 나라의 유형은 다소 다르다.

영국 유형은 정부부처 내에 속한 독립적 기관으로서 직원들이 공무원 신분을 유지하고 기관장이 관리재량권을 가지는 대신 장관에게 직접 책임을 지는 형태를 취하고 있다.

반면 뉴질랜드식은 보다 시장지향적 모델로서, 정부조직에서 완전 분리된 독립기관이고 직원들도 공무원이 아니며, 기관장(사장)은 각 부처장관이 구성한 이사회와 고용계약을 맺어 임용되고 이사회에 대해 직접 책임을 지며, 부처장관과는 간접적인 책임·통제관계에 있다.

뉴질랜드는 국립연구소, 국립보건소까지 포함하는 400여 개에 달하는 준정부기관(QUANGOS)을 독립사업기관(Crown Entities)으로 변경해 정부 부처의 직접적 통제에서 분리하는 등, 가장 과감한 조치를 취하여 단기적인 관리효율성 면에서는 성과가 컸으나, 점차 수많은 독립기관 간의 협력조정의 어려움, 성과목표 설정과 정치적 책임 및 통제상의 문제점 등이 노출되고 있어서 아직 성공적이란 평가를 내리기는 어려운 상태다.

반면 영국은 1988년 8월 차량검사소(Vehicle Inspectorate)를 처음 책임 집행기관으로 지정한 이래 계속 확대해 현재 131개의 책임운영기관에 전체 공무원의 4분의 3 이상인 37만 5,000명의 공무원이 근무하고 있다. 대처 수상에 의해 추진된 정부혁신의 핵심적 사업이자 가장 성공적인 프로그램으로 꼽히고 있다.

특히 계약문화에 익숙하지 않은 나라들이 이러한 제도를 도입하는데 있어서는 뉴질랜드 모형보다는 영국 모형이 용이하며 안전하다고 할 수 있다.

2) 우리나라의 책임운영기관 제도

우리나라도 정부개혁의 일환으로 영국식모델의 책임운영기관제도를 도입하여 다음과 같은 과정을 거쳐 현재 총 16개 부처의 23개 기관을 대상으로 단계적 시범실시를 진행 중에 있다

• 1998년 2월 '정부조직개편위원회'에서 제도 도입건의
• 1998년 11월 국무회의에서 제도 도입 의결
• 1999년 1월 관련 법률 제정
• 1999년 3월 후보기관 국무회의 보고(17개 부처 25개 기관)
• 2000년 1월 9개 부처 10개 책임운영기관 시행
• 2001년 1월 10개 부처 13개 기관 추가 시행
      (총 16개 부처 23개 기관)

이 대상기관의 선정기준은 '주된 사무가 사업적·집행적 성질의 행정 서비스이고 성과측정이 가능하거나 기관운영에 필요한 재정수입의 전부 또는 일부를 자체 확보할 수 있는 기관'으로 정해져 있으며 운전면허시험관리단, 국립중앙극장, 국립의료원, 국립중앙과학관 등 10개 기관이 1차로, 그리고 조달청, 중앙보급창, 충남 통계사무소, 국립수의과학검역원 등 13개 기관이 2차로 지정되어 운영 중에 있다.

이 책임운영기관의 기관장은, 임기 3년 이내의 계약직 공무원으로 공개모집 채용되고 운영성과의 평가에 따라 성과급을 지급받거나 해임될 수도 있다. 기관장은 중앙 행정기관의 장이 부여한 '사업목표'에 따라 '사업 운영 계획'을 수립해 장관의 승인을 받아야 하고, 그 사업계획에 따라 '연도별 사업계획'을 수립해 제출해야 한다. 기관장에게는 조직 및 정원과 인사관리, 그리고 예산회계에 있어서 일반 행정기관보다 많은 자율성과 탄력성이 인정되어 있으나, 이를 좀더 확대할 필요가 있다는 견해가 제시되고 있다.

그간의 운영성과를 개관해 보면 기관장의 임기보장과 자율성 부여에 힘입어 많은 창의적 개선 노력이 나타나기 시작하고 있는데, 운전면허증 발급시간의 대폭단축 (평균 4시간 → 20분) 등의 행정 서비스 개선효

과와 자체 수입의 적극적 개발노력 등을 통한 재정자립도 향상, 그리고 업무의 민간위탁을 통한 조직·정원의 자발적 감축 등 기관운영방식 개선의 효과를 대표적인 예로 들 수 있다.

2. 성과와 문제점(영국의 경우)

우리나라는 책임운영기관 제도를 시행한지 아직 얼마되지 않아서 이 제도 전반에 대한 평가를 하기에는 이르다고 본다. 따라서 우리와 유사한 여건 하에서 대단히 체계적으로 실시하고 있는 영국의 경험과 분석에 근거하여 그 성과와 문제점을 판단해 보는 것이 앞으로의 정책방향 설정에 도움이 되리라 생각한다〔김근세(1998년), 「책임집행기관에 대한 연구 : 영국의 사례를 중심으로」, 『한국정책학회보』 제7권 제2호, 139~162쪽에 의거함〕.

1) 전반적 평가

전반적으로 영국의 책임집행기관 제도는 행정 서비스의 질(quality)과 능률성(efficiency)을 크게 향상시킨 것으로 평가된다. 특히 능률성은 비용효과성(value for money)의 향상 등으로 평가되는데, 구체적으로는 총자산(total assets)의 변화, 총인력(staff in post)의 변화, 총운영비(gross running costs)의 절감비율, 산출단위 비용(unit cost of output)의 변화, 공개입찰(Competing for Quality : CFQ)에 따른 절감비율 등으로 측정된다. 요컨대 인력과 비용 그리고 자산관리에 계속 신경을 써서 관리하게 함으로써 더 적은 인원으로, 더 적은 비용을 들이면서 서비스는 더 향상시키는 성과를 거두었다는 것이다.

나아가 행정 서비스의 질을 향상시키기 위해 '시민헌장제도(Citizen's Charter)'와 '인력 투자 인증제도(Investors in People : IiP)'를 도입해 고객을 더 의식하게 하고 운영인력의 능력을 향상시키고자 노력하고 있다.

2) 성과 분석

조직 유형별로 성과에 차이가 있다

영국의 책임집행기관은 업무의 성격을 기준으로 대민서비스기관 (service to the public), 내부 서비스 기관(departmental services), 연구 기관(research establishments), 규제기관(regulatory functions)의 4가지 유형으로 분류된다. 이들 기관은 각기 상대하는 고객의 성격이 다르다.

- 대민 서비스 기관 : 직접 수혜자(client/beneficiaries)
- 내부 서비스 기관 : 다른 정부기관

표 4　영국 책임집행기관 유형별 성과비교　(단위 : %)

부문별평균 기관유형	총자산 변화율	총인력 변화율	운영비 절감률	단위비용 변화율	공개입찰 비용절감률	성과목표 달성도
대민 서비스 기관	159.28	-1.74	4.32	-4.34	25.21	77.37
내부 서비스 기관	10.22	-7.85	6.28	-2.64	16.64	85.91
연구기관	12.06	-2.25	3.10	-0.54	24.00	82.96
규제기관	4.02	0.05	4.18	-3.27	25.78	69.66
총계	78.32	-3.44	4.76	-3.32	22.98	79.86

자료 : 김근세(1998), 「책임집행기관에 대한 연구 : 영국의 사례를 중심으로」, 『한국정책학회보』 제7권 제2호, 150쪽

- 연구기관 : 간접적 수혜자(remote beneficiaries)
- 규제기관 : 의무부담자(client/obligatees)

이러한 업무성격과 고객의 차이에 따라 운영성과 면에서도 다음 표에서 보는 것과 같은 차이가 나타나고 있는 것이 주목할 만하다.

우선 성과목표 달성도에 있어서, 내부 서비스 기관이 85.91% 인데 반해 규제 기관은 69.66%, 대민 서비스 기관은 77.37%로 상당한 차이가 있다. 이것은 연구기관과 규제기관의 업무가 불확실성(task uncertainty)이 높아서 목표 달성도가 낮은 것이 당연하다는 점과 함께 이들 기관이 책임집행기관으로 운영하기에 적합한가 하는 근본적인 의문을 제기한다.

또한 다른 부문에서는 조직유형별로 큰 차이가 나타나지 않고 있으나 총인력 변화와 총자산 증가 면에서는 큰 차이를 보이는 것도 흥미로운 점이다. 즉 총자산 증가율에서는 대민 서비스 기관이 가장 높고 (159.28%), 규제기관이 가장 낮은데(4.02%), 이것은 대민 서비스 기관이 사업성 또는 상업성이 가장 높기 때문일 것이다.

그리고 인력변화 면에서는 내부 서비스 기관이 가장 많이 감축되었고(-7.85%) 대민 서비스와 연구 기관은 약간 감축, 그리고 규제기관은 오히려 조금 늘었다(+0.05%). 이는 정부기관을 상대하는 내부 서비스 기관은 인력감축의 여지가 있음을 추측케 해주는 대목이다.

중간규모 기관이 성과가 크다

1996년도에 109개 책임집행기관 중에서 32개 기관이 성과목표를 100% 달성했는데 그 중에서 22개 기관은 600인 이하의 작은 조직규모라고 한다. 그리고 조직인력규모를 4개 집단으로 구분해 분석한 결과에서도 공개입찰(CFQ)에 의한 비용절감률 면에서 집단 간에 차이가 나타났다.

즉 중규모 기관(212인 이상 568인 미만)이 39.38%인 반면 소규모 기관(212인 미만)은 19.50%, 대규모 기관(568인 이상 1,690인 미만)은 12.88%, 초대규모 기관(1,690인 이상)은 20.32%였다.

민간조직이 '영리'라는 단순한 목표를 추구하는데 반해서, 정부조직의 목표는 '효율'과 '형평'이라는 상호 갈등적 가치를 추구하는 복합성에 큰 특징이 있다. 따라서 책임집행기관의 조직규모가 클수록 추구하는 성과목표도 복합적이고 다원화될 것이므로 그 조직의 효율성이 낮아질 가능성이 많다. 우리나라에서도 이러한 중간규모 기관이 책임운영기관 제도를 적용하기에 가장 적합한 것이 아닌가 하는 시사점을 갖게 된다.

3) 문제점

독립성 불충분하여 성과 제약(?)

장관책임제 전통에 따라 영국의 장관은 자기부처 소속 하의 모든 활동에 대해 의회에서 무한책임을 지게 된다. 따라서 책임집행기관이 정부기구 내에 있는 이상 그 독립성도 이런 면에서 여러 가지 제약이 있게 된다. 영국의 장관은 상황변화와 부처정책의 변화에 따라 책임집행기관의 목표 수정이 필요하다고 생각할 때는 수시로 기본 문서(사업운영계획)를 수정할 수 있다는 태도를 가지고 있다. 즉 대의민주정치적 통제와 관리효율성 추구 사이의 마찰이 불가피한 것이다(그러나 완전 독립한 뉴질랜드 형의 경우는 민주정치적 통제에서 뿐만 아니라 독립기관 간의 협조·조정상에도 어려움이 커지므로 완벽한 제도는 없는 셈이다).

성과관리체계 없이는 무책임·부패 우려

책임집행기관에 대해서는 성과관리체계를 적용해 행정책임을 물을 수 있어야 한다. 그렇지 않으면 책임성의 실종과 부패 가능성이 대두된다. 따라서 측정 가능한 산출을 생산하는 기관(production agency)이 가장 적합한 책임집행기관 후보다. 이런 생산기관이 아닌 규제 및 연구 기관유형은 행정책임성과 부패 가능성에서 문제의 우려가 있다.

그리고 성과관리체계의 수립에 있어서도 단위 기관별로 측정이 용이한 단기적 목표에만 집중할 경우, 정부가 추구하는 종합적 가치가 왜곡될 수 있다는 점에 유념해야 할 것이다.

정책개발관련 기관은 제외해야

정책개발기능과 집행기능 간에 복합상승효과(synergy)가 있거나 두 기능의 분리가 불가능한 기관은 책임집행기관화하지 않는 것이 낫다. 현재 시행 중인 책임행정기관 가운데 왕궁 관리소나 여권 사무소는 정책-집행의 분리가 가능한 예이지만, 사회보장청이나 특허청, 고용청 등은 기본 문서에 장관에게 정책자문을 하도록 명시되어 있거나 내부적으로 정책부서를 갖고 있어 정책업무에 대한 행정책임성 확보에 있어서 문제를 초래하고 있다.

또한 대부분의 부서와 업무에 정책기능과 집행기능이 혼재하고 있는 상황에서 이를 일일이 분리해 집행기관으로 설립하는 것은 소규모 단위 기관이 너무 많아져 '규모의 경제'를 해칠 우려가 있는 점도 지적된다.

3. 개선 방안

영국 등에서 책임집행기관 제도가 큰 성공을 거둔 데는 무엇보다 기관장의 공개모집과 임기보장, 자율권과 책임의 명확화가 가장 큰 기여를 했다고 평가되고 있다.

이것은 우리나라에도 그대로 적용될 수 있을 뿐 아니라 오히려 우리에게 더욱 절실한 부분이라고 해야 할 것이다. 현재 우리 중앙정부의 소속기관 및 지방 단위기관장은 거의가 '보직 경로상 거쳐가는 자리'로 인식되고 있다. 임기도 없고 재직기간이 짧으며 일을 어떻게 할 것인지에 관한 의욕이나 구상도 할 틈 없이 갑자기 임명되어 오고 갑자기 발령나서 가는 방식의 인사 운영을 해오고 있다. 따라서 '그저 대과(大過) 없이 무난하게 관리만 하다가 돌아오는 것이 최선'이라는 인식이 팽배해 있다.

개방형 임용제가 도입된 일부 기관의 경우, 직원들이 "기관장의 임기가 적어도 2년은 보장이 되면서 훨씬 업무추진이 안정되고 나아졌다"고 말하는 것은 바로 책임운영기관에도 그대로 적용되는 사항이다.

따라서 책임운영기관 본연의 관리방식을 적용하는 데 따른 효과는 제쳐놓고라도, 기관장 공개모집에 따른 적격자 임용과 임기보장에 따른 안정적 업무추진만 가지고도 우선 책임운영기관제 도입은 상당한 성과를 나타낼 수 있으리라 본다.

그리고 이 책임운영기관 제도의 본질은 우리 한국인의 성질에 매우 잘 맞는 제도라고 생각된다. "한국사람은 도급제('돈내기')로 일을 떼어주면 죽을까 무섭다(죽을둥 살둥 하고 일한다)"는 얘기가 있는데, 자기 노력에 따른 성취나 보상이 명확하게 보일 경우 대단한 열정과 순발력, 독창성을 발휘하는 우리의 성향을 잘 표현하고 있다.

따라서 우리는 현재 23개 기관에 책임운영기관제를 시범 실시해 보고 있으나, 공직사회에 혁신의 기풍을 집어 넣고 성과위주의 풍토를 조성하기 위해서도 이를 과감히 확대하는 것이 바람직하다. 더불어 선진국에서의 경험과 시행착오를 감안해 다음과 같은 방침 하에 추진하는 것이 좋겠다.

첫째, 영국 방식대로 정부기구 내의 독립기관으로 하고 공무원 신분을 유지하면서 계속 확대해나가는 것이 좋겠다. 일부에서는 뉴질랜드식으로 과감하게 민간기관화하는 것이 참된 개혁이라고 주장할지 모른다. 그러나 그것은 우리 전통과 관념에 잘 맞지 않을 뿐 아니라 호주·뉴질랜드 외에는 실시한 예도 별로 없고, 뉴질랜드에서조차도 완전한 성공으로 평가되지 않고 있는 모델이기 때문이다(민간기관화 방식을 추진할 경우, 관리효율성을 추구하는 것은 고사하고 우선 엄청난 혼란과 반발을 수습하느라고 개혁의 에너지를 낭비하게 될 우려가 크다).

둘째, 앞에서 소개한 영국의 실증적 분석자료에서 나타난 결과처럼, 대민 서비스 기관과 중규모 기관이 성과가 높다는 것은 상식과 경험에도 부합된다고 생각된다. 따라서 우리도 현 단계에서는 우선 대민 서비스 기관과 일부 내부 서비스 기관 위주로 책임운영기관을 지정해 시행하는 것이 좋겠다. 그리고 규모 면에도 가급적 중규모 기관부터 실시함으로써 그 개선효과를 확인한 후 대·소규모로 확대하는 방식이 바람직하다.

셋째, 책임운영기관화에 대한 우려와 반대를 설득할 수 있는 장치를 도입하면서 추진해야 한다.

대체로 책임운영기관화에 대해서 중앙행정기관 본부는 인사·예산상 큰 비중을 차지하고 있는 소속기관이 자립적으로 운영되면 자신의 권한과 영향력의 감소가 불가피하므로 내심 환영할 수 없는 처지이다. 게다가 책임운영기관화 작업이 성공할 수 있을지 미지수인 점도 큰 부담으로 작용한다.

한편, 현재 대상기관에 근무하고 있는 사람들은 일면 이를 환영하면서도 본부를 의식해서 그런 뜻을 밝히기 꺼려 한다. 그들도 이 작업이 성공할 것인지 확신이 안서고 만약 추진하다가 실패할 경우의 책임부담이 걱정되어 대체로 안전하게 반대의견을 많이 표출하기 마련이다('가만히만 있으면 중간은 간다'는 처세훈이 여기에 강력히 작용).

그리고 향후의 발전을 기대하는 상당수 직원들이 '이 제도로 인해 본부와의 연결관계가 약해지고 인사무대가 좁아질까' 우려하는 점도 이 제도에 반대하도록 작용하는 요인일 것이다.

따라서 이들 모두의 우려를 어느 정도 설득할 수 있는 장치를 도입하는 것이 제도 전환 및 성공의 요체라고 본다.

그 장치는 책임운영기관으로의 전환과 성공적 운영에 대해 중앙부처 본부와 소속기관이 동일운명체가 되도록 하는 것이다.

구체적으로는 책임운영기관을 적극적으로 늘리고 관리를 잘 한 것이 부처와 장관의 업적평가에 매우 크게 작용하도록 하고, 그 성과에 따른 명예와 인센티브가 본부에도 돌아가도록 하는 것이다.

그리고 상하 직원 모두가 내심 우려하는 인사관련 불이익 문제(이른바 '인사숨통')에 대해서도, 책임운영기관장 선정에 있어서 해당 부처 내 전·현직 전문가 간에 경쟁이 제대로 이루어지도록 하는 데 주안점을 두어 운영한다. 또한 책임운영기관에서 근무한 실적과 성과가 향후 인사에 체계적으로 반영되는 인사제도와 관행을 확립해야 한다(예 : ① 본부 국·과장 인선시 책임운영기관 근무경력 및 그 실적을 감안 또는 필수화 ② 직원인사에 공개모집제도를 적용해 본부와 소속기관간의 인사이동 통로 보장).

넷째, 현재 시범실시 단계에서 실무적 문제점으로 제기되고 있는 인사, 조직, 정원, 그리고 예산회계 분야의 자율권 확대 요망사항은 과감히 반영해주어야 한다.

대신 그 자율권을 제대로 행사해 성과를 올리고 있는지에 주안점을 두어 지도 · 지원하고 차후 정기적인 성과평가에 따라 책임을 엄정하게 묻는 선진적 방식으로 바꿔야 한다(매사에 입구에서만 엄격하게 통제하고 나중에는 흐지부지되는 일이 많은데, 앞으로는 처음에는 일단 믿고 맡겨주되 사후에 엄격하게 품질관리하고 책임을 묻는 방식을 제대로 도입 · 정착시켜야 한다고 본다).

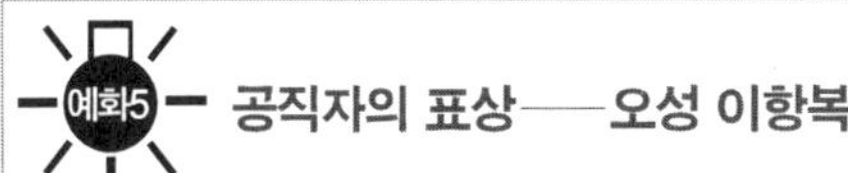

야사(野史)에 전해오는 이항복 대감의 일화이다.

임진왜란으로 선조 임금이 의주에 피난해 있던 시절, 명나라의 1차 원군이 왜군에 대패하고 물러난 뒤 본격적인 원군을 이끌고 오는 이여송(李如松) 장군을 환영하기 위해 선조 임금과 조정 중신들이 마중을 나갔을 때의 일이다.

이여송은 말에서 내리자마자 아무 말도 하지 않고 손을 내밀고는 그대로 서 있는 것이 아닌가! 이게 무슨 뜻인지 몰라 모두들 당황해하는데 병조판서 이항복이 품 속에서 두루마리 하나를 꺼내 건네주니, 이를 펼쳐 본 이여송은 "조선에도 인물이 있구만 !" 하고는 걸음을 옮겼다고 한다.

이 두루마리는 우리 강토에 대한 세밀한 군사지도였고 우리 측의 파병요청에 응해서 도착한 원정군의 장수에게 의당 제공해야 할 자료였지만, 실무진은 경황이 없어 미리 준비해둘 생각을 못 했던 모양이다.

이후로 이여송은 다른 대신들은 함부로 대했으나, 파병교섭 과정에서 만나 그 인품과 능력에 감복한 이덕형, 그리고 이항복에게만은 정중하게 대했다고 한다.

이 고사는 이항복의 첫번째 미덕인 선견지명, 뛰어난 판단력과 '고객지향의 사고'를 잘 보여준다.

그의 두번째 미덕으로, 임진왜란 초기 어려운 전황 속에서도 이덕형과 더불어 기지와 유머로 침울한 조정에 활력을 불어넣고 꿋꿋하게 임금을 보좌하면서 난국을 헤쳐나갈 지혜를 제공하는 등, 낙천적이고 굳건한 정신의 소유자였다는 점이 크게 돋보인다(이 부분은 현대사회의 지도자로서 더욱 잘 어울리는 점이다).

세번째는 공직자로서 끝까지 최선을 다하는 성실성이다.

광해군 때 인목대비 폐모 논의에 많은 선비들이 내심 반대하면서도 권신(權臣)들의 압박에 입을 열지 못할 때, 그는 이미 은퇴한데다 중풍으로 기동이 불가능한 상태면서도 상소를 올려 그 부당함을 간한 끝에 귀양지에서 운명했다.

이항복 대감이 보여준 이러한 뛰어난 판단능력, 낙천적이고 굳건한 정신, 그리고 끝까지 성실한 자세, 이 세가지 미덕은 예나 지금이나 공직자가 반드시 갖추어야 할 자질이라고 생각한다.

8

지방자치 행정의 개혁

1995년 자치단체장 선거를 치른 이래 지방자치에 있어서 많은 긍정적 발전이 이루어지고 있다. 지자체별로 차별화·특성화되는 가운데 지역발전이 가속화되고 공무원들은 친절해지고 있으며 주민들의 삶의 질도 높아지고 있다고 평가된다. 그러나 다른 한편으로는 주먹구구식 사업추진, 전시성사업이나 선심행정, 특혜성 공사, 인사전횡이나 금품수수 등으로 말썽을 빚는 사례도 많이 나타나고 있다. 이러한 낭비, 비리와 전횡을 없애고 전반적으로 사업추진 및 기관운영상의 효율성을 더욱 향상시키기 위한 대책이 필요하다. 특히 조직·인력 구조상의 낭비요인을 없애 '작고 효율적인 지방정부'를 구현하면서, 일하는 방식도 개선해 좀더 쓸모 있고 가치 있는 일에 전념하고 업무상의 전문성도 계속 높여나가야 한다.

이러한 지방자치 행정전반의 향상을 위해서 가장 긴요한 것은 아직 착수되고 있지 않은 다음 두 가지 과제, 즉 자치계층의 축소와 부패방지대책이라고 본다.

제1절 지방자치 계층의 축소

1. 현황 및 문제점

현재 우리나라의 지방행정계층은 지방의회를 두어 자치권을 행사하는 '자치계층'과 행정업무만을 담당하는 '행정계층'으로 이원화되어 있다. 자치계층은 2단계로서, 서울특별시, 6개 광역시와 9개 도가 광역자치단체를, 그리고 72개 시, 91개 군과 69개 자치구가 기초자치단체를 구성하고 있다.

행정계층은 이러한 2단계 자치계층에 읍·면·동을 포함한 3계층제가 원칙이지만, 인구 50만 이상의 기초자치단체인 시에는 시와 동 사이에 행정구를 둘 수도 있어 이 경우에는 4계층제가 된다.

■ 현행 지방행정 계층

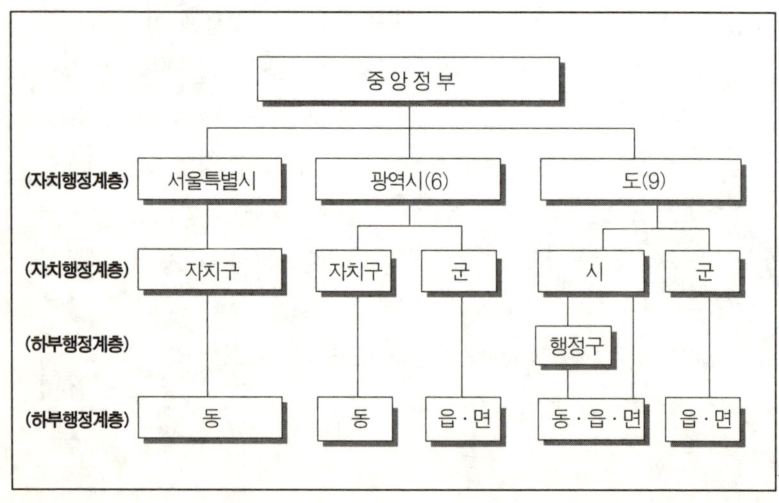

3~4계층의 지방행정 단계는 비능률과 막대한 경제적 낭비를 초래하고 주민의 행정참여를 어렵게 하고 있어 시정이 불가피하다. 요즘같은 컴퓨터 시대에 행정 공문이 중앙에서 읍·면·동까지 시달되어 다시 중앙까지 보고되는데 평균 1개월이 소요되며, 특히 시·도와 시·군·구 등 중간 계층에서 20여 일이 소요된다는 조사결과는 계층구조의 복잡화를 단적으로 나타내주는 예다.

또한 자치계층인 시·도와 시·군·구 사이에 업무 배분이 명확치 않아서 근무하는 공무원들도 잘 구분할 수 없는 경우도 있고, 서로 권한은 주장하고 책임은 미루는 경향이 있다는 것은 심각한 문제이다.

특히 두 계층의 자치단체 간에 동일한 사무를 계획분야와 집행분야로 구분 하거나 동일 집행기능을 사업규모의 크기에 따라 나누어 집행하는 경우도 많다. 이런 경우 인·허가절차의 다단계화로 업무처리가 지연되고 지도·감독·단속기능의 중복과 부서할거주의 때문에 부조리가 만연하는 등 민간의 창의적 경제활동을 저해할 우려가 크다.

프랑스는 1983년 지방자치를 대폭 확대 시행하면서 '총체적 배분의 원칙'을 채택해 사무 하나하나에 대해 계획수립에서 집행까지 모든 기능을 총체적으로 한 계층의 자치체에서 책임지고 수행하게 했다. 따라서 중복기능으로 인한 낭비나 분쟁이 없고 민원인은 관련 행정기관만 찾아가면 민원을 원스톱(one-stop)으로 해결할 수 있다. 또한 행정 기관도 불필요한 업무량이 줄어들고, 계층 상호간의 지도·감독과 관계 없이 맡은 일만 열심히 하면 된다. 우리도 이제는 이런 '총체적 배분의 원칙' 하에 사무를 재배분해야 불필요한 행정낭비와 분쟁을 줄일 수 있을 것이다. 뿐만 아니라 국토개발의 진전과 교통·정보통신의 발달에 비추어 볼 때 과거의 행정구역인 시·군은 기초 자체단체로서의 '규모의 경제'를 살리기에는 너무 작고 재정적 기반도 취약하다.

이제는 생활권과 경제권 위주로 자치행정계층을 재검토해야 할 때가 되었다고 본다. 특히, 정보통신혁명의 급진전으로 인해 우리 사회구조가 수평적 사회로 급속히 변화하고 네트워크형 행정조직이 보다 필요하게 됨에 따라 명령전달 역할을 주로 하던 중간 행정구조는 그 필요성이 더욱 감소하는 추세에 있다.

이미 이런 취지에서 시·군 통합이 일부 이루어진 바 있다. 1994년과 1995년에 걸쳐 동일한 지역적 뿌리를 갖고 있던 41개 시와 39개 군이 통합되어 40개의 도·농 복합형 시가 됨으로써 인구와 면적이 적정한 수준으로 확보되었다(예 : 송탄시, 평택시와 평택군이 합쳐 평택시가 됨).

특히 1998년 3월 민선자치 실시 중에도 주민의사를 결집해 여수시, 여천시, 여천군의 '3여지역 통합'이 이루어진 모범사례도 있었다. 이 통합 이전부터도 '도 폐지론', '서울시 분할론', '구 폐지론', '읍·면·동 폐지론' 등 현행 지방행정 계층에 대한 여러 개혁론이 대두되었으나 체계적인 정책과제로까지는 추진되지 못했다.

2. 외국의 개선사례

영국

다른 정부개혁과 마찬가지로 지방자치 단계의 축소에서도 영국이 가장 앞장서서 과감하게 추진해왔다.

19세기 말경에 공식화된 영국의 지방자치정부는 기본적으로 카운티(County)——디스트릭트(District)——교구(Parish)의 3층 구조를 유지해왔다. 그러다가 1986년 대처 수상이 런던특별시(광역 런던)와 대도시권역의 광역시를 폐지해 지방자치 1계층제(단층제)를 완료했다.

그후 10여 년이 지났으나 주민 행정 서비스의 제공에 특별한 문제가 발생하지 않았다. 뿐만 아니라 당초 단층화를 반대했던 노동당도 토니 블레어 정부 집권 후, 대도시권이 아닌 지역도 계속 단층제로의 개편을 추진하고 있어 그 타당성이 입증되고 있는 것으로 볼 수 있다.

 영국의 지방자치 계층구조

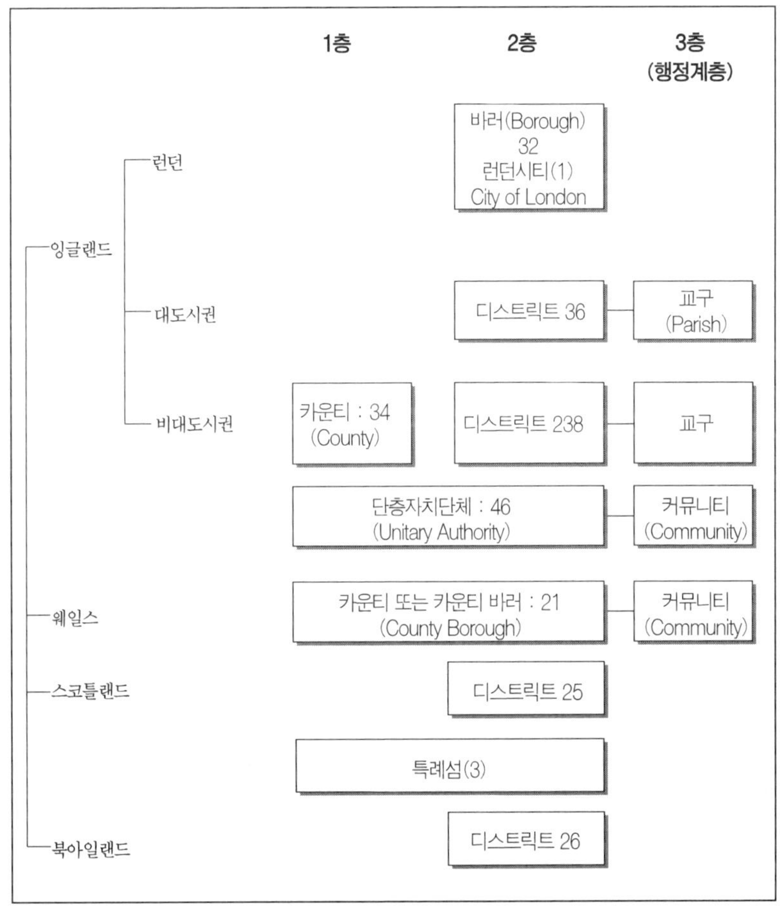

단층제 지지자들은, 단층제가 행정의 능률성과 주민참여를 보다 합리적으로 촉진해 지방자치를 활성화시킨다고 보며, 이 정책추진에는 지자체가 아니라 중앙정부가 주도권을 가져야 한다고 주장한다(지방자치 역사가 그렇게 오래 된 영국도 중앙정부 주도 하에 지방자치 구조 개편을 했다는 사실은, 우리나라에서도 이 작업은 중앙정부가 주도하는 것이 바람직하다는 점을 시사해 준다).

프랑스

중앙집권 전통이 강한 프랑스는 1983년 이전에는 기초자치단체인 꼬뮌(시·읍·면)에만 지방자치를 실시하고 그 이상은 국가가 관선도지사와 군수를 배치 하는 지방행정 체계를 운영해왔다(지방자치 실시전의 우리 지방행정 체계는 바로 프랑스 방식이었다).

그러다가 1983년 지방자치를 대폭 확대해, 꼬뮌 외에 도(département)와 레죵(région)까지 자치단체가 되었다. 이와 동시에 지방자치의 안정적 정착을 위한 몇 가지 보완조치를 취했는데, 그 중 우리가 본받을만한 사항이 많이 있다.

첫째, 지자체 간의 사무 배분에 있어서, '총체적 배분의 원칙' 하에 중복이 없도록 명료하게 배분하고 책임도 명확히 했다.

	학교 시설의 설치·정비·유지	항구
꼬뮌	유치원, 초등학교	유람 (뱃놀이용) 항구
도	중학교	상업항구 및 어항
레죵	고등학교·농업·수산전문학교	운하 및 하천항구

둘째, 유럽 전반에 공통된 사항으로서 지방자치단체장이 의회에서 선출되는 '기관 통합형'을 택하고 있다(내각책임제와 유사).

따라서 단체장은 의회 다수파의 대표로서 다른 수명의 의원(부 단체장 역할 담당)들과 함께 의장단인 집행부(Bureau)를 구성해 책임지고 자치행정을 이끌어간다(의원과 단체장이 별도로 선출되는 '기관 대립형'보다 자치업무 수행에 더 능률적인 것으로 판단됨).

셋째, 국민정서상 자치단체의 통폐합이나 계층 축소가 어려우므로 차선책으로 지자체 간의 다양한 연합체 형성을 통해 문제를 해결하면서 각자의 정체성(identity)은 보존하는 지혜를 발휘하고 있다. 연합체의 예는 다음과 같다.

- 시(읍 · 면)조합(syndicat de communes)
  - 상하수도, 학교, 과외활동, 에너지, 도로, 폐기물 등 업무를 공동 수행
  - 1만 7,000개 정도
- 시(읍 · 면) 연합구(district)
  - 대도시를 핵으로 그 주변의 다수 시(읍 · 면)을 포함한 광역행정 조직
  - 가정 폐기물, 하수, 화재구조, 도시계획, 개발사업 등
  - 318개
- 도시공동체(communautéurbaine)
  - 시(읍 · 면) 연합구보다 더 강력한 통합방식(인구 5만 이상 도시)
  - 도시계획 기능의 의무적 이관으로 도로, 주택, 교통, 교육시설까지 담당
  - 10개

넷째, 대도시의 '구'에는 본격적 자치제를 실시하지 않는다.

* 인구 100만이 넘는 파리, 리용, 마르세이유에서만 예외적으로 구의
  회와 구청장을 선출하나 그 권한은 제한적이다('준자치구').

구분	파리	리용	마르세이유
행정구	20개	9개	8개
시의원	163인	73인	101인
구의원	350인	148인	196인

- 행정구 단위로 선거실시
- 각 구에서 시의원과 구의원 동시선출(상위 3분의 1은 시의원 겸 구
  의원, 나머지 3분의 2는 구의원)
- 시의회에서 시장 선출
- 시의원과 구의원으로 이루어지는 구의회에서 구청장(임기 6년) 선
  출(당해지역 시의원이어야 함)
- 구청은 자치단체가 아닌 시의 하부 행정기관이므로 시장의 위임하
  에 사무를 처리하며 예산자율권도 없음(단, 최초 예산편성만 각 구
  청이 함)
- 구청은 제한된 인사권만 보유
- 구의회(구청)의 주요기능
  - 사회복지시설 설치관리
  - 지역사회 조직과 모임 주선(평생교육)
  - 기타 시의회에서 위임된 사항

다섯째, 자치권의 남용 및 비리·부정을 억제하기 위한 장치를 마련

하고 있다.

- 지방회계원(Chambres Regionales des Comptes) 설치
- 국가직지사(Préfet)에 견제임무 부여
  - 위법사항이 있다고 판단되면 지방행정재판소에 제소
  - 예산이 수지균형 안 되거나 기일 내 의결 안 되면 지방회계원에 제소
  - 1개 자치체의 범위를 넘는 영역에서 공공의 안녕, 질서, 위생을 확보하기 위한 긴급 및 대행 조치를 실시할 권한을 보유

3. 개선 방안

1) 기존의 개편논의

그간 우리나라에서도 지방자치 계층을 합리적으로 개편해야 한다는 논의는 계속 제기되어 왔으며, 그 내용의 핵심은 단층제로 하자는 방향과 현행대로 2계층제를 유지하되 그 내용을 개선하자는 방향의 두 가지 큰 흐름으로 볼 수 있다.

최근에는 영국의 단층제 성공적 추진에 힘입어 우리나라도 단층제로 바로 가자는 방향이 우세해지고 있다.

2) 개선 방안

제1안 이상적인 방안

- 정보화 · 세계화의 급진전 추세와 외국의 선례 등을 감안할 때 현

자치계층	주장자	광역자치단체	기초단체
단층화	이재오 (1996)	· 서울시를 5개의 시로 분할 · 도 폐지	· 시 · 군을 통폐합해 48개 자치구역 구성
	박승주, 심익섭 등 (1999)	· 도 폐지 · 광역시 자치구 : 준자치구화	· 시 · 군을 통폐합해 59개 광역시로 재편
2계층유지	김안제(1998)	· 도의 규모 세분화(24개)	
	행개위(1989)	· 광역시를 폐지하여 도에 편입	
	지방행정연 (1999)	· 도 기능축소 · 특별시의 자치구 통폐합 · 광역시 자치구의 준자치구화	· 시 · 군 · 구를 통폐합해 82개로 재편

행 2계층의 지방자치제를 단층제로 바꾸는 것이 바람직하다고 본다.

–농촌지역의 경우는 기초자치단체인 시 · 군을 없애기보다는 광역자치단체를 폐지하는 것이 합리적이고, 기초단체도 그 적정규모를 확보하기 위해 통합이 필요하다. 따라서 도가 폐지되고 그 대신 시 · 군 3~4개가 합쳐진 광역시가 유일한 자치단체가 된다. 이 경우 163개 시 · 군이 50여 개의 광역시로 개편되는 방안이 합리적이다.

–도시화지역인 특별시 · 광역시의 경우는 현재의 자치구가 세계적 으로 유례가 드문 제도이고 한 도시 내의 통합적 행정을 어렵게 하는 문제가 있으므로 구자치제는 폐지하고 '준자치구(예 : 파리시의 방식으로 일부 자치권 인정)' 또는 '행정구'로 전환함으로써 특별시 · 광역시 자치로 단층화하는 것이 바람직하다.

- 이와 더불어 행정기능이 대폭 감소한 읍·면·동사무소의 기능전환을 추진해 주민을 위한 보건, 복지, 문화 서비스 공간으로 기능을 재정립한다.
- 자치의회와 자치단체장의 선출방식도 현재는 '기관 대립형'으로 전국이 획일화되어 있는데, 자치단체의 의사에 따라서 '통합형(의회에서 단체장을 선출하여 행정책임 맡기는 방식)'도 선택할 수 있도록 제도를 고쳐서 풀뿌리 민주주의에서부터 다양한 제도를 시험해보는 것이 좋을 것으로 판단된다(특히 기초단체에는 기관 대립형이 적합한지 의문의 여지가 있다).
- 이 방안은 그간의 2계층제로 인한 많은 문제점을 일거에 해소하고 막대한 운영예산 절감효과가 기대되는 등 매우 이상적인 방안이지만, 그 추진과정에서 개편대상 자치단체 및 지방공무원 그리고 주민을 설득해 동의를 받는 것이 필요하므로 단시일 내에 성취하기는 어렵다고 본다. 따라서 보다 현실적인 대안이 필요하다.

제2안 현실적인 대안

- 보다 현실적인 개편방안은 전국을 대상으로 일제히 획일적으로 추진하기 보다는 도시화가 많이 진전된 곳을 우선적으로 단층화 하는 것이라고 생각된다.

특히 수도권은 인구 규모가 약 900만 명에 도달했고 인구밀도가 울산광역시와 유사한 수준(경기도 : 896명/km^2, 울산 : 959명/km^2) 도달해 있어서 도시행정 여건을 이미 구비했다고 할 수 있다. 따라서 수도권에서부터 주민의 동의 하에 인구 200만 명 내외의 도농통합 광역시로 개편해 단층화하는 방안을 추진하는 것이 바람직하다고 본다. 물론 이와 더불어 현행 특별시, 광역시 내의 자치구를 준자치구 또는 행정구로 전환시키는 조치도 동시에 진행되는 것을 전제로 한다.

그 개편이 성공적으로 이루어지고 단층화의 효과가 입증되면 다음 단계의 개편도 가속화될 수 있을 것이다.

- 그리고 수도권 이외의 광역시·도와 시·군도 상호 흡수통합을 통해 규모를 키워가도록 권장하고 적절한 인센티브를 제공하는 것이 바람직하다.
- 이와 더불어 아직 광역·기초의 2계층 자치제가 상당기간 병존하고 있으므로 양자 간의 업무기능 배분을 보다 명확히 하는 조치가 필요하다.

기초자치단체와 광역단체의 현행업무 분장을 재검토하되, 사무 하나하나에 대해, 계획수립에서 집행까지 모든 기능을 총체적으로 한 계층의 지자체에 배분하여 책임지고 수행하도록 재조정해야 한다.

- 기초자치단체 : 호적, 주민등록, 보건·복지, 문화, 청소, 오물수거, 농어업 생산기반 조성 등

- 광역단체 : 도로, 하천, 상·하수도 수질환경, 공원 등 SOC와 지역계획, 재난관리, 소방·건축 및 산업경제, 농수산물 유통 등

- 그리고 여기에도 읍·면·동의 기능전환과 의회·단체장 선출 방식의 다양화는 당연히 필요하다.
- 이 방안은 실현가능성이 높고 설득해야 할 대상도 그리 많지 않으므로, 강력한 정책의지를 가지고 밀고 나간다면 차기 자치단체선거 이전에 제도화가 가능하다고 예상된다.

제2절 지방자치의 부패방지 대책

1995년 이후 2001년 3월까지 부패행위로 사법처리된 시·도지사가 5명, 시·군·구청장이 53명, 광역의원 54명, 기초의원이 134명에 이른다고 한다. 또한 재임 중 사법처리된 단체장의 수는 민선 1기 총 23명에서 민선 2기에는 무려 45명으로 두 배 가까이 늘어났다고 하니 대단히 심각한 문제다. 형사 처벌대상은 아니라도 각종 선심성 예산낭비와 부당한 업무처리로 감사에서 적발되는 사례도 끊이지 않고 있고, 일선 자치단체가 짊어지고 있는 부채가 1999년 말 현재 17조 6,630억 원에 이르렀다.

이러한 비리, 부패의 원인은 첫째 정치의 영향과 그로 인한 왜곡행정이 가장 큰 영향을 미치고 있고, 둘째는 행정미숙과 과잉의욕, 독선 등을 효율적으로 견제 감시할 시스템이 미비하기 때문이라고 본다.

1. 탈 정치화

먼저 정치의 영향을 줄이는 대책이 필요하다. 선거과정에서의 불법·부정은 물론이고, 중앙정당의 공천을 받기 위한 후보경선과 본선경쟁에 소요되는 선거자금이 불투명하다. 그리고 공천을 좌우하는 지구당 위원장과 대의원의 압력·청탁에 약할 수밖에 없는 구조 등으로 인해 주민 복지를 증진시키기 위한 행정 서비스인 지방자치가 정치 게임으로 전락되고 있다는 주장이 많이 나오고 있다. 지방자치선거에 관한 다음과 같은 언론보도가 있다.

… 서울의 한 구청장은, "정당 공천을 받고 막대한 비용이 드는 선거를 치러야 한다는 점에서 사실상의 정치인이면서도 현행 정치자금법상 후원회 조직을 통한 합법적인 정치자금수수가 막혀 있는 일선 단체장들 입장에선 보다 은밀하고 때론 불법적인 금전수수나 모금에 나설 수밖에 없는 게 현실"이라고 털어났다. "지금의 여건에서 정직과 청렴만 내세워선 단체장 자리를 유지하기 힘들다"는 주장이다…(〈문화일보〉 2001년 1월 5일자 5면 기사 '검은 유착·압력… 청렴행정 부도' 중에서)

이와 같이 가장 중요한 자치단체장과 의원 선출이 정치의 영향에 좌우되는 것을 그대로 둔 채 다른 어떤 개선대책을 마련한들 그 효과는 제한될 수밖에 없다.

따라서 이제 지방자치는 탈정치화의 방향으로 가야 하고, 우선 기초자치단체 선거에서부터 정당공천제를 폐지하고 정당을 표방하는 것 자체도 금지해 중앙정치의 영향에서 벗어나도록 해주는 것이 필요하다고 본다.

| 선진국의 경우 |

미국

• 70%의 주(州)는 지방선거에 정당참여 금지
  – 정당표방 금지 원칙(non-partisan)
• 기초자치단체의 정당공천 배제 추세

	1975년		1998년
– 금지	64%	→	80%
– 채택	35%	→	19%

일본

• 명목상은 지방선거에 정당공천제를 채택하고 있으나 실제는 무소속이 다수(지방자치에서 정당이 사실상 물러남)

	1988년		2000년
– 지사(知事) 47명 중 당적 보유자 :	10명	→	1명
– 무소속 시장(市長) 비율　　　　 :	96%	→	99%

유럽

• 이념정당이 강하여 정당 중심의 지방자치제를 유지하나, 정당명부에 투표하는 비례대표방식과 기관통합형 구성이 많아서 선거로 인한 부패·비리문제는 없음

2. 감시·견제기능 정비

자치단체장과 의회의 선출과정에 대한 중앙정당의 직접적 영향을 감소 시키면 어느 정도 개선효과는 있을 것이다. 그러나 실제 운영 면에서는 여전히 중앙정치와 정당의 영향이 상당히 작용할 것으로 본다. 따라서 정치적 영향 내지 고려로 인한 행정 왜곡과 선심행정, 치적 홍보, 그리고 독선, 과잉의욕, 행정미숙으로 인한 비위·부당행정을 견제·감시하기 위한 장치를 정비해야 한다.

이러한 견제·감시장치로서 첫번째 거론되는 것은 '주민 감사청구제도'의 강화와 '주민소환제' 도입이다.

현행 지방자치법 제13조 4항에 '주민감사 청구권'이 규정되어 있기는 하지만 절차의 복잡성, 과다한 요건, 감사결과의 비공개로 인해 제대

로 활용되지 못하고 있다는 의견이 많으므로 요건을 완화하고 그 결과를 공개한다면 상당한 견제장치가 될 수 있을 것이다.

또한 최후의 수단으로써 '주민소환제'를 도입하는 것도 견제장치가 될 수 있을 것이나, 공정한 판정기구 문제나 남용의 우려 등이 있어서 그 요건과 절차에 대해 신중한 검토를 거쳐야 할 사안이다.

두번째는 NGO라고도 불리는 시민사회단체(Civil Society Organization)의 활동을 장려해 지역행정에 대한 체계적인 검토 및 의견제시를 하게 하는 방법이다.

러브호텔 건립을 저지한 경기도 고양시 시민단체들의 사례와 '군포시 환경자치시민회', '지방자치개혁 부천 유권자연대', '예산 감시 네트워크', '참여자치 전북연대' 등의 모범적 활동사례가 언론에 소개되기 시작하고 있는데, 앞으로 유럽 각국에서처럼 우리나라의 시민사회단체가 적극적으로 지역의 정치와 행정에 참여할 수 있도록 행정정보공개 등 관련 제도를 정비할 필요가 있다.

다만 이들이 사익(私益)이나 특정집단의 이익을 추구하고 지역이기주의 성향을 보이거나 스스로 권력기관화할 가능성도 크므로 그에 관한 대책도 함께 마련되어 자치행정과는 항상 창조적인 긴장관계가 유지되어야 한다.

세번째는 현재 '직장협의회'로 불리는 공무원단체가 자치행정에 대한 사실상의 견제·감시역할을 점점 크게 담당할 것으로 보인다.

일반주민이나 지방의회가 알기 어려운 전문적인 부분에 대해서도 먼저 문제점을 인지해 예방을 건의할 수 있고 내부고발자(whistle-blower)의 역할도 할 수 있기 때문에, 단체장들이 이들을 의식하고 행정에 임하게 된다면 상당한 효과가 있을 것으로 생각한다.

그러나 이들이 단체장이나 지휘부에 대해 어느 정도의 독립성을 유지하는가의 문제와 자칫 이기주의적 문제제기에만 그칠 우려 등이 그 한계점으로 예상된다.

네번째로 가장 중요한 수단으로써 자치행정을 감시·견제하는 임무를 부여받고 있는 지방의회와 자체감사기관, 그리고 국회, 감사원, 중앙부처 등의 감사기능을 강화하는 방안이 있다.

앞에 열거한 세 가지 방안이 올바른 행정이 이루어지도록 촉구하고 여건을 조성하는 외부적·간접적 수단으로써 비교적 제한적인 효과를 갖는데 비해 감사는 전문성을 가지고 직접적으로 해당 업무처리를 평가하고 그 처분이 공무원 신분에 영향을 미칠 수 있기 때문에 효과가 매우 크다.

따라서 감사기능을 보다 효율적으로 정비한다면 위법·부당행정을 상당히 예방·적발할 수 있고 나아가 특정 정책의 타당성 여부에 대한 공정하고 전문적인 평가를 통해 주민, 시민사회단체에 의한 견제수단이 보다 활발하게 작동되도록 할 수 있다고 본다.

이들 기관이 수행하는 감사에 대해 지자체 공무원을 대상으로 그 효용성을 조사한 결과는 다음 표와 같다.

표 6 지방자치단체 대상 감사의 효용성(의견조사)

	가장 필요한 감사	가장 불필요한 감사
· 국회의 국정감사	1.0%	32.7%
· 지방의회의 행정감사 및 조사	6.6%	38.1%
· 감사원 감사	35.4%	3.9%
· 중앙부처의 행정감사	5.4%	18.9%
· 자체 감사	48.4%	1.5%
· 무효 및 무응답	3.2%	4.9%
· 계	100.0%	100.0%

자료 : 최유성(1998), 「지방자치단체에 대한 감사제도의 개선방안」, 한국행정연구원, 39쪽 및 62쪽

이 조사에서 자치단체 공무원들은 감사원감사와 자체감사가 가장 필요하다고 인정하고 있으며, 각종 감사에 대해 다음과 같은 평가의견을 나타냈다.

국회의 국정감사는 '과도한 감사자료 제출요구'와 '정치성 감사'로 실효성이 없다는 의견이고, 지방의회의 감사도 의원들의 전문성 부족과 지나치게 대상기관이 많은 점으로 인해 효율성에 문제가 있다고 하고 있다.

중앙부처의 감사는 감사대상 사무의 구분이 불분명해 자치단체의 독립성과 자율성을 침해한다는 문제점과 아울러 합동감사외에 개별부처의 지도방문이 많아 '감사 횟수가 지나치게 잦다'는 지적을 하고 있다.

감사원감사는 '문책위주의 위압적 감사'라는 점과 '지나치게 감사가 잦다'는 문제점을 지적하고 있으나 "최근에는 사후 적발 위주의 감사에서 사전예방적 감사로 전환되고 있다"는 긍정적 평가도 받고 있다(감사원 감사는 감사원법 제22조와 제24조에 의거해 지방자치 단체에 대한 감사기관으로서 이견의 여지가 없는 정통성과 전문성을 확보하고 있다는 강점이 있다. 따라서 앞으로 좀더 사전 예방적 감사로 전환하고, 합법성만 따지는 것이 아니라 성과감사와 정책감사를 통한 공정하고 전문적인 정책평가 및 자문역할 제공에도 노력한다면 지방자치 행정 개선에 크게 기여할 수 있는 잠재력이 있다고 기대된다).

끝으로, 자체감사는 '독립성'과 관련된 문제점과 전문성 부족, 그리고 단체장의 감사활용의지여부 및 직원들의 감사부서 근무기피 경향 등으로 그 역할이 제약되고 있다고 평가되고 있다(자체감사는 자율적 시정기능으로서 사전 예방적 성격이며 처벌보다는 시정·개선에 중점을 두기 때문에 자치단체 공무원들에게 수용도가 높고 지방분권화 추진을 위해서도 매우 중요하다고 본다).

이러한 결과로 보건대, 모든 감사기능을 개선해나가되, 특히 감사원 감사와 자체감사가 더 효율적으로 될 수 있도록 정비·강화해 활용하는 것이 타당하고, 이를 위한 제도개선이 시급함을 알 수 있다.

1) 자치단체에 대한 감사원 감사 효율화 방안

지방정부에 대한 감사를 담당하는 조직에 관해 영국, 미국과 프랑스는 각기 다른 방식을 취하고 있다.

- 영국은 중앙과 별개의 독립된 조직으로 있는 회계검사위원회(Audit Commission)가 전체 지방정부를 일괄해서 감사대상으로 하면서, 주로 각 지방회계검사원(District Audit Service)과 사설 회계사무소에게 합동으로 감사를 실시하도록 맡기는 방식이다.
- 반면 미국은 대부분의 주(州)정부에는 내부 감사관을 두고 있으나 그 소속은 집행부나 주의회 등으로 다양하고, 주에 속하는 지방정부(local) 에서는 대부분 내부 감사관이 없고 공인회계사 등을 활용해서 개별적으로 감사를 실시하고 있다.
- 프랑스는 전국에 25개의 지방회계원(Chambres Régionales des Comptes)을 설치해 각기 그 지방 소재기관의 회계검사 등을 담당하고 있다. 이 지방 회계원은 회계원의 내부조직 성격이고 기관구성과 업무방침도 밀접한 연관을 맺고 있어서 사실상 국가와 지방정부가 일원적인 감사체제 하에 있는 셈이다.

이 세 가지 방식 중 프랑스식이 우리나라의 상황에 가장 적합하지 않은가 생각된다. 우리도 감사원의 지방분원을 전국에 5~6개소 설치하고 합법성 감사 외에 사전 예방적 감사와 성과감사, 정책평가 기능에도 중점을 두도록 하는 것이 좋겠다. 그리고 자치단체의 자체감사기구에 대한 업무위임·위탁, 교육훈련을 통해 자체감사의 강화와 활성화를 유도하고 담당해야 한다.

이 작업이 감사원 본원의 기능확대 및 대폭적인 외부 전문인력 수혈과 동시에 이루어지면 감사원은 국가와 지방의 행정개혁을 주도하고 후원하는 기관으로 격상되리라 본다.

감사원의 기능·조직을 확장하는 것이 지방자치 및 지방분권을 확대하는 추세와 안 맞는다는 견해도 있을 수 있다. 그러나 모든 분권과 자율에는 반드시 적정한 통제가 같이 따라야 제대로 될 수 있다고 생각한다. 현재 이 통제기능을 맡은 지방의회는 행정의 전문화·복잡화로 인해 그 기능을 제대로 발휘하기 곤란하므로 지역마다 전문 감사기관이 설치되어 지방의회의 기능을 보완하고 지원해주는 것이 필요하다고 본다.

그리고 프랑스의 지방회계원에서 시행하는 다음 제도는 우리가 참고할 만하다고 생각된다.

- 지방회계원 감사관으로 일정한 수의 타 부처 우수 공무원을 중도에 채용하게 제도화되어 있음.
- '약 4년 주기의 부분감사' 방식을 채택하고 있는 한계를 극복하기 위한 제도로서 감사대상 기관은 그해에 집행된 사항에 관한 모든 증빙서류를 지방 회계원에 이송할 의무가 있음. 이로 인해 언제 심사대상이 될지 모른다는 불안감 때문에 하나라도 소홀히 할 수 없게 됨(통제의 비용이 적게 들면서 통제의 효과를 극대화할 수 있는 장점).
- 지방자치단체 감사결과 잘못을 범한 것으로 지적된 경우, 단체장

이 지방의회에서 감사의견서를 공개적으로 낭독하도록 의무화하고 있음(유권자 앞에서 자치단체장의 잘못을 스스로 시인케 함으로써 체면을 손상(Shaming)시킬 뿐만 아니라 유권자의 '알 권리'를 만족시켜주는 효과).

2) 자체감사의 강화방안

주민과 시민사회단체의 자치행정에 대한 관심과 참여욕구가 높아지고 비판의견이 활발하게 표시되는 시대를 맞아서 자치단체의 자체감사 기능의 원활한 작동은 매우 중요하다. 그러나 현재 이들 기관은 '독립성 결여' 문제, 전문성 부족, 기관장과 동료들의 인식부족 등 근무 여건상의 문제로 인해서 제 역할을 다하지 못하는 경우가 많아 이러한 애로요인을 타개하기 위한 대책이 필요하다.

독립성 보강

최근 지방조직개편 결과, 대부분의 광역자치단체의 감사부서가 국(局)에서 과(課) 수준으로 규모가 축소되었고 이에 따라 부단체장 직속이 아닌 기획관리실장 산하로 배치되어 감사부서의 위상이 전반적으로 약화되었다.

이러한 감사부서의 축소와 위상 약화의 경향은 기초자치단체에도 마찬가지여서 지자체 전반적으로 감사부서의 독립성 문제가 심각한 상황이다.

감사부서는 그 업무성격상 단체장 또는 적어도 부단체장 직속이 되는 것이 타당하며, 광역단체의 경우에는 그 조직규모도 국 단위로 확대해 내부 통제기능을 제대로 수행하도록 하는 것이 바람직하다. 그리고 감사부서의 장이나 직원으로 외부의 감사관련 전문가를 몇 명 영입해 일반직원의 인사이동 패턴과 어느 정도 단절시키고 업무수행 면에서 독립성을 확보하도록 하는 방안을 추진해야 한다.

앞으로 지방자치법, 행정감사규정과 자체 감사규칙에 감사부서의 규모와 위상 및 기타 자체감사의 독립성 확보를 위한 규정을 두어 감사부서의 독립성 유지를 제도적으로 보장하는 것이 바람직하다고 본다.

전문성 제고

감사요원의 전문성을 제고하는 방안은 교육훈련과 유능한 인력확보의 두 가지가 있다.

현재 지방자치단체 자체 감사요원을 위해서 감사원 위탁교육이 실시되고 있으나, 그 이수실적이 낮아 실효를 거두지 못하고 있다. 이들이 감사원 교육을 받고 싶어하고 있으므로 예산과 인력을 더 투입해 감사원 교육의 기회를 넓혀주는 것이 필요하다.

그리고 현재 감사원이 자치단체 감사요원에 대한 교육훈련의 일환으로 실시하고 있는 '합동감사(자치단체 감사요원들을 차출·편성해 타 지방자치단체에 대한 실지감사에 참여시킴)'가 교육적 효과가 높다는 좋은 반응을 받고 있으므로 이를 확대 시행하는 것이 바람직하다.

유능한 감사인력 확보 방안으로서는 다음과 같은 방법이 있다.

첫째, 기관장이 감사부서의 효용을 잘 인식하고, 적임자를 인선해 부서장 및 직원으로 보임하고 마음껏 일할 수 있도록 힘을 실어주는 것이 최선이라고 생각된다. 조직 내에서 '수 년 내 당연히 승진할 만하다고 기대되고 있는' 유능한 인재에게 감사부서장을 맡겨 임기를 보장하고 직원 선발권도 부여하는 한편 감사부서 직원을 각종 교육훈련에 우선적으로 참가시켜야 한다.

둘째, 공인회계사 등의 외부 전문인력을 채용하거나 활용하는 방안을 강구해야 한다. 내부 실정을 잘 알고 조직쇄신의 의지를 가진 직원과 외부 전문가의 만남은 상호보완을 통해 매우 큰 시너지 효과를 가져올 수 있으리라고 기대된다.

셋째, 감사업무에는 '임기보장' 및 '직무전념'이 매우 중요한 요소라고 생각되는 바, 현재 이를 위한 제도적 장치로서 공무원 임용령 제45조 제1항에 '감사부서 직원은 2년 간 전보제한'이 규정되어 있으나, 장차 감사부서의 인기가 높아지게 되면 이를 3년 정도로 늘리는 것이 필요하리라고 본다.

흔히 감사인력 확보방안으로 '감사업무의 별도 직렬화'를 거론하는 경우가 많으나, 이는 이상일 뿐 아직은 현실성이 없다고 판단된다. 왜냐하면 별도 직별화를 하기 위해 필요한 전제조건으로 감사원과 자치체 감사부서 간의 인사순환(이 자체가 바람직하지도 않고 미래에 추구할 방향도 아니라고 판단됨) 또는 적어도 자치단체 감사부서 간의 인사교류가 활발하거나 아니면 자체 감사부서에서만 계속 근무하고 싶다는 근무유인(incentive)이 강력해야 하는데, 현재는 어느 조건도 갖추어져 있지 않기 때문이다.

자체감사에 대한 인식 개선

첫째, 자체 감사부서에 대해서는 임기를 지켜주는 대신 임기 중의 업적을 기록하고 공정하게 평가하는 장치를 도입한다. 동료들은 자체감사기구가 조용히 있기를 바라는 경향이 강하므로 업적을 내지 않을 수 없도록 하는 제도적 압력이 있어야 한다.

둘째, 자체 감사기능을 개선하고 활성화하기 위해 자체 감사결과에 대해 감사원을 비롯한 상급기관에서 강력한 감사를 실시하는 방안이 있다. 이러한 상급기관의 '상위감사(audit on audits)'를 통해 자체감사가 형식에 그치지 못하도록 감독하고 방지하게 되면, 자체감사의 필요성과 그 효율성에 대한 인식이 내부에 자리잡게 될 것이다(감사원법 제28조의 감사생략제도 활용).

앞으로는, 자체 감사기구에게 회계검사는 물론이고 주요정책에 관한 구상이나 집행과정의 점검과 정책성과 평가를 맡겨서 내부에서 1차 통제하는 관행을 확립하도록 제도화해야 할 것으로 본다.

예화6 위대한 공직자 —— 엘리자베스 1세

근래 아카데미 영화제 7개 부문 후보에 올랐던 화려하고 장엄한 사극 영화 〈엘리자베스〉(1999년 : 인도 여성 세카르 카푸르 감독)를 보고 공직자의 덕목을 다시 한번 되새겨보았다.

엘리자베스 1세는 불운한 개인사와 생사를 넘나드는 위기를 수차 극복하고 25세에 여왕에 즉위하여, 당시 종교 간의 항쟁으로 분열되고 피폐하고 취약한 후진국이었던 영국을 현명하게 이끌어나감으로써 후일 최강대국이 될 수 있는 기초를 다진 왕이다.

그의 국가통치철학을 다룬 《위대한 CEO 엘리자베스 1세》(엘렌 엑슬로드, 위즈덤하우스)도 출간되어 그의 리더십과 인간적 덕목을 자세히 정리해놓고 있다.

공직자, 특히 최고 결정권자로서의 엘리자베스 여왕의 훌륭한 점은 첫째, 균형감각이 탁월하여 극단을 피하고 치우치지 않은 것이다.

국가기강을 세우면서도 지나친 정치보복도 없었고 종교 대립도 막았다.

예컨대, 영국 국교회를 신봉하도록 강요하면서도 가톨릭 신자들이 내면의 신앙과 양심의 자유는 유지할 수 있게 눈감아준 부분은, 종교전쟁의 광풍이 몰아치던 당시로서는 대단히 어려운 결단이었으나 결과적으로 국민화합에 크게 기여했다.

둘째, 실적중심의 실용노선에 충실했던 점이다.

여왕은 즉위하자마자 '부도직전'에 있던 영국에 개혁 드라이브를 걸어, 종교문제에서 원칙을 일관되게 추구하고 의회와 타협해 권력을 안정시켰으며 화폐개혁으로 인플레를 잡았다.

이후 중상주의 정책으로 공업발전과 무역 벤처를 촉진하면서 최대난적이었던 스페인을 서서히 무너뜨려가다가, 때가 오자 정면대결을 벌여 무적함대를 격파하는 등 대단히 현실적인 정책을 추진했다.

셋째, 시스템을 세우고 인재를 키워냈다.

나라의 기틀이 되는 법, 제도, 기준, 조직을 바로 세우고 이들이 제대로 운영되는지 점검하는 데 총력을 기울여, 국민이 믿고 살 수 있는 시스템을 정립했다.

또한, '인재에 주목해 기회를 주고 잘 하면 더 도전할 기회를 주는 방식'으로 각 분야에서 수많은 쟁쟁한 인재를 배출해냈다.

특히 영화에 잘 묘사된 윌리엄 세실 경과 프랜시스 월싱검 경과 같은 유능한 참모진을 발탁해 평생 활용한 데서도 알 수 있듯이, 여왕의 사람을 보는 능력과 관리하는 능력은 출중했다.

이렇게 '동기를 부여하고 재량권을 주고 책임을 묻는' 근대적인 인재 양성방법을 활용해 여왕의 사후에도 영국의 미래를 이끌고 갈 인재집단을 키워놓은 것은 국가경영의 요체가 무엇인지를 알고 실행한 높은 안목의 소산이다. 동시대에 그의 라이벌이자 위협이었던 스코틀랜드의 메리 스튜어트 여왕이 훨씬 좋은 여건에서 출발하고도 평범하고 어리석은 처신으로 자멸의 길로 치달은 것과 크게 대조가 되며, 리더십의 본질을 가장 잘 보여주는 성공사례라고 할 수 있다.

9
공기업 · 산하기관의 경영개선

제1절 현황 및 문제점

공기업과 정부산하기관은 그 인력이나 예산규모에 있어서 정부행정기관보다 더 클 뿐 아니라 국민생활과 더 밀접한 관계가 있다. 하지만 그 동안 주무부처의 보호 속에 안주하면서 체계적인 통제나 평가를 받지 않아서 자연히 그 운영체제가 방만해져 있었다.

- 공기업(금융부문 제외) : 108개 기관, 예산 100조 원, 인원 21만 3,000명(1998년)
- 산하기관 : 610개 기관, 예산 143조 원, 인원 38만 명(1998년)
  * 2001년 국가예산 105조 원

이에 대해 국민의 정부는 이들의 운영 시스템을 개선하는 한편 선진국의 예에 따라 공기업을 민영화하는 계획을 추진해 상당한 성과를 거두었다.

1. 운영 시스템 개선

1) 공기업 운영 시스템 개선

공기업에 대해서는 1999년부터 정부투자기관 기본법의 개정을 통해 자율성 제고와 책임경영체제 확보를 위한 개혁조치가 취해졌다.

정부 이사제를 폐지하고 민간전문가를 이사로 위촉하는 '사외이사제', 비상임이사와 사장이 경영계획에 대해 계약을 체결하도록 하는 '사장경영계약제'가 도입되었고, 2급 이상 또는 전체 사원에 대해 '성과연봉제'를 적용하고 경영투명성 제고를 위해 성과를 공개하도록 하는 '경영공시제'도 도입되었다.

그 결과 전반적으로 정부의 간섭이 줄어들고 이사회 중심의 의사결정체제로 전환되고 있다는 긍정적 평가를 받고 있으며, '사장경영계약제'와 '연봉제'도 당장의 성과는 크지 않으나 장차 성과 중심의 경영으로 전환토록 촉진하는 요인이 될 것으로 기대된다.

경영성과공시와 관련하해 고객만족도가 점차 개선되는 등 일부 성과가 나타나고 있지만, 앞으로 이 제도를 좀더 보완해서 연도별 비교, 국내외 유사기업과의 비교, 유사제도와의 연계에 노력해야 한다는 지적도 나오고 있다.

2) 정부산하기관 운영 시스템 개선

정부산하기관에 대해서는 1단계로 2000년까지 조직, 인력, 자산매각과 같은 '구조조정'과 연봉제, 성과급제의 도입 외에 퇴직금 누진제, 주택자금 무상지원, 대학 학자금 무상지원 등과 같은 기존의 '파행적 제도에 대한 개선'에 중점을 두어 최초로 운영 시스템 개선이 이루어졌다.

2001년부터의 2단계에서는 1단계 중 미진한 개혁과제를 지속적으로 추진하면서 아울러 '자율상시개혁방식'으로 전환해 내부 경영 시스템을 자율적으로 합리화하도록 유도하는 노력을 하고있다.

그 성과로 2001년 중에만 2,106명의 인력감축, 114건의 자산매각, 46건의 민간위탁, 성과관리 시스템 구축(178개 기관), 경영공시제를 통한 정보공개(200개 기관), 고객헌장 제정 (92개 기관), 외부 회계감사제도 도입(55개 기관)과 전자조달, 기관장 공모제 추진 등의 결실을 거두었다.

이 과정에서 경영혁신이 미흡한 기관에 대한 벌칙 또는 경영혁신과 연계한 예산지원을 위해 총 15개 기관에 대해 1,203억 원의 예산배정을 유보함으로써 개혁의 실효성을 확보하기 위한 조치가 적용된 바 있다.

3) 감사원 감사와 점검평가단

이러한 공기업과 정부산하기관에 대한 운영 시스템 개선정책은 감사원의 참여로 더욱 실효성 있게 추진될 수 있었다.

감사원은 2000년 4~6월까지 공기업·산하기관의 구조조정과 경영혁신 추진실태에 대한 특별감사를 실시했다. 그 결과 총 141개 기관에 대해 '방만경영' 사례 662건이 지적, 통보됨에 따라 정부는 해당 기관과 관련부처에 신속한 개선을 다시 촉구하였고, 2000년 11월부터 2001년

1월까지 시민단체 대표와 민간전문가 등이 참여한 '점검 평가단'을 구성해 개선·진척상황을 파악하고 평가했다.

2001년 1월 기준의 평가결과에서는 662건의 지적사례 중 71%인 470건이 개선 완료된 것으로 조사되었고, 개선되지 않은 과제는 노조와의 합의가 필요한 연월차휴가 보상문제, 주택자금 융자문제 등이었다.

그 후 2002년 1월 현재로 662건 중 95%인 629건의 과제가 개선 완료되어 전체적으로는 양호한 개선실적을 나타냈다.

이번의 '방만경영 개선작업'은 앞으로 정부개혁에 좋은 선례가 될 모범사례(Best Practice)라고 할 수 있다. 개혁추진부서(정부개혁실)의 과감한 정책선도(initiative)에 대해서 감사원이 특별감사를 통해 그 이행을 다시 촉구함으로써 힘을 보탰다. 이에 따라 예산담당부서(예산실)가 개입해 예산상의 불이익을 지렛대(leverage)로 각 부처를 설득했다. 이 작업은 시민 대표와 전문가가 참여한 점검평가단이 나섬으로써 평가의 공정성을 확보하고 소관부처와 해당기관에 대해 국민여론이라는 강력한 통제력을 발휘한 성공사례이다.

앞으로는 감사원과 정부개혁 및 예산 관련부서 간의 유기적 협조 관계 하에 정부개혁이 추진되고 국민 대표가 참여하는 외부 평가기능을 통해 지속적으로 이를 평가, 확인하는 시스템이 작동되어야 한다.

4) 종합평가

이번의 공기업·산하기관에 대한 운영 시스템 혁신작업의 큰 의의는 이들 기관에 대해 성과와 경쟁의 원리를 적용한 본격적인 개혁이 시작되었고, 각 중앙부처가 여러 가지 저항에도 불구하고 자기영역에 대한 개혁을 추진했다는 점이라고 본다.

방만한 경영에 브레이크를 걸고 내부관리를 개선한 것과 함께, 그 동안 국민들에게 잘 알려지지 않았던 이들 기관이 경영공시제와 고객만족도 조사 그리고 홈페이지 구축 등을 통해 관련정보를 공개함으로써 기관운영의 투명성을 제고하는 효과도 있었다.

또한 업무영역에 대한 민영화와 민간위탁으로 경쟁체제가 확대되었으며, 산하기관이 부과하는 각종 준조세를 폐지하여 연간 3,000억 원의 국민부담을 줄이는 성과도 가져왔다.

5) 문제점(남은 과제)

이와 같이 운영시스템의 개선에 많은 성과가 있기는 했으나 앞으로 해결해야 할 문제도 많이 남아 있다.

첫째, 이들 공기업과 산하기관의 존립 필요성을 검토해보아야 한다. 이번에 파악된 정보를 기초로 공기업·산하기관과 정부행정기관과의 기능중복에 대한 체계적인 검토를 통해 존립 필요성이 없는 것은 과감히 민영화하거나 폐지하고, 필요성이 인정되는 기관은 제대로 일할 수 있도록 자율성과 책임성을 보장해주어야 한다.

둘째, 타율적 개선조치와 여론의 압력으로 우선 시급한 구조조정과 시스템 개선은 일부 시행되었으나, 앞으로 이들 기관 내부에 계속적인 구조개선과 시스템 혁신 체제를 어떻게 제도화할 수 있는가 하는 것이 앞으로의 과제이다.

그리고 이 혁신과정에서 주무부처와 정부개혁 담당부서가 어떻게 역할 분담을 할 것인지도 명확하지 않다. 현재 산하기관의 입장에서는 중복된 감독으로 인해 자유로운 기관운영에 제약을 받고 있기 때문이다.

셋째, 이들 기관의 기관장과 임원 등 지휘부 구성이 경영실적을 좌우

하는 대단히 중요한 요소라고 인정되고 있다. 전문성과 공정성을 확보
하는 방향으로 인사관행을 개선하는 정책이 강구되어야 한다.

2. 공기업 민영화

1) 민영화 추진 경과

1998년부터 추진된 공기업 민영화는 금융부문을 제외한 108개 공기
업을 대상으로 두 차례의 계획이 발표되면서 시작되었다.

1998년 7월에 발표된 1차 계획에서 5개 공기업과 21개 자회사를 완
전 민영화하고 6개 공기업은 단계적, 민영화를 추진하기로 했다.

그 해 8월에 발표된 2차 계획은 추가로 12개 자회사의 완전 민영화
와 28개 자회사의 단계적 민영화, 그리고 6개 자회사의 통폐합을 목표
로 했다.

관계부처 차관과 민간전문가로 구성된 '공기업 민영화 추진위원회',
그리고 관계부처 1급 공무원과 해당공기업 집행간부, 전문가로 구성된
'공기업 민영화 추진 실무팀'을 추진기구로 해서 실제 작업이 진행되
었다.

2) 민영화 성과

과거 정부에서도 민영화정책이 일부 추진되었으나 구체적 성과가 별
로 없었는데 이번에는 가시적 성과가 창출되었으며, 이로써 공공부문의
영역이 축소되고 민간 경제부문이 확장되는 선례가 확립되었다.

물론 민영화를 추진하는 과정에서 사회여론과 해당기업과의 갈등 같은 여러 가지 현실적 애로사항 때문에 당초 계획한 일정대로 추진되지는 못했으나, 당초 계획이 경제위기 극복의 급박한 필요성으로 인해 지나치게 야심적이었다고도 볼 수 있는 점을 고려하면 현재의 성과는 상당한 것이라고 인정되고 있다.

■ **공기업 민영화 추진실적(2002년 2월 말 기준)**

		계 획	실 적
공기업	완전 민영화	5개 회사	5개 회사
	단계적 민영화	6	1
	계	11	6
자회사	계	55	30

* 민영화 완료(6개 회사) : 국정교과서(1998년 11월), 종합기술금융(1999년 1월), 대한송유관(2000년 4월), 포항제철(2000년 10월), 한국중공업(2000년 12월), 한국종합화학(2000년 11월)
* 민영화 추진중(5개 회사) : 한국통신, 한국담배인삼공사, 지역난방공사, 가스공사, 한국전력

이러한 민영화로 인해 다음과 같은 효과가 나타난다.

- 제품가격이 인하되고(포항제철) 핵심역량이 강화되었으며(한국중공업, 종합기술금융, 대한송유관공사) 서비스의 질도 향상되었다(포항제철, 종합기술금융, 국정교과서)는 평가를 받고 있다.
- 수익성도 대폭 개선되었으며(한국중공업, 종합기술금융, 포항제철, 대한송유관), 간접적 성과지만 공기업매각에 따른 재정수입(2002년 3월 말 기준)으로 18조 원 (재정수입 9조 2,000억 원, 기타수입 8조 8,000억 원)과 105억 달러의 외화수입이 창출되어 경제위기의 극복에 기여하고 우리 경제의 대외신인도를 향상시키는 데도

큰 역할을 했다는 긍정적 평가다.

3) 문제점

현재 추진 중인 민영화 일정이 다소 무리한 경우도 있으므로, 일정을 반드시 맞추는 것보다는 당초 계획내용을 실질적으로 일관성 있게 계속 추진하는 것이 중요하다고 본다.

그리고 앞으로 새로 추진해야 할 민영화의 대상분야나 그 추진속도 등, 향후 민영화 정책방향에 대해서도 생각해야 할 시점이다.

근년에 들어서 영국철도 민영화와 미국 캘리포니아 주 전력산업 규제 철폐가 실패사례로 판명됨에 따라 국제노조기구 등의 민영화 반대론이 거세게 일어나고 있는 상황이고, 더욱이 2001년 9월 11일 테러와 최근 미국 대기업들의 회계 부정사건의 여파로 "공공부문을 민영화하는 것만이 그 운영체계를 개선하는 유일한 길은 아니라"는 견해가 확산되고 있어서, 앞으로의 민영화 추진방침에 대해 신중한 판단을 해야 할 것으로 보인다.

이를 위해서는 다른 선진국에서처럼 민영화의 기획업무와 집행업무를 통합한 단일 추진체계를 구축해야 한다는 주장도 있으므로, 민영화 추진체계 문제에 대해서도 검토가 필요하다고 생각된다.

그리고 해외 DR 발행형식으로 추진하는 경우 연차별 매각물량을 적절히 배분하고, 공기업 민영화와 규제완화 정책을 상호 연계하는 등 시장 경제상황을 충분히 고려해서 추진해야 한다는 점도 중요하다.

또한 민영화로 인해 발생하는 사회적 불평등에 대한 대책도 세워야 한다(저소득층 또는 낙후지역에 대한 교차보조 감소 등).

앞으로는 공기업 민영화에 대해 사회적으로 충분한 정당성을 확보하고 설득력 있게 추진하기 위해 그 필요성과 쟁점에 대한 홍보 노력을 강화해야 한다. 그리고 민영화 대상인 공기업 이해관계자 간의 대화와 협력에도 노력해야 할 것이다.

이제는 우리도 다른 국가들이 하고 있는 것처럼, 공기업 개혁에 대해서 중장기적 계획을 갖고 전략적으로 접근해야 하는 상황에 있다고 본다. 따라서 민영화 등 공기업 개혁에 대한 추진력을 잃지 않으면서 중·장기적으로 일관성 있게 해나가는 방법을 모색해야 하는 것이다.

제2절 대책

오랫동안 개혁의 사각지대에 놓여 있던 공기업과 산하기관에 대해서 그 운영 시스템에 대한 개선작업과 공기업 민영화정책이 추진됨으로써 이제 공공부문 전반에 걸쳐 개혁의 움직임이 확산되었다.

앞으로의 과제는 어떻게 이들 기관의 자율성을 높이고 책임경영체제를 정착시켜서 스스로 개혁과 경영개선을 계속해나가게 하는 시스템을 만드는가 하는 것이다.

이 시스템은 크게 볼 때, 이들 기관의 운영을 외부에서 평가·감독하는 체제를 마련하고, 기관운영구조에 대한 법적·제도적 근거와 내용을 공급해주며, 성과책임체계 구축의 핵심요소인 기관장과 임원의 인사에 대한 규율을 정비하는 것이라고 본다.

1. 외부의 평가 · 감독 체제 정비

앞으로 공기업과 산하기관은, 정부 행정조직과 마찬가지로 정례적으로 그 존립 필요성에 대해 검토를 받아야 한다고 본다. 정부혁신 담당부서와 정부조직 담당부서, 그리고 시민대표와 전문가로 구성된 기구가 이들 기관과 정부행정기관과의 기능 중복 여부에 대한 검토와 이들이 제공하는 서비스의 필요성과 효율성에 대한 검토를 합동으로 수행하는 체제를 만드는 것이 바람직할 것이다.

또한 기관 내부의 경영개선을 독려하는 부분에 대해서 주무부서와 정부혁신 담당부서 간의 역할분담체계도 명확하게 정립되어야 하며, 공기업 민영화를 추진하는 체계도 현재 체제를 유지할 것인지 아니면 새로 단일 추진체제를 구축할 것인지 검토가 필요하다.

2. 기관 운영구조 법제화

공기업에 대해서는 '정부투자기관 기본법'이 제정되어 있어서 어느 정도 그 운영체제가 명시되어 있다고 볼 수 있으나, 산하기관은 각기 상이한 성격과 규모, 재정능력 등으로 인한 난점 때문에 그 운영 면을 규율하는 법제가 아직 마련되어 있지 않다.

앞으로 정부산하기관에 대한 체계적인 관리방식을 규정하는 법을 제정해 자율성과 책임성을 확보하는 제도적 근거를 마련할 필요가 있다.

그리고 국민에 대한 정보공개와 공시제도를 적극 도입해 각 기관들이 투명한 정보제공을 통해 그 존재가치를 국민들로부터 검증받는 장치로 활용해야 한다.

3. 기관장 및 집행간부 인사의 안정화

앞으로 공기업과 산하기관들에게 그 운영에 대한 자율성을 부여하고 성과에 대한 책임을 묻는 관리방식을 적용해야 한다. 그렇게 하기 위해서는 기관장과 집행간부의 선임이 공정하게 이루어지고 그 임기가 보장되는 것이 가장 중요한 조건일 것이다.

기관장과 집행간부의 선임에 관한 절차를 보다 투명하게 규정하고 그 과정에서 전문성과 경영능력을 검증하되 조직이기주의를 배제할 수 있는 장치를 마련해야 한다.

그리고 정부투자기관의 이사장제도를 부활시키는 것을 신중히 검토해보아야 할 것으로 생각된다.

이 제도는 과거 잘못 운영된 점이 있어 폐지됐으나, 근본적으로는 대규모 공공기관에 국가와 사회의 이익을 대표하는 인사들이 그 이사장 및 이사로서 참여해 중요한 운영방침이나 정책결정에 대해 조언과 비판을 함으로써 기관장의 독단이나 조직이기주의를 견제하고 기관운영이 국가·사회의 이익에 맞게 이루어지도록 하는 중요한 운영구조이기 때문이다.

과거의 문제점이 재발하지 않도록 유의하면서 순기능을 살릴 수 있는 방향으로 제도를 설계해 제대로 운영한다면 권력분산, 고객지향, 경영구조(governance) 정상화에 기여할 것으로 기대된다.

10
전자정부의 과감한 추진

제1절 세계의 전자정부 추진현황

오늘날 정보통신기술(ICT)의 놀라운 발전에 따른 정보화는 산업사회가 정보화사회로 바뀌는 문명사적 전환의 원동력일 뿐만 아니라 기업의 경쟁력 제고 및 국가발전전략의 핵심이 되고 있다. 이러한 맥락에서 세계 각국이 경쟁적으로 추구하고 있는 전자정부(Electronic Government)는 단순히 행정정보나 업무처리의 전산화만을 의미하는 것이 아니다. 그것은 행정개혁과 정보기술을 결합함으로써 비용절감이나 정부 규모의 축소와 같은 외형적 성과는 물론이고, 국민의 만족도를 높이고 참여민주주의를 구현한다는 보다 차원높은 목표까지 추구하는 정부 개혁운동인 것이다.

우리도 정보화의 중요성을 비교적 일찍부터 인식해 정보화정책을 꾸준히 추진해온 결과 앞으로의 발전을 위한 탄탄한 기반을 구축했으며, 최근에 와서는 서울시의 '온라인 민원처리 공개시스템(OPEN)'의 획기적 아이디어가 세계적으로 인정을 받고 있는 가운데, '전자정부 특별위원회'를 중심으로 과감한 전자정부 구현 목표를 추진하고 있다.

2002년 6월 발표된 'UN 회원국에 대한 전자정부 구현수준 평가(UN 사무국과 미국행정학회의 공동평가)'에서 우리나라는 2001년도 전자정부지표(The 2001 E-Government Index)상 15위를 차지했고, 3.25만점에서 2.30점으로 세계 평균인 1.63점을 훨씬 웃도는 점수를 기록했는데, 이는 그간의 지속적인 노력의 결과라고 할 수 있다.

전자정부 구현수준을 평가한 또 다른 조사 보고서에 의하면, 2002년도 전자정부 서비스 최우수 10개국은, 캐나다(1위), 싱가포르, 미국, 오스트리아, 덴마크, 영국, 핀란드, 홍콩, 독일, 아일랜드(10위)의 순서라고 한다(Accenture사 조사 보고서).

1. 전자정부 우수사례

세계 각국의 전자정부 추진은 아직 발전단계이기 때문에 그 순위는 앞으로 얼마든지 가변적이고, 분야별로 완벽한 모델을 집어내기도 어렵다. 다만 선진 각국 정부가 국민과 기업을 고객으로 생각하는 것이 보편화되고 있으므로, 전자정부 구현에 있어서도 민간기업식의 고객관리기법으로 정부 서비스를 제공하려고 노력하는 것이 공통점으로 나타나고 있다.

현재 제공되는 각국의 온라인 정부 서비스 중에서 우수 사례로 꼽히는 것으로는 다음과 같은 예를 들 수 있다.

- 미국 · 호주 · 일본 : 구직자를 위한 온라인 이력서 제출 서비스와 구인기업을 위한 인력검색 서비스 제공
- 캐나다 : 실업보험 신청에 필요한 실업자 등록을 온라인으로 할 수 있게 함
- 아일랜드 · 스페인 : 온라인 세금신고 및 납부 서비스 제공, 프랑스 · 캐나다 전자 납세신고에 대한 디지털 확인서 발급
- 벨기에 : 기업들이 온라인으로 부가가치세 신고
- 캐나다 : 기업과 개인별로 디자인된 우편 서비스 분리운영
- 핀란드 : 은행, 전화국, 출판사, 신용카드사 등을 위한 통합 온라인 요금지불 서비스 제공
- 호주 : 법원판결문, 재판진행 정보 등을 웹사이트에 게시, 온라인 소송제기 및 서류제출 서비스 제공

각국은 이러한 우수 사례들을 서로 배워(benchmarking)가면서 자국의 시스템을 개선하기 위해 노력하고 있다. 이들 국가 중 우리나라의 전자정부 계획추진과 비교 · 참고하기에 적합한 예로서 미국과 영국의 추진상황을 살펴보기로 한다.

2. 미국의 전자정부 추진상황

클린턴 행정부에 이어 부시 행정부에서도 전자정부 구현에 역점을 둔 정책을 추진하고 있다. 부시 대통령은 2001년 8월 '국민중심, 결과

중심, 시장중심적 정부'의 구현을 목표로 전자정부 확대(Expanding E-Government)를 포함한 5대 정부개혁안을 발표했다.

이에 따라 관리예산처(OMB)는 전자정부 확대 추진계획을 수립하기 위한 태스크포스(e-Government Task Force)를 출범시켜, 2001년 9월 범정부 차원의 전자정부 사업들을 선정했고, 2002년 2월 향후 전자정부 추진전략을 담은 최종 보고서(e-Government Strategy)를 발표했다.

이 전략 보고서에서 보는 미국의 전자정부 계획은 다음과 같다.

- 목표
  - 국민이 정부 서비스를 쉽게 이용하고 정부기관과 쉽게 상호 작용할 수 있게 함
  - 정부운영의 능률성과 효과성을 강화함
  - 정부의 대 국민 대응능력을 개선함
- 대상별 서비스 제공방식
  - 시민(Government to Citizen : G2C)
  - 검색이 용이하고 사용 간편한 원스톱 서비스를 통해 고품질의 정부 서비스 제공(복지 · 대출 · 여가장소 대여, 천연자원, 세금)
  - 기업(Government to Business : G2B)
  - 기 수집된 정보의 재활용과 자료 간소화로 기업의 부담 경감 (규제, 경제개발, 무역, 인 · 허가, 자격증, 보조금, 대출금, 자산관리)
  - 정부 간(Government to Government : G2G)
    주(State)정부와 지방(local)정부 간에 데이터의 통합 및 공유(레크레이션, 천연자원, 공공안전, 법집행, 재해대책, 보조금, 대출금)

– 정부 내(Internal Efficiency and Effectiveness : IEE)

민간의 신기술을 정부업무에 적용해 비용절감(공급자망 관리, 인사관리, 재무관리)

| 표7 | 미국정부가 향후 2년 간 추진할 구체적 전자정부 사업(24개) |

분 야	사 업 명	주 관 부 처
G2C	여가 관련 원스톱 서비스	DOI
	정부지원의 온라인 신청	DOL
	온라인 대출	DOE
	USA 서비스	GSA
	세금신고의 간편화	Treasury/IRS
G2B	온라인 법제관리	DOT
	세무업무의 전자화 확대	Treasury/IRS
	연방자산 판매	GSA
	국제무역 프로세스별 편성화	DOC
	기업 규제관리 정보의 원스톱 서비스	SBA
	통합 보건정보	HHS
G2G	지리정보 원스톱 서비스	DOI
	e-보조금	HHS
	재해대책	FEMA
	공공안전 무선통신(SAFECOM 프로젝트)	Treasury
	e-바이탈(장기)	SSA
IEE	e-훈련	OPM
	구인/구직 원스톱 서비스	OPM
	인사관리 통합	OPM
	전자적 임금지불 및 인사관리	OPM
	온라인 출장	GSA
	통합 조달기반 구축	GSA
	전자적 기록관리	NARA
cross-cutting	전자인증/연방정부 아키텍처	GSA/OMB

자료 : 최선희(2002), 「전자정 부서비스의 추진현황 및 강화방안」, 『정보통신정책』 14-13(305호), 11쪽

3. 영국의 전자정부 추진상황

토니 블레어 수상의 '영국 온라인화(UK Online) 캠페인'은 국민과 기업의 호응을 크게 불러일으켰다. 범정부 차원의 전자정부 포털사이트 (UK Online Portal)가 개설되었고, 전자정부 게이트웨이가 구현되었다. 개별부처 차원에서도 e-비즈니스 전략을 공표하여 전자업무를 도입·시행했고 매 6개월마다 자체 e-비즈니스 전략을 수정, 최근 개발현황과 장래 추진계획을 정부에 보고하도록 의무화되어 있다. 또한 "2005년까지 정부 서비스를 100% 온라인으로 제공한다"는 전체 목표에 대한

| 표 8 | 영국의 전자정부 과제 |

분야	내용
대(對)국민 대(對)기업	• 전자정부 포털사이트를 통한 서비스 제공 　－ 이사, 임신과 출산, 여행, 범죄예방과 대처, 운전면허 획득, 사망 및 장례절차, 환자간호, 구직, 노후설계와 같이 부처별이 아닌 일상사(life episode)별로 정부 서비스 제공 • 포털사이트의 추가 개발 및 다양한 채널을 통한 서비스 제공 　－ 향후 온라인 출생신고, 온라인 세무신고 등 제공서비스의 확대와 서비스 제공수단의 다양화 • 정부 게이트웨이를 통해 제공되는 서비스 발굴 　－ 현재 원천징수소득세, 연말정산, 부가가치세, 환경식품농촌부의 지역보조금신청 서비스가 제공되고 있음
기반조성	• 정부게이트웨이(온라인 업무의 보안, 인증, 개인정보 보호, 정보 공동활용 등)의 확대 　－ 2001년 3월부터 온라인 처리가능해졌으며, 20개 중앙부처, 480개 지방정부, 200개 이상의 정부기관이 연간 50억 건 이상의 업무 처리

자료 : 최선희 (2002), 「전자정부 서비스의 추진현황 및 강화방안」, 『정보통신정책』 143(305호), 14쪽에서 재인용

부처별 사업도 꾸준히 진행되고 있다.

영국 전자정부 정책의 특징은, 정부조직 중심이 아닌 국민의 수요를 중심으로 서비스를 재편성해 제공하고자 하는 점이다. 영국에서는 전자정부 서비스에 대한 접근성(access)을 중시하고 이를 높이기 위해 휴대폰, 디지털 TV, 콜센터, PC, 키오스크, 공공기관 등 어디서나 이용할 수 있도록 다양화를 꾀하고 있다. 그리고 부처별로 e-비즈니스 전략을 각각 마련하는 방식은 이를 달성하기 위한 최적의 방법이라고 판단된다.

제2절 한국의 전자정부 추진

1. 전자정부 발전과정

우리나라의 전자정부구축 노력은 1978년 제1차 행정전산화계획에서 부터 비롯되었다. 그후 1987년부터 2000년 사이에 행정전산망사업, 공공응용서비스 개발사업, 그리고 행정정보화촉진 시행계획 등을 계속 추진해 전자정부 구현을 위한 기반을 조성했고, 이 토대 위에서 2001년부터 '전자정부 11대 중점 추진사업'에 착수해 본격적인 전자정부 구축작업이 진행 중이다.

1) 행정정보화 촉진단계

행정정보화촉진 시행계획은 다음 세 가지 분야에서 각 부처 소관별로 세부사업을 기획해 추진했고, 그 내용은 주로 업무별 전산화와 데이터베이스(DB) 및 시스템의 구축 중심이었다.

- 행정의 생산성 향상
- 민원행정 서비스 획기적 개선
- 행정정보화 기반 구축

이 사업으로 짧은 기간 내에 중요정보의 DB구축과 시스템 기반이 이루어져 향후 전자정부사업을 신속하게 추진할 수 있는 토대가 형성되었고, 행정기관의 홈페이지가 구축·운영됨에 따라 행정정보의 공개, 정책홍보, 간단한 민원처리 등 초기단계의 서비스가 제공되기 시작했다.

그러나 소관부처별로 사업이 선택되다보니 각 사업 간의 유기적인 관계가 뚜렷하지 않았고, 국민과 기업이 요청하는 업무를 온라인으로 처리하고 정부가 보유하고 있는 정보에 손쉽게 접근하게 해주는 실질적인 전자정부 수준의 서비스에는 도달하지 못했다.

또한 매년 세부 추진목표를 설정해 각 부처별로 사업을 추진하고 다음해에 결과보고 및 평가를 내린 후 다시 세부 추진계획을 설정하는 방식을 취함으로써 중장기적 안목의 일관된 사업추진이 이루어지기 어려웠다는 한계점이 있었다.

2) 전자정부사업 단계

2001년 전자정부특별위원회의 출범을 계기로 그간의 행정정보화 추진과정에서 미흡했던 점을 보완하고 본격적인 전자정부 추진정책을 수립하고자 하는 노력이 있었다. 이러한 노력의 결실로 특별위원회가 내놓은 정책은 다음과 같은 점에서 대단히 진보한 것으로, 전자정부의 실현 가능성을 크게 높였다고 판단된다.

첫째, 전자정부의 비전을 구체화해서 제시했다.

그 비전은, "국민입장에서는 언제, 어디서나 고품질의 행정서비스를 제공받고, 기업 입장에서는 기업하기 좋은 나라로 만들며, 정부 내부적으로 생산성·투명성·민주성을 최고로 도모한다"는 것이다. 이러한 높은 수준의 비전을 구현하기 위해서 앞으로 전자정부 사업은 장기적 시야를 가지고 철저하고 강력하게 추진되어야 할 것이다.

둘째, 추진방식도 이전과는 달라졌다.

전자정부 구축을 위한 추진원칙과 방향을 설정하고 업무재설계(BPR)를 제대로 함으로써, 단순 정보화의 지양, 부처 간 공통업무의 단일사업화, 자원의 효율적 사용과 중복투자의 방지, 정책실패 방지 등의 효과를 도모한다는 것이다.

셋째, 사업에 우선순위를 부여하고 있다.

구체적인 추진원칙과 방향 하에서 중점적으로 추진해야 할 사업을 우선순위에 따라 11개로 선정했다. 선정된 사업은 정해진 최종 구현시점에 따라 단계적으로 구축될 수 있도록 역순으로 세부계획이 마련되었고, 세부계획에 대한 정기적인 일정점검을 통해 진행속도의 지연 여부를 판단해 시정조치를 요구하는 등 피드백 기능도 포함되어 있다.

넷째, 전자정부특별위원회가 갖춘 또 하나의 장점은 관련부처 차관들을 위원회 구성원으로 포함함으로써 정책과정에 민간전문가의 자문의견을 신속히 반영할 수 있다는 점이다.

2. 11대 중점 추진사업

전자정부특별위원회가 선정한 중점 추진사업은 다음과 같다.

종전과는 달리, 국민과 기업에 대한 서비스 혁신을 최우선 순위에 놓고 2002년 말까지 여러 부처에 걸친 공통사업을 완성하려고 한다는 점에서 매우 혁신적이고 과감한 계획이라고 할 수 있다.

- 국민과 기업에 대한 서비스 혁신사업
    - 단일 창구를 통한 민원업무 혁신
    - 정부 전자조달 시스템 구축
    - 인터넷을 통한 종합 국세 서비스 제공
    - 4대 사회보험 정보연계 시스템 구축

- 행정의 생산성 제고사업
    - 시 · 군 · 구 행정정보화
    - 전국단위의 교육행정 정보시스템 구축
    - 표준 인사관리 시스템 구축
    - 국가 재정정보 시스템 구축
    - 전자결재 및 전자문서유통 정착

- 전자정부기반 구축사업
    - 전자서명 · 전자관인 시스템 구축
    - 범정부적 통합 전산환경의 단계적 구축

사업 기대효과

이 사업이 완성되어 2003년 본격적으로 서비스가 시작되면 우리가 얻을 수 있는 효과는 대단히 크다고 본다.

- 우선, 우리 민원 서비스가 근본적으로 업그레이드된다.

  민원 구비서류가 최소화되고, 여러 기관을 방문해야만 되던 것이 단일 부서(창구)에서 업무처리가 다 끝나게 되며, 관공서에 가지 않고도 인터넷으로 정부 대표 민원창구에서 일을 볼 수 있게 된다.

  – 현재는 주민등록 등 · 초본만 해도 1년 간 약 1억 통 이상 발급되어 그로 인한 국가적 기회비용은 약 1조 원으로 추정되고 있다. 앞으로 5대 주요 민원분야 담당기관 간에 정보 공동활용이 정착되면, 주민등록을 비롯한 여러 구비서류가 필요없게 되어 그 효과로 연간 1조 2,000억 원의 비용절감이 예상된다.

  – 새로 개설되는 정부 대표(인터넷) 민원창구에서 출생신고, 국세 신고 등 총 4,480여 종의 민원신고와 처리가 가능해서, 관공서에 가지 않고도 대부분의 민원사항을 처리할 수 있다.

    *인터넷 이용인구 : 1,900만 명(2000년 말 기준)

- 주소 변경도 일괄처리 시스템이 개발되어 편리해진다. 한 곳에서 주소변경 신청을 하면 토지, 자동차면허, 의료보험 등 관련정보가 있는 모든 곳에서 자동 변경되므로 일일이 신고할 필요가 없게 된다.

- 세금의 신고 · 고지 · 납부를 일괄처리하는 시스템이 개발되어, 관공서나 금융기관에 가지 않고 가정, 사무실에서 세금관련 업무를 모두 처리할 수 있게 된다.

- 전자처방전달 시스템이 개발 · 보급되어, 의사 · 약사와 환자의 불편을 대폭 경감할 수 있다.

의사가 진료기록 입력과 동시에 전자처방전을 환자가 원하는 약국에 전송하면, 약국은 이를 받아 약을 미리 조제해 환자가 도착하는 즉시 전달할 수 있게 된다.

- 직접적인 대민 서비스 외에도 정부조달, 자치행정, 보험 등 대단위 행정분야의 업무개선으로 전반적인 행정생산성은 크게 높아질 전망이다.
  - 연간 15조 원에 달하는 정부 조달업무의 전자화로 조달행정의 투명성과 효율성이 높아진다.
  - 범정부적 지식관리 시스템 구축으로 정책결정의 질이 향상된다.
  - 시 · 군 · 구 행정업무의 정보화 및 정보공동활용 체계구축으로 대민 서비스와 업무생산성이 높아진다.
  - 국가 4대 사회보험 간에 정보 시스템을 통합함으로써 관리운영의 효율성을 높이고 국민편의가 증진된다.

이 사업이 성공적으로 완성되어 서비스되기 시작하면 우리나라도 전자정부 분야에서 10대 선진국과 나란히 겨루는 수준으로 진입할 것으로 기대되며, 나아가 공직 내 · 외에서 계속적인 정부 서비스의 혁신을 촉구하는 사회적 분위기가 조성될 것으로 예상된다.

우리의 높은 교육열과 세계적 수준의 인터넷 보급 및 활용도, 그리고 자유롭고 개방적인 국민기질로 볼 때 우리는 세계 최고수준의 전자정부를 만들어낼 잠재력을 가지고 있다. 정부개혁을 하겠다고 어렵고 힘들게 쥐어짜지 말고 전자정부 구현을 통해서 신바람이 나는 가운데 저절로 정부혁신이 이루어지게 해야 한다.

계속적인 정부혁신을 위한 아이디어로 현재 세계 최고수준인 민원 서비스를 예시해 보고자 한다.

서비스 구분	우리나라(제도개선 이전)	선진국 예
주민등록	• 가족이 출생, 사망시 가족이 관할관청에 방문해 서면신고 • 주소변경시 의료보험, 연금, 자동차 등 관련 기관에 각각 변경신고	• 스웨덴과 핀란드 등에서는 병원에서 직접 출생신고 • 주소 변경시에도 한번 신고로 보험, 연금, 자동차 등 관련 정보를 동시에 일괄 갱신함
부동산 이전·등록	• 민원인이 손수 등기를 할 경우 등기소와 구청 등 관련기관을 4~6회 방문해 인감증명, 매도인의 주민등록등본, 등기권리증, 토지대장, 가옥대장 등 16종의 첨부서류를 준비해야 함	• 핀란드, 영국 등에서는 은행 또는 부동산 중개업소에서 부동산 소유권의 확인 및 계약, 대금의 지급 등 등기이전 업무 처리 대행
자동차 등록	• 자동차 등록시 본인 또는 대리인이 등록관청을 방문하여 세금, 공채 매입, 수수료 납부 및 첨부서류를 제출하고 번호판을 교부받아 부착 • 시·도간 주소지 변경시 기관 방문해 번호판 교체	• 영국에서는 자동차의 등록을 딜러가 수행 • 주소변경에 관계없이 동일한 번호판을 사용 • 핀란드에서는 자동차 번호판으로 소유자를 전화로 확인할 수 있게 함으로써 불법주차나 긴급상황 발생시에 간편하게 소유자에게 연락 가능
세금신고	• 납세의무자가 양도소득 또는 종합소득액과 경비내역을 입증하는 서류를 첨부하여 세금신고	• 핀란드에서는 재무성이 기업, 은행, 보험회사 등과 정보를 공유해 세금을 부과함으로써 개인이 직접 세금신고를 하지 않아도 됨

서비스 구분	우리나라(제도개선 이전)	선진국 예
정부대표 전자민원실 (Portal)	• 국민입장에서 민원사무분류가 미흡해 검색 불편 • 중앙부처 및 자치단체가 개별적으로 각각 정보를 제공	• 대부분의 국가에서 개인의 라이프사이클에 따라 간편하게 안내 받을 수 있는 정부 포털사이트를 개발·운영 – 미국(FirstGov), 영국(U-konline), 싱가포르(e-Citi-zen), 호주(Vic.Gov. au), 네델란드(OL2000) 등 • 인터넷 이외에도 전화, 키오스크 등 이용가능
정부보유 정보의 공동이용	• 정보 연계 미흡 – 국민은 첨부서류 준비를 위해 관련기관 방문 불가피	• 스웨덴(SHS), 호주(Maxi) 등에서는 각 정부기관의 보유 데이터를 상호 연계함으로써 불필요한 첨부서류 폐지 또한 행정기관이나 시민이 원하는 정보 제공
정보화 인프라	• 전자적 신원확인 수단이 없어 전자민원 서비스 난항	• 핀란드에서는 스마트카드를 발급해 전자적 본인 확인가능. 전자민원 서비스의 제공 및 전자 상거래의 수단으로 활용 • 대부분의 국가에서 개인정보보호 및 보안을 위해 공개키 기반구조(PKI)의 전자서명 도입추진

자료 : 전자정부특별위원회 보고서(2001. 3. 30), 「전자정부 추진방향 및 과제」, 14~15쪽

3. 향후과제

앞으로 한국의 전자정부가 더 나은 단계로 발전되기 위해서는 풀어야 할 과제가 많이 있다고 생각된다.

첫째, 단일창구 민원업무 혁신(일명 'G4C' : Government for Citizen) 사업에 관해서는 정부부처 간에 정보의 협조와 공동활용이 계속 진전되어야 할 뿐 아니라 앞으로도 민원구비서류 감축과 관련 제도개선이 따라야 실효를 거둘 수 있을 것이다. 부처 간의 정보(DB) 협조나 업무관할 문제에 대해 원만한 해결을 추진할 수 있는 '전문성과 권위를 지닌 기관'이 반드시 필요하리라고 본다.

둘째, 현재 기업에 대한 서비스분야는 전자조달과 세금고지·납부뿐인데, 앞으로 미국 등 선진국의 예를 참조해 서비스를 더 개발해나가야 한다.

셋째, 정부 내부의 효율성과 효과성을 증진시키기 위해서는 계속적으로 혁신기법을 도입하고 업무재설계(BPR)를 한 후에 정보화전략 계획(ISP)을 수립하는 작업이 선행되어야 한다. 과거에 BPR과 ISP 없이 전산화·정보화를 추진한 결과 구축된 시스템이 쓸모없게 되거나 수작업보다 오히려 복잡하고 시간이 많이 걸리는 부작용이 발생한 경우가 많았다고 한다. 전자정부 구축과 관련해 이러한 혁신기법의 도입이나 BPR과 ISP를 밀고 나갈 수 있는 전문성의 확보가 필요하다.

넷째, 현재 우리의 전자정부 추진체제는 미국·영국 등에 비해 취약하다. 전자정부특별위원회는 법적 근거가 없는 한시적 조직이고 전담인력도 부족하다. 앞으로 전자정부 사업을 정부혁신 및 대국민 서비스 향상을 위한 최우선 사업으로 밀고 나가야 하므로 전담 추진체계가 마련되어야 한다.

4. 대책

전자정부의 추진은 단순히 새로운 정보통신기술(ICT)을 행정에 적용해보는 정도의 것이 아니다. 이것은 정부의 존재 이유와 임무·기능을 바꾸고 공무원들의 업무처리와 대국민 서비스의 방식을 혁명적으로 바꾸게 하는 대개혁이다.

선진국들은 그 중요성을 일찌감치 깨닫고 앞다투어 전자정부 구축에 매진하고 있다. 우리는 그들보다는 다소 출발이 늦었으나 다행히 좋은 조건도 가지고 있다.

그것은 그 동안의 행정정보화 노력으로 중요한 데이터베이스를 갖추었고, 초고속통신망과 인터넷 사용 면에서 선진국을 능가할 정도의 기반여건을 갖추었다는 점이다.

이제 전자정부에 담을 내용이 중요하다.

지금까지는 선진국의 우수 사례를 참고해가면서 기존업무의 전자적 처리나 약간의 절차개선을 추구하면 되었고, 그것만 가지고도 국민들의 환영을 받을 수 있었다. 그러나 우리가 전자정부 선진국과 어깨를 나란히하게 된 지금부터는 좀더 근본적이고 창의적인 혁신으로 전환하지 않으면 안 된다.

그 혁신은 정부운영 전반에 걸쳐 일어나야 한다. 앞으로의 정부개혁 업무의 절반 이상은 전자정부 구현과 관련되고 그를 통해서 이루어지지 않을까 생각된다. 그리고 '전자정부의 구현' 이라는 방식을 통하는 것이 종전의 개혁방식보다 부드럽고 합리적으로, 그리고 지속적으로 정부를 개혁하는 수단이 될 것이다.

현재까지 우리는 전자정부 업무에 대한 체계를 제대로 갖추지 못한 상태에서 임기응변으로 전자정부특별위원회를 만들어 대처해왔고,

2003년 이후의 계획, 즉 11대 중점사업 이후의 추진방향이나 계획도 세우지 못하고 있는 실정이다.

이제는 우리나라도 다른 선진국처럼 전자정부 정책을 범정부적으로 추진할 전담조직을 만들고 전자정부 추진사업에 국가적 중요성을 부여해 전폭 지원해야 한다.

미국은 2001년 관리예산처(OMB)에 범부처적 '전자정부 태스크포스'를 설치해 전자정부 전략을 수립해서 현재 추진 중에 있는데, 더 나아가 2002년 7월초 전자정부 전담기구로서 전자정부처(OEG)를 대통령 직속에 신설키로 법개정이 완료되었다. 이는 전자정부 분야에서 미국이 계속 우위를 점하고자 하는 입장의 반영인 것으로 보인다.

영국도 이미 2000년도에 수상 직속의 정부기구인 '전자정부 책임관(e-Envoy)'을 신설해 전자정부 업무를 총괄하는 기능을 수행케 하고 있다.

우리는 전자정부 선진국들이 전담기구를 두어 더욱 박차를 가하고 있는 데 주목해야 한다. 우리도 하루 빨리 미국과 영국의 예를 본받아 대통령 직속으로 전담기구를 신설해 장기 청사진 수립은 물론, 범부처적 과제의 발굴과 부처 간 이견조정, 추진상황 점검, 그리고 사업 간의 연계성 강화 등을 직접 맡아 강력히 추진하게 해야 할 것이다. 이러한 강력한 전담기구가 설치되면 '부처이기주의'의 벽과 '전문인력 부족'을 극복하고 신속한 전진과 혁신이 가능하게 될 것이다.

11

결론

최근 정부개혁에 대한 종합평가

10년 전 몇몇 국가에서 '관리개혁(management reform)' 이라고 불리던 혁신 움직임(신공공관리학파 : New Public Management School)이 선구자가 되어 오늘날에는 대다수 국가들이 좀더 광범위하고 다양한 변화를 추구하고 있다.

그중에는 단순한 관리(management) 차원을 넘는 국정운영(governance) 차원의 근본적 변화를 내포하는 개혁도 일부 있다.

이러한 신공공관리학파(NPM)적인 개혁은 기존의 정부 운영방식을 뒤흔들었고, 각국이 앞다투어 정부개혁에 나서게 하는 청신한 자극제가 되었다.

이 개혁으로, 중앙부처의 규제를 줄이고, 일선 관리자에게 더 많은 재량권을 주는 대신 그 만큼 책임을 묻게 되었으며, 공공지출의 팽창을 억제할 수 있었다. 규칙준수보다 성과에 더 관심을 기울이게 되었으며,

시민을 고객으로 대하는 문화도 생겨났다. 총체적으로 볼 때, 행정 서비스의 효율성이 증가했다는 것은 확실한 반면, 이 개혁과정에서 정부 시스템 전체면에서의 통일성(whole of Government)이나 국정관리 체제의 명확성 등이 손상된 점도 많이 있어서 이를 수정·보완하기 위한 방안도 논의되고 있다.

특히 영국의 철도민영화 개혁의 실패와 미국 캘리포니아 주 전력산업 규제완화로 인한 단전소동으로 상징되는 '과도한 개혁의 후유증' 사례는 우리에게 '개혁과 같이 중요한 문제는 신중하게 계획해야 한다'는 평범하나 귀중한 진리를 상기시켜주었다.

최근 일어난 9·11 테러와 엔론사 등 대기업의 회계부정 사건은 정부와 공공분야의 역할, 그리고 국정관리체제(public governance)의 중요성에 대해 다시 생각하게 하는 계기가 되었다.

OECD의 권고

이런 점에서 OECD 공공행정위원회(PUMA)가 '지난 10여 년 간 회원국이 실시한 정부개혁'을 회고·평가하면서 내린 다음과 같은 결론은 우리에게 매우 유용한 시사점을 제시하고 있다.

- 1990년대 초에는, "모든 국가가 영·미식으로 일관성 있는 개혁을 해야 하며, 개혁에 대한 정치적 의지를 가지고 앞선 국가들의 모범 사례(Best Practice)를 따라야 한다"는 견해가 일반적이었다.
- 하지만 후반기에 들어서면서 이러한 개혁 추진방식의 문제점과 한계를 점차 인식하게 되어, "각국은 자국의 상황에 맞게 치밀하게 개혁(혁신)을 추진해야 한다"라는 '좀더 신중하고 유연한 입장'으로 바뀌고 있는 것이다.

즉 "계속적인 변화와 혁신은 필요하지만, '혁신의 필요성'과 '내부 안정을 유지할 필요성' 사이에서 적절한 균형을 유지하는 수준으로 국정관리체계(governance arrangements)를 정비하면서 개혁을 추진해나가야 한다"는 것이다.

앞으로는, 외국의 모범 개혁사례를 단순히 모방, 이식하는 수준이 아니라, '기후, 토양을 따져 보고 많은 검토와 시험을 거쳐 적정 품종을 도입하는 식'으로 좀더 치밀하고 세련된 방식을 취해야 할 것이다.

OECD 공공행정위원회의 결론이 의미하는 바는, "각국은 각자의 문화·전통과 국민들의 '정부 역할에 대한 관념과 기대수준', 그리고 자국 시스템의 움직임에 맞는 개혁방안을 준비해 추진해야만 성공할 수 있다"는 것이므로, 우리도 이를 향후 정부개혁의 중요한 지침으로 삼아야 한다고 생각한다.

영·불·미 모델과 우리의 개혁

이런 관점에서, 모범 개혁사례가 나온 그 토양과 근본 이유를 알기 위해서 세계의 대표적인 정부모델이라 할 수 있는 영국, 미국과 프랑스의 정부제도와 운영, 그리고 개혁추진 상황을 비교해보았다.

그리고 우리나라의 여건에 적용할 수 있는 가능성(adaptability) 면에 중점을 두어 검토해본 결과 다음과 같은 정부개혁 방침을 도출할 수 있었다.

- 첫째, 세계 주요 정부들에게 통하는 보편적 기준(global standard)이나 상식(common sense)에 크게 어긋나는 사항을 대상으로 정부 전반의 혁신에 영향이 큰 사항부터 우선적으로 시정한다.
- 둘째, 기본 인프라 면에서는 프랑스 정부 모델이 가장 우리 상황에

적합하다고 판단되므로, 프랑스 시스템을 예의 검토해 도입할 필
요가 있는 부분을 추출해낸다.

- 셋째, 우리나라가 프랑스만큼 경제상황이 좋지 않고 아직 더 발전
을 계속해야 하는 만큼, 프랑스의 장점을 흡수함은 물론이고 영·
미식 개혁 중에서도 우리 실정에 필요한 부분은 도입한다.

이상의 방침을 종합적으로 다시 정리하면, 큰 시스템 면에서는 프랑
스식의 합리성과 효율성을 본받고 운영 측면의 혁신에서는 영국과 미국
의 개혁방법을 선별해서 받아들인 뒤, 우리 나름의 창의를 가미해야 하
는 것이라고 생각한다.

한국의 10대 정부개혁 과제

이러한 방침에 따라 필자는 가장 시급하고 중요한 정부개혁의 대상
분야로서, 공무원 인사제도와 운영, 정부조직 운영, 지방자치 행정, 공
기업·산하기관운영을 선정하고 그 중에서 9개 과제를 도출했다.

거기에 세계 각국이 다투어 추진하고 있는 미래지향적 정부 개혁수
단인 전자정부화 사업을 추가해 다음의 10개 과제를 우리 정부가 최우
선적으로 추진해야 할 개혁과제로 제시하고자 한다.

(1) 무분별한 순환보직의 지양 : 공모제 확대와 전문성 우대

(2) 상위직 공무원 특별관리 : 고위공무원단 제도 실시

(3) 인재양성과 판별 기능 강화 : 교육훈련 내실화

(4) 바람직한 정부조직 개편방식

(5) 행정 내부통제 강화 : 감사원의 정예화

(6) 책임운영기관 확대

(7) 지방자치계층 축소

(8) 지방자치 부패 방지 대책

(9) 공기업·산하기관 경영혁신

(10) 전자정부의 과감한 추진

프랑스에서 받아들일 것

프랑스 모델 중에서 도입코자 하는 기본 인프라 관련 개혁사항은 인사제도 측면과 행정 내부통제 시스템, 그리고 지방자치단체의 부패 방지책이다.

공무원 인사에서 잦은 순환전보를 지양하고 전문성을 우대하는 것은 프랑스뿐만 아니라 영국·미국 등 모든 선진국에는 이미 확립된 사항으로서 다른 개혁을 추진하기 위한 기본 여건이라고 본다(선진국에서는 한 직위에 3년, 상위직의 경우는 그 이상도 재직하는 것이 거의 국제표준이라고 볼 수 있다).

앞으로는 프랑스처럼 직렬구조를 더 세분화해 모든 공무원에게 우선 철저한 전문가가 되기를 요구하고, 그 중 관리직에 오르는 사람에게는 별도의 관리자교육을 더 시키는 방안으로 발전시켜야 한다고 본다.

또한 인재양성과 판별을 위한 교육훈련을 강화하는 방안과 고등고시 출신자의 부처 간 이동근무 의무화는 프랑스 시스템의 큰 장점으로 우리가 21세기 인적자원시대, 지식기반시대를 대비하는데 적합한 필수대책이다.

이를 통해 공무원들은 전 정부적 시야를 갖게 되고 항상 직무관련 교육을 받는 것을 생활화해 경쟁력을 높이는데 노력하게 될 것이다.

고시제도의 폐지와 같은 극단적 주장도 나오고 있으나, 이 제도는 다음과 같은 중요한 역할을 하고 있으므로 계속 존치시켜야 되며 문제점은 보완대책을 강구한다.

- 모든 국민에게 '공무담임권'을 균등하게 효과적으로 보장해주고 있다. 민주주의국가에서는 모든 국민이 '정부업무를 직접 담당하는 공무원'이 될 수 있는 길이 열려 있다. 이 기회를 균등하게 보장하는 데 있어서 정기적 · 공개적으로 시행하는 고시만큼 효율적인 방법은 찾기 어렵다.
- 직업공무원이 정치권에 과도하게 종속되지 않고 '정치적 중립성'을 지킬 수 있게 해주는 중요한 보장장치이다. 고시제가 없어지고 직위별로 개별채용 또는 특별채용에 전적으로 의존한다면 직업공무원층의 긍지와 응집력은 훨씬 약화되고 대신 정무직과 정치권에 대한 종속이 한결 심화될 것이며, 이로 인해 정치적 중립성도 흔들리게 될 우려가 크다.
- 상위직에 있어서 부처할거주의를 줄이고 전 부처적 시각을 공유하게 한다.

현행 고시제의 문제점에 대한 대책은 다음과 같은 방법이 있다.

- 시험과목, 방법 등을 시대에 맞게 개선한다.
- 고시출신자의 상위직 독점을 막고 고시 선발인원 일부를 감축하는 대신 전문가 채용경로를 넓힌다.
- 고시선발자들 상호간의 경쟁, 그리고 타 집단과의 선의의 경쟁을 촉진시켜 견제와 균형이 이루어지게 하면 된다고 본다.

프랑스에서는 인문계는 물론 과학기술계도 최우수 인력이 국가를 위해 일하는 공무원이 되는 것을 긍지로 여기는 전통이 계속 유지되고 있다. 더욱이 과거 부처별 채용으로 인해 부처할거주의가 성행한 폐단을 시정하기 위해 ENA를 창설해 고시방식(전부처적)으로 채용하고 철저한 교육을 시키는 시스템으로 바꾸어 세계적인 경쟁력을 자랑하고 있다.

우리는 오히려 긍지를 무너뜨리고 부처할거주의를 강화시키는 방향으로 가려는 것인가?

감사원을 최우수 공무원이 모이는 기관으로 정예화하고 중도 채용도 제도화함으로써 행정 내의 전문적 중립적 통제기관 겸 컨설팅 기관으로 격상시키는 방안이 필요하다.

아울러 지방자치단체의 부패에 대한 방지책을 강화하기 위해 프랑스처럼 감사원의 분원을 전국에 5~6개소 설치해 국가 전체적인 통일적 감사체계를 정비하는 것이 우리 여건에 적합한 해결책이라고 생각된다.

영·미식으로 감사원을 의회 소속으로 옮기는 방안도 회계감사권 행사를 강화할 수 있다는 장점은 있으나, 헌법 개정이 수반되어야 할 뿐 아니라 다음과 같은 새로운 문제점도 예상되므로 신중하게 고려해야 할 사안이라고 본다.

- 행정부 내의 내부 통제기능이 더 약화되고 대통령부의 독주가 더 심해질 우려가 있다.
- 감사원이 의회소속이 되면 현재 행사하는 직무감찰권은 행사하기 곤란해 사실상 기능과 위상의 약화를 가져올 가능성이 크다.
- 의회에 충실하려면 '정치적 중립성'과 충돌될 우려도 있다.
- 행정부와의 인사교류가 단절되면 우수인력유치 등 기관의 발전 측면에서 불리해질 수 있다.

프랑스의 회계원도 우리 감사원처럼 행정부 내에 위치하나 독립성을 유지하는 행정 내부 통제기관이다. 프랑스 회계원의 감사관은 3대 엘리트 직군으로 공인되어 각 부처 요직에 파견되고 있을 뿐 아니라, 거꾸로 10~15년의 실무경험이 있는 각 부처의 우수 공무원을 고위심판관으로 채용해 전문성과 위상을 높이고 있다.

'대통령의 눈치를 보지 않고 법과 양심에 따라 판단하는' 현인(wise men)집단이 행정부 내에서 제대로 통제하고 있기 때문에 프랑스 행정이 뛰어난 것이다.

영·미식에서 받아들일 것

다음 영·미식, 특히 영국식의 정부개혁에서 본받아야 할 점은, 상위직 공무원제도에 대한 대책과 책임운영기관 확대실시, 지방자치 계층의 축소, 그리고 전자정부의 과감한 추진을 들 수 있다.

상위직 공무원에 대한 별도 관리제도의 내용은 영국과 프랑스가 비슷하다. 다만, 영국은 최근에 와서 과감한 혁신을 계속해 경쟁성을 대폭 강화했으므로 우리의 상황에 좀더 적합하다고 판단된다.

영국은 1972~96년 사이에 과감한 개혁을 통해 계급을 모두 폐지하고 상위직을 통합 관리하는 '고위공무원단(SCS) 제도'를 도입함으로써 해당 직위에 가장 적합한 자를 폭넓게 임용하고 있다.

미국이 1978년 창설한 이 제도는 근래에 와서 영국에 이어 네덜란드, 호주에서도 받아들여짐으로써 각국으로 계속 보급되는 추세에 있다.

우리나라도 상위직 공무원에 대한 승진, 처우, 보직 등 인사관리를 제대로 하고 경쟁력을 높이기 위해서는 이 고위공무원단(SCS) 제도를 도입해야 한다고 본다.

상위직 공무원 인사제도 개선 이상으로 중요한 것은, 정무직에 대한 인사관행을 개선하는 것이다.

정무직은 각 분야별로 정부를 대표하고 정책형성과 집행에 대해 책임을 지는 고위공무원인데, 현재 우리나라에서는 개각이 자주 있다 보니 정무직의 평균 재임기간이 1년도 안 되어, 정부 내에 안정된 지휘체계가 확보되지 않고 정책의 일관성과 책임성이 보장되지 않는 등의 문제가 생기고 있다.

이러한 한국적 왜곡현상을 바로잡고 국제표준에 가까이 가려면 첫째, 정무직 인사에서 '비밀주의'와 '신속한 충원' 방식을 지양하고 '공개주의'와 '철저한 검증'의 원칙을 적용한다.

둘째, 정무직에게 일정한 임기(2~3년)를 보장하도록 노력하고 정무직 간의 인사이동도 가급적 지양한다.

셋째, 정무직의 퇴임시 명예와 긍지가 지켜지도록 배려해, 본인에게 사전통보, 대 국민 보고형식의 업적 인정, 질서 있는 업무인계·인수에 관한 표준 관행을 마련하는 것이 필요하다고 본다.

최근 OECD는 정부 및 공공부문의 리더십(leadership)을 매우 강조하고 있는데, 이는 '과거보다 훨씬 어려워지고 있는 상황에서 계속적으로 정부부문의 쇄신을 이끌고 나갈 지도력(지도층)을 양성하고 위기관리 능력을 강화' 해야 한다는 뜻이다.

선진국에는 정무직과 상위 직업공무원층의 장기재직 관행이 정착되어 있는데도 이처럼 정책관리 리더십이 크게 강조되고 있는 상황임을 볼 때, 우리나라도 하루 빨리 정무직의 인선, 임기보장, 그리고 성과책임성 확보에 관한 체제를 정비해야 할 것으로 생각된다.

책임운영기관(Executive Agency) 제도는 영국 정부개혁에서 가장 성공적인 정책으로 평가되고 있으며, 우리나라도 국민 기질상 성공을 기대할 수 있다고 판단된다. 영국의 경험상, 정책개발 기능과 관계 있는 대규모 집행기관에까지 실시하는 것은 문제가 있다고 평가되고 있고, 또한 연구나 규제업무를 담당하는 기관이 이 제도에 적합한가에 대한 의문이 있다.

이러한 영국의 경험을 반영해 우리나라에서는 대민 서비스 기관과 정부 내부 서비스 기관을 대상으로 중규모 기관까지 확대 실시하는 것이 바람직하다고 본다.

교통·통신의 발달로 2~3단계의 중첩된 자치계층이 필요 없어진 상황에 맞추어, 영국은 1986년 중앙정부 주도로 대도시권에 대해 광역시를 폐지하고 지방자치 1계층제(단층제)화를 완료했다.

우리나라도 인구나 국토 규모상 영국과 매우 유사한 여건이고 정보통신혁명이 급진전하는 상황에 비추어볼 때, 영국처럼 진취적으로 도시권부터 계층제 축소에 나서는 것이 바람직하다고 본다.

끝으로 전자정부 추진은, 단순한 정보나 업무처리를 전자화하는 수준을 넘어서 정부운영의 효율성과 참여민주정치를 구현하는 수단이 되고 있을 뿐만 아니라 정부개혁을 가장 부드럽고 합리적으로 추진하는 방법이기도 하다.

영국과 미국 등이 국가적 우선 사업으로 역점을 두어 추진하고 있는 바, 우리나라도 높은 교육열, 세계적 수준의 인터넷 보급 및 활용도, 그리고 자유롭고 개방적인 국민 기질로 볼 때 매우 큰 성공 잠재력을 가지고 있으므로 국책사업으로 지원해나가야 한다.

맺는 말

이러한 10대 과제 외에도 우리 정부의 혁신을 위해 추진해야 할 일은 무수히 많다고 본다. 근무평정과 성과관리제의 정착, 재정회계 제도상의 혁신, 지방분권과 규제개혁 등 정부운영 관련 기초분야에도 많은 과제가 있을 뿐 아니라 교육, 의료보험, 국민연금, 의약분업 등 개별정책 분야별로도 난제가 산적해 있다.

이들 개별과제를 일일이 선정하지 않은 것은 먼저 공무원 인사, 조직 관리 등과 같은 기본적인 정부 운영방식의 개혁이 전제되어야 이 모든 과제가 해결될 수 있다고 보기 때문이다.

즉 담당직위에 적격자가 보직되고 적절한 인센티브 하에 장기재직하면서 이 과제의 해결에 몰두할 수 있는 관리 시스템을 갖추는 것이 보다 급선무인 것이다.

이상의 10대 개혁과제가 성공적으로 추진되어 하루 빨리 우리 정부 운영 시스템이 선진국 수준으로 개선, 향상되기를 기대한다.

참 고 문 헌

■ 기획예산처(2000), 《정부개혁백서》, 기획예산처.

■ 기획예산처(2002), 「전자정부 구축사업추진현황」, 보고자료.

■ 김광웅(1998), 「김대중정부 초기 정부조직개편에 관한 비판적 성찰」, 『한국행정학보』 32(2).

■ 김규정(1990), 《비교행정론》, 법문사.

■ 김근세(1998), 「책임 집행기관에 대한 연구 : 영국의 사례를 중심으로」, 『한국정책학회보』 제7권 제2호, 139 ~162쪽.

■ 김동희(2000), 《행정법 1 · 2》, 박영사.

■ 김병국, 금창호, 권우철(1998), 「지방자치(행정)체제의 개편방안」, 연구보고서 98-14, 한국지방행정연구원.

■ 김병섭(1996), 「기업가적 정부혁신의 길 : 그 의미와 함께」, 『한국정책학회보』 5(2)

■ 김병직(2001), 「검은 유착, 압력…청렴행정 '부도'」, 〈문화일보〉 2001. 1. 5. 5면

■ 김용래(2002), 「한국의 직업관료제는 이제 수명을 다했다」, 〈월간조선〉, 2002년 6월호.

■ 김용운, 진순신(2000), 《한 · 중 · 일의 역사와 미래를 말한다》, 문학사상사.

■ 김중양(1994), 《한국인사행정론》, 법문사.

■ 김태룡(1999), 「한국과 미국의 행정개혁에 대한 비교」, 『한국행정학보』 제33권 제1호.

■ 김판석 외(1997), 《한국행정개혁론》, 법문사.

■ 남경희(1996), 「프랑스의 회계감사제도에 관한 고찰」, 『감사』 5월호.

■ 남궁근(2002), 「열린 정부를 향한 개혁의 성과 : 개방형 직위제도 집행과정 및

결과 평가」, 중앙인사위 출범 3주년 기념 국제회의 주제발표논문.

■ 남일호(1990), 「유럽 3국 감사제도 비교」, 『감사』 9월호.

■ 노정현 외(1994), 《행정개혁의 이론과 실제》, 나남출판사.

■ 노정현 외(1992), 《지방자치와 도시행정》, 나남출판사.

■ 다니엘 리비에르(1995), 《프랑스의 역사》, 최갑수 역, 도서출판 까치.

■ 데이비드 오스본, 테드 게블러(1994), 《정부혁신의 길—기업가정신이 정부를 변화시킨다》, 삼성경제연구소 역, 삼성경제연구소.

■ 디지털 조선일보(2002). "〔2020 미래로〕〈5〉지방경영시대를 열자", (www.chosun.com).

■ 리차드 J. 스틸만 II(1994), 《미국관료제론》, 김번웅 외 공역, 대영문화사.

■ 문화일보(2000), "빚더미에 앉아 혈세 물 쓰듯", 〈문화일보〉 2000. 12. 6. 26면.

■ 미야자키 이찌사다(1986), 《중국사》, 조병한 역, 역민사.

■ 민두기 편저(1990), 《일본의 역사》, 지식산업사.

■ 박권상(1992), 《대권이 없는 나라 I 미국 · 프랑스》, 영림카디널.

■ 박권상(1992), 《대권이 없는 나라 II 영국 · 일본》, 영림카디널.

■ 박동서 편저(2001), 《새 정부혁신의 전략과 과제》, 법문사.

■ 박승주 외(1999), 《마지막 남은 개혁 @2001》, 교보문고.

■ 박영택, 신완선(1998), 《국민은 변화를 요구한다》, 한국표준협회.

■ 박재창(2002), 「차기정부의 과제와 개혁의 기본방향」, 행정 개혁시민연합 정책토론회 발표 논문.

■ 박재희(1997), 「영국의 중앙정부조직」, KIPA 연구보고 97-14-2. 한국행정연구원.

■ 박천오 외(2000), 《비교행정론》, 법문사.

■ 박천오 외(2000), 《인사행정의 이해》, 법문사.

■ 박희봉, 김상묵(1998), 「외국행정개혁과 김대중정부의 행정개혁 비교연구」, 「한국행정학보」 제32권 제4호, 19~35쪽.

■ 성낙인(1995), 《프랑스 헌법학》, 법문사.

■ 아리스테어 쿠크(1986), 《도큐멘터리 미국사》, 윤동혁 역, 한마음사.

■ 안문석(1999), 「제2차 정부조직개편 평가: 총괄 및 일반행정분야. 정부조직개혁의 평가와 대안」, 1999년도 한국행정학회 특별세미나논문집.

■ 안영훈(1998), 「프랑스의 정부조직」, KIPA 연구보고 98-17-2, 한국행정연구원.

■ 앙드레 모로아(1988), 《미국사》, 신용석 역, 기린원.

■ 앙드레 모로아(1988), 《영국사》, 신용석 역, 기린원.

■ 앙드레 모로아(1988), 《프랑스사》, 신용석 역, 기린원.

■ 앨런 액슬로드(2000), 《위대한 CEO 엘리자베스 1세》, 남경태 역, 위즈덤하우스.

■ 야야마 타로(1994), 《관료망국론》, 김인수 역, 비봉출판사.

■ 양현모(1996), [독일의 정부조직], KIPA 연구보고 96-01-1, 한국행정연구원.

■ 유재훈(1993), 「프랑스국립행정대학원(ENA) 소개」, 「교육훈련정보」 제26호, 중앙공무원교육원.

■ 유종해, 류영옥(1990), 《한국행정사》, 대영문화사.

■ 이계식 외(1998), 《한국병》, 매일경제신문사.

■ 이계식, 황성현 편(1997), 《경제위기극복을 위한 재정개혁》, 한국개발연구원.

■ 이재호(1997), 《조선정치제도 연구》, 일조각.

■ 인사원(1999), 「프랑스 ENA 관료의 실상(La Réalite des Enarques en France)」, 인사원창립 50주년 세미나보고서(1999. 3).

■ 임도빈(1994), 「프랑스의 행정개혁」, 『한국행정연구』 제3권 제1호.

■ 임도빈(1996), 「지방자치단체에 대한 회계감사 : 프랑스지역 회계심의원」, 『지방자치』 11월호.

■ 장원준(1999), "약동하는 지방, 떠오르는 스타 행정가들", 〈월간조선〉 8월호 특집, 156~179쪽.

■ 전자정부특별위원회(2001), 「전자정부 추진방향 및 과제」, 보고자료 (2001. 3. 30).

■ 조규하(1993), 《한국인이여, 잠에서 깨어나자》, 고려원.

■ 조성한 외(1996), 「일본의 정부조직」, KIEP 연구보고 96-01-2, 한국행정연구원.

■ 조홍식, 김기수(1998), 《동아시아와 유럽》, 세종연구소연구총서 98-09, 세종연구소.

■ 존 킹 페어뱅크(1994), 《신중국사》, 중국사연구회 역, 도서출판 까치.

■ 총무처(1998), 《미국연방공무원제도》.

■ 총무처 직무분석 기획단(1997), 《신정부혁신론 : OECD 국가를 중심으로》, 동명사.

■ 총무처 직무분석 기획단(1998), 「정부혁신 2001」, 정책연구보고서, 총무처.

■ 최병선(1992), 《정부규제론 규제와 규제완화의 정치경제》, 법문사.

■ 최선희(2002), 「전자정부서비스의 추진현황 및 강화 방안」, 『정보통신정책』 제

14권 13호, 통권 305호.

- 최양식(1998), 《영국을 바꾼 정부개혁》, 매일경제신문사.
- 최유성(1999), 「지방자치단체에 대한 감사제도의 개선방안」, 한국행정연구원 KIPA 연구보고 98-10.
- 최종찬(2002), "기록 남겨야 투명해진다", 〈조선일보〉 2002년 3월 20일(시론).
- 한국행정학회(2002), 「공공부문 개혁의 성과평가와 성과에 대한 국민의 인식차이의 원인분석에 관한 연구」, 기획예산처 정책연구용역 보고서.
- 한국행정학회(2002), 「중앙인사위원회 출범 3주년 기념 국제회의발표 논문집」, 한국행정학회.
- 허영(2000), 《한국헌법론》, 박영사.
- 행정자치부(1998), 《영국공무원 제도》, 행정자치부.
- 홍준현 외(1997), 「미국의 연방정부조직」, KIPA 연구보고 97-14-1, 한국행정연구원.

- Benita Plesch(2001) The Senior Public Service in the Netherlands − Pioneer in the Polder. − Ministry of Interior and Kingdom Relations Netherlands.
- Bernard de Gunten et al(1994), *Les Institution de la France*, Ed. Nathan.
- Bernard Lescot et Jean Sinou(1996), Instruction civique, Paris: Ed. Castella.
- Christopher Politt. Geert Bouckaert (2000), *Public Management Reform*, Oxford University Press.
- Dominique Chagnollaud(1993), *La vie politique en France*, Paris: Ed. du

Seuil.

- Donald Lenihan(2002). Realigning Governance: From E-Government to E-Democracy", *OECD PUMA E-Government Seminar Paper* March 11-12, 2002.

- Françoise Galouédec-Genuys(1998), *About French Administration*, Paris: La Documentation Francaise.

- Inatsugu Hiroaki(1996), 「일본의 관료인사 시스템」. 도쿄 : 동양 경제신보사(일본서).

- Jean-Louis Quermonne(1991), *L'appareil administratif de l'Etat*, Paris: Ed. du Seuil.

- KDI School of Public Policy & Management(2002), "International Forum on Public Sector Reform," 2002 춘계 학술회의 발표논문집(서울: 2002.5.23~25).

- Nicolas Tenzer(2002), " Six grands axes pour r former l' Etat," 「Le Figaro」 30 juillet 2002.

- OECD(1995). *Governance in Transition : Public Management Reform in OECD Countries*, Paris: OECD.

- OECD CCNM/GF/GOV/PUBG/M(2001)1, "OECD Global Forum on Governance," November 6-7 2001.

- OECD PUMA(2001)1. "PUMA Programme of Work 2001-2002," March 27-28 2001.

- OECD PUMA(2001)10/REV1, "Project on the Impact of E-Government."

- OECD PUMA(2001)11, "Description of Major PUMA Activities and Outputs

January–November 2001 November 5–6 2001".

- OECD PUMA(2001)13, "Public Sector Modernisation : a Ten Year Perspective."
- OECD PUMA(2001)16/ANN/REV1, "E–Government: Analysis Framework and Methodology."
- Philippe Georges(1995), *Organisation Constitutionnelle et Administrative de la France*, Paris: Ed. SIREY.
- Serge Salon et Jean–Charles Savignac(1997), *Fonctions publiques et Fonctionnaires*, Paris: Ed. Armand Colin.
- Shimojo Michihiko(1996), 《프랑스의 행정》, 도쿄 : 와세다대학 출판부(일본서).
- Yves Gallazzini(2002), "La Réforme du Secteur Public", 「International Forum on Public Sector reform」(KDI School 2002 춘계학술회의 발표논문집).

한국정부개혁 10대 과제

지은이 / 신강순
펴낸이 / 김경태
펴낸곳 / 한국경제신문 한경BP
등록 / 2-315(1967. 5. 15)
제1판 1쇄 발행 / 2002년 11월 5일
제1판 2쇄 발행 / 2002년 12월 30일
주소 / 서울특별시 중구 중림동 441
홈페이지 / http://bp.hankyung.com
전자우편 / bp@hankyung.com
기획출판팀 / 3604-553~6
영업마케팅팀 / 3604-561~2, 595
FAX / 3604-599

* 파본이나 잘못된 책은 바꿔 드립니다.
ISBN 89-475-2407-7

값 12,000원